譯註 禮記集說大全
投壺

編　陳澔(元)

附　正義・訓纂・集解

譯註 禮記集說大全

投壺

編　陳澔（元）

附　正義・訓纂・集解

鄭秉燮 譯

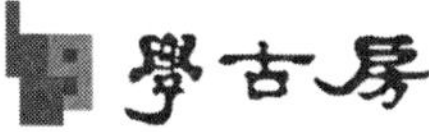

역자서문

『예기』「투호(投壺)」편은 고대 의례 행사 중 하나인 투호의 의식을 기록한 문헌이다. 투호는 활쏘기의 한 종류로, 화살을 병 안에 넣는 놀이이자 연회의 한 절차이다. 투호는 활쏘기에 비해 절차가 간단하므로, 규모가 작은 연회에서 시행되곤 했다. 현행본 『의례』에는 활쏘기와 관련하여 「향사례(鄕射禮)」편과 「대사(大射)」편이 수록되어 있는데, 그 기술 방식에 있어서 「투호」편과 유사한 면이 많다. 따라서 역대 주석가들은 「투호」가 고대에 존재했던 『의례』의 한 편이었고, 그 중 일부 기록이 남아 『예기』에 편입된 것이라고 주장한다. 실제적으로 「투호」편의 기술 방식은 「향사례」 및 「대사」편과 유사한 점이 많기 때문에 상당히 설득력이 있는 주장이다. 또 「향사례」 등의 편은 경문이 기술된 뒤에 마지막 부분에 기문(記文)이 별도로 기술되어 있는데, 이것은 경문에서 설명하지 못한 내용들을 보충하는 형식의 글이다. 「투호」편 또한 후반부 문장들이 일종의 기문 형식으로 기술되어 있어, 경문에 이어 기문이 기술된 『의례』의 체제를 닮아있다.

그러나 이러한 것을 근거로 「투호」편이 실제로 고대의 『의례』에 속해 있었던 편이라고 주장할 수는 없다. 기문을 작성했던 자들 및 한나라 때의 경사(經師)들이 『의례』의 기술 체제를 바탕으로 작성한 기록일 수도 있기 때문이다. 이러한 경학사적 문제가 있다 하더라도, 「투호」편은 고대의 유희

중 하나인 투호의 의례를 기술하고 있다는 점에서 고대 문화사를 연구하는데 매우 중요한 문헌이 된다.

다시 한권의 책을 내놓는다. 부끄러운 실력에 번역의 완성도를 자부할 수 없지만, 이 책을 발판으로 더 좋은 역서와 연구가 진행되었으면 하는 바람이다. 이 책에 나오는 오역은 전적으로 역자의 실력이 부족해서이다. 본 역서에 나온 오역과 역자의 부족함에 대해 일갈을 해주실 분들이 있다면, bbaja@nate.com으로 연락을 주시거나 출판사에 제 연락처를 문의하셔서 가르침을 주신다면, 부족한 실력이지만 가르침을 받도록 최선을 다할 것이다.

역자는 성균관 대학교에서 유교철학(儒教哲學)을 전공했으며, 예악학(禮樂學) 전공으로 박사논문을 작성했다. 역자가 본격적으로 유가경전을 읽기 시작한 것은 경서연구회(經書硏究會)의 오경강독을 통해서이다. 이 모임을 만들어 후배들에게 경전에 대한 이해를 넓혀주신 임옥균 선생님, 경서연구회 역대 회장님인 김동민, 원용준, 김종석, 길훈섭 선배님께도 감사를 드리고, 끝으로 「투호」편을 출판할 수 있도록 허락해주신 학고방의 하운근 사장님께도 감사를 전한다.

일러두기

1. 본 책은 역주서(譯註書)로써, 『예기집설대전(禮記集說大全)』의 「투호(投壺)」편을 완역하고, 자세한 주석을 첨부했다. 송대(宋代) 이전의 주석을 포함하고자 하여, 『예기정의(禮記正義)』를 함께 수록하였다. 그리고 송대 이후의 주석인 청대(淸代)의 주석을 포함하고자 하여 『예기훈찬(禮記訓纂)』과 『예기집해(禮記集解)』를 함께 수록하였다.

2. 『예기』 경문(經文)의 경우, 의역으로만 번역하면 문장을 번역한 방식을 확인하기 어렵고, 보충 설명 없이 직역으로만 번역하면 내용을 이해하기 힘들다. 따라서 경문에 한하여 직역과 의역을 함께 수록하였다. 나머지 주석들에 대해서는 의역을 위주로 번역하였다.

3. 『예기』 경문에 대한 해석은 진호의 『예기집설』 주석에 근거하였다. 경문 해석에 있어서, 『예기정의』, 『예기훈찬』, 『예기집해』마다 이견(異見)이 많다. 『예기집섭대전』의 소주(小註) 또한 진호의 주장과 이견을 보이는 곳이 있고, 소주 사이에도 이견이 많다. 따라서 『예기』 경문 해석의 표준은 진호의 『예기집설』 주석에 근거했으며, 진호가 설명하지 않은 부분들은 『대전』의 소주를 참고하였다. 또한 경문 해석에 있어서 『예기정의』, 『예기훈찬』, 『예기집해』에 나타나는 이견들은 특별한 경우를 제외하고는 각각의 문장을 읽어보면, 경문에 대한 이견을 알 수 있기 때문에, 이러한 경우에는 주석처리를 하지 않았다.

4. 본 역서가 저본으로 삼은 책은 다음과 같다.
  - 『禮記』, 서울 : 保景文化社, 초판 1984 (5판 1995)
  - 『禮記正義』 1~4(전4권, 『十三經注疏 整理本』 12~15), 北京 : 北京大學出版社, 초판 2000
  - 朱彬 撰, 『禮記訓纂』 上・下(전2권), 北京 : 中華書局, 초판 1996 (2쇄 1998)
  - 孫希旦 撰, 『禮記集解』 上・中・下(전3권), 北京 : 中華書局, 초판 1989 (4쇄 2007)

5. 본 책은 『예기』의 경문, 진호의 『집설』, 호광 등이 찬정한 『대전』의 세주, 정현의 주, 육덕명의 『경전석문』, 공영달의 소, 주빈(朱彬)의 『훈찬』, 손희단(孫希旦)의 『집해』 순으로 번역하였다.

6. 본래 『예기』「투호」편은 목차가 없으며, 내용 구분에 있어서도 학자들마다 의견차이가 있다. 또한 내용의 연관성으로 인하여, 장과 절을 나누기가 애매한 부분이 많다. 본 책의 목차는 역자가 임의대로 나눈 것이며, 세세하게 분절하여, 독자들이 관련내용들을 찾아보기 쉽게 하였다.

7. 본 책의 뒷부분에는 ≪投壺 人名 및 用語 辭典≫을 수록하였다. 본문에 처음으로 등장하는 용어 및 인명에 대해서는 주석처리를 하였다. 이후에 같은 용어가 등장할 때마다 동일한 주석처리를 할 수 없어서, 뒷부분에 사전으로 수록한 것이다. 가나다순으로 기록하여, 번역문을 읽는 도중 앞부분에서 설명했던 고유명사나 인명 등에 대해서 쉽게 찾아볼 수 있도록 하였다.

【675b~c】

投壺之禮, 主人奉矢, 司射奉中, 使人執壺.

【675b～c】 등과 같이 【 】 안에 숫자가 기입되어 있는 것은 『예기』의 '경문'을 뜻한다. '675'는 보경문화사(保景文化社)판본의 페이지를 말한다. 'b～c'는 b단에서 c단으로 이어지는 곳에 기록되어 있다는 표시이다. 밑의 그림은 보경문화사판본의 한 페이지 단락을 구분한 표시이다.

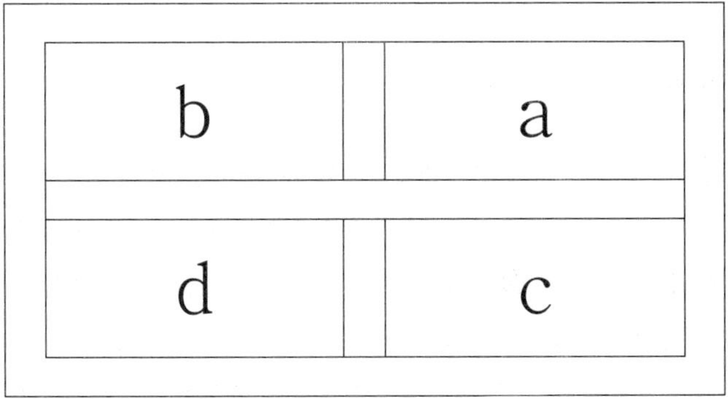

◆ **集說** 中者, 盛算之器, 或如鹿, 或如兕, 或如虎, 或如閭.

"**集說**"로 표시된 것은 진호(陳澔)의 『예기집설(禮記集說)』 주석을 뜻한다.

◆ **大全** 嚴陵方氏曰: 矢將以授賓, 故主人奉之.

"**大全**"으로 표시된 것은 호광(胡廣) 등이 찬정(撰定)한 『예기집설대전』의 세주(細註)를 뜻한다.

◆ **鄭注** 矢, 所以投者也. 中, 士則鹿中也.

"鄭注"로 표시된 것은 『예기정의(禮記正義)』에 수록된 정현(鄭玄)의 주(注)를 뜻한다.

◆ 釋文 投壺, 壺, 器名, 以矢投其中, 射之類.

"釋文"으로 표시된 것은 『예기정의』에 수록된 육덕명(陸德明)의 『경전석문(經典釋文)』을 뜻한다. 『경전석문』의 내용은 글자들의 음을 설명하고, 간략한 풀이를 한 것인데, 육덕명 당시의 음가로 기록이 되었기 때문에, 현재의 음과는 맞지 않는 부분이 많다. 단순히 참고만 하기 바란다.

◆ 孔疏 ● "主人奉矢"者, 謂於阼階之上, 西面奉持其矢.

"孔疏"로 표시된 것은 『예기정의』에 수록된 공영달(孔穎達)의 소(疏)를 뜻한다. 공영달의 주석은 경문과 정현의 주에 대해서 세분화하여 기록되어 있다. 따라서 '●'으로 표시된 부분은 공영달이 경문에 대해 주석을 한 부분이고, '◎'으로 표시된 부분은 정현의 주에 대해 주석을 한 부분이다. 한편 '○'으로 표시된 부분은 공영달의 주석 부분이다.

◆ 訓纂 段氏玉裁曰: 鄭注考工記曰, "哨, 頃小也."

"訓纂"으로 표시된 것은 『예기훈찬(禮記訓纂)』에 수록된 주석이다. 『예기훈찬』 또한 기존 주석들을 종합한 책이므로, 『예기집설대전』 및 『예기정의』와 중복되는 부분은 생략하였다.

◆ 集解 此亦總目一篇之事也.

"集解"로 표시된 것은 『예기집해(禮記集解)』에 수록된 주석이다. 『예기집해』 또한 기존 주석들을 종합한 책이므로, 『예기집설대전』 및 『예기정의』와 중복되는 부분은 생략하였다.

◆ 원문 및 번역문 중 '▼'로 표시된 부분은 한글로 표기할 수 없는 한자를 기록한 부분이다. 예를 들어 '▼(囧/皿)'의 경우 맹(盟)자의 이체자인데, '明'자 대신 '囧'자가 들어간 한자를 프로그램상 삽입할 수가 없어서, '▼(囧/皿)'으로 표시한 것이다. 즉 '▼(A/B)'의 형식으로 기록된 경우, A에 해당하는 글자가 한 글자의 상단 부분에 해당하고, B에 해당하는 글자가 한 글자의 하단 부분에 해당한다는 표시이다. 또한 '▼(A+B)'의 형식으로 기록된 경우, A에 해당하는 글자가 한 글자의 좌측 부분에 해당하고, B에 해당하는 글자가 한 글자의 우측 부분에 해당한다는 표시이다. 또한 '▼((A-B)/C)'의 형식으로 기록된 경우, A에 해당하는 글자에서 B 부분을 뺀 글자가 한 글자의 상단 부분에 해당하고, C에 해당하는 글자가 한 글자의 하단 부분에 해당한다는 표시이다.

목차

그림목차

경문목차

【675a】

投壺 第四十 /『투호』 제40편

大全 藍田呂氏曰: 投壺, 射禮之細也. 射者, 男子之所有事, 因而飾之以禮樂也. 古者, 諸侯之射也, 必先行燕禮也. 大夫之射也, 必先行鄕飮酒之禮. 因燕禮之間, 且以樂賓, 且以習容, 且以講藝也. 投壺者, 不能盡於射禮, 而行其節也. 庭之修廣, 或不足以張侯置鵠, 賓客之衆, 或不足以備官, 比耦則是禮也. 弧矢之事, 雖不得行, 其容體比於禮, 其節比於樂, 志正體直, 審固而求中, 所以觀德者, 猶在此, 先王所以不廢也. 壺之爲器, 所以實酒而置之席間者也. 原其始也, 必以燕飮之間, 謀以樂賓, 或病於不能爲射也. 擧席間之器, 以寄射節焉, 此投壺所由興也.

번역 남전여씨[1]가 말하길, 투호는 사례(射禮)[2]의 세부 항목이다. 활쏘기는 남자가 하는 것인데, 그에 따라 예악으로 수식을 한다. 고대에 제후가 활쏘기를 할 때에는 반드시 그보다 앞서 연례(燕禮)를 시행하였다. 대부가 활쏘기를 할 때에는 반드시 그보다 앞서 향음주례를 시행하였다. 연례를 시행하는 것을 통해서 빈객을 즐겁게 만들고 또 풍속을 익히며 또 기예를

---

1) 남전여씨(藍田呂氏, A.D.1040~A.D.1092) : =여대림(呂大臨)·여씨(呂氏)·여여숙(呂與叔). 북송(北宋) 때의 학자이다. 이름은 대림(大臨)이고, 자(字)는 여숙(與叔)이며, 호(號)는 남전(藍田)이다. 장재(張載) 및 이정(二程)형제에게서 수학하였다. 저서로는『남전문집(藍田文集)』등이 있다.

2) 사례(射禮)는 활 쏘는 예법을 가리킨다. 고대에는 활쏘기가 문무(文武)에 두루 관련이 있다고 생각하여서 중시하였다. 따라서 행사를 거행할 때에는 이러한 '사례'를 실시하였다. '사례'에는 대략 4종류가 있다. 즉 대사례(大射禮), 빈사례(賓射禮), 연사례(燕射禮), 향사례(鄕射禮)를 가리키는데, '대사례'는 제사를 지내고자 할 때, 제사에 참가하는 사(士)들을 선발하기 위해 실시하는 '사례'이다. '빈사례'는 제후들이 천자를 찾아뵙거나, 또는 제후들끼리 서로 회동을 할 때에, 활쏘기를 하며 연회를 베푸는 것이다. '연사례'는 연회를 즐기며 실시하는 '사례'를 뜻한다. '향사례'는 향(鄕)을 담당하는 향대부(鄕大夫)가 자신의 행정구역에서 관리로 등용될 사(士)들을 선발한 뒤에, 그들에게 연회를 베풀며 시행하는 '사례'이다.

강론하였다. 투호는 사례에 대해 모두 갖출 수 없을 때 간소하게 줄인 투호의 절차를 시행한다. 즉 활쏘기를 하려면 마당이 넓어야 하는데 간혹 과녁을 설치하기에 장소가 넓지 못한 경우가 있고, 빈객이 많아야 하는데 간혹 활쏘기 절차를 담당할 수 있는 자를 갖출 수 없는 경우가 있는데, 이러한 경우 짝을 지어 차례대로 투호의 의례를 시행한다. 활 쏘는 일을 비록 시행할 수 없지만, 행동거지를 예에 맞추고 절차를 음악에 맞추면 뜻이 바르게 되고 몸이 곧게 되어 굳셈을 찾아 알맞은 것을 구하니, 덕을 살펴볼 수 있는 것이 여전히 여기에 나타나므로, 선왕이 투호의 의례를 없애지 않은 이유이다. 호(壺)라는 기물은 술을 담아서 자리 사이에 설치하는 것이다. 그 시초에 근원해보면 분명 연회를 하며 술을 마시던 중간에 빈객을 즐겁게 만들고자 계획했지만, 간혹 활쏘기를 할 수 없는 상황을 근심하는 경우가 있다. 이러한 상황에서 자리 사이에 있던 기물을 들어다가 설치하여 활쏘기의 절차에 따라 화살을 던졌던 것이니, 이것이 바로 투호가 생겨나게 된 상황이다.

孔疏 陸曰: 鄭云, "投壺者, 主人與客燕飮, 講論才藝之禮也. 別錄屬吉禮, 亦實曲禮之正篇也." 皇云, "與射爲類, 宜屬嘉禮." 或云, "宜屬賓禮也."

번역 육덕명[3]이 말하길, 정현[4]이 "'투호(投壺)'는 주인이 빈객과 연회를 하며 음주를 하고 재예를 강론하는 예법이다. 『별록』[5]에서는 '길례(吉禮)'[6]

---

3) 육덕명(陸德明, A.D.550~A.D.630) : =육원랑(陸元朗). 당대(唐代)의 경학자이다. 이름은 원랑(元朗)이고, 자(字)는 덕명(德明)이다. 훈고학에 뛰어났으며, 『경전석문(經典釋文)』 등을 남겼다.

4) 정현(鄭玄, A.D.127~A.D.200) : =정강성(鄭康成) · 정씨(鄭氏). 한대(漢代)의 유학자이다. 자(字)는 강성(康成)이다. 『주역(周易)』, 『상서(尙書)』, 『모시(毛詩)』, 『주례(周禮)』, 『의례(儀禮)』, 『예기(禮記)』, 『논어(論語)』, 『효경(孝經)』 등에 주석을 하였다.

5) 『별록(別錄)』은 후한(後漢) 때 유향(劉向)이 찬(撰)했다고 전해지는 책이다. 현재는 일실되어 존재하지 않으며, 『한서(漢書)』「예문지(藝文志)」편을 통해서 대략적인 내용만을 추측해볼 수 있다.

6) 길례(吉禮)는 오례(五禮) 중 하나로, 제사에 대한 예제(禮制)를 뜻한다. 고대에는 제사 자체를 길(吉)한 일로 여겼기 때문에, 제례(祭禮)를 '길례'로 여겼다.

항목에 포함시켰는데, 이것은 실로 고대의 『곡례』에 속한 편에 해당한다." 라고 했다. 황간[7]은 "활쏘기와 비슷한 부류가 되므로 마땅히 가례(嘉禮[8])에 포함되어야 한다."라고 했다. 혹자는 "마땅히 빈례(賓禮[9])에 포함되어야 한다."라고 했다.

孔疏 正義曰: 按鄭目錄云, "名曰投壺者, 以其記主人與客燕飮, 講論才藝之禮. 此於別錄屬吉禮, 亦實曲禮之正篇." 是投壺與射爲類. 此於五禮皆屬嘉禮也. 或云: "宜屬賓禮."

번역 『정의』[10]에서 말하길, 정현의 『목록』[11]을 살펴보면, "편명을 '투

---

7) 황간(皇侃, A.D.488~A.D.545) : =황씨(皇氏). 남조(南朝) 때 양(梁)나라의 경학자이다. 『주례(周禮)』, 『의례(儀禮)』, 『예기(禮記)』 등에 해박하여, 『상복문구의소(喪服文句義疏)』, 『예기의소(禮記義疏)』, 『예기강소(禮記講疏)』 등을 지었지만, 현재는 전해지지 않는다. 그 일부가 마국한(馬國翰)의 『옥함산방집일서(玉函山房輯佚書)』에 수록되어 있다.

8) 가례(嘉禮)는 오례(五禮) 중 하나로, 결혼식을 치르거나, 잔치 등을 베풀 때의 예제(禮制)를 뜻한다. 경사스러운 일이라는 뜻에서 가(嘉)자를 붙여서 '가례'라고 부르는 것이다.

9) 빈례(賓禮)는 오례(五禮) 중 하나로, 천자를 찾아뵙거나 천자가 제후들을 만나보거나 아니면 제후들끼리 회동하는 조빙(朝聘)의 예법(禮法)을 뜻한다. 또한 '빈례'는 손님을 접대하는 예제(禮制)를 뜻하기도 한다. 참고적으로 봄에 천자를 찾아뵙는 것을 조(朝)라고 하였으며, 여름에 찾아뵙는 것을 종(宗)이라고 하였고, 가을에 찾아뵙는 것을 근(覲)이라고 하였으며, 겨울에 찾아뵙는 것을 우(遇)라고 하였다. 또한 제후들이 천자를 찾아뵐 때에는 본래 각각의 제후들마다 정해진 기간이 있었는데, 정해진 기간 외에 찾아뵙는 것을 회(會)라고 하였고, 정해진 기간에 찾아뵙는 것을 동(同)이라고 하였다. 또 천자가 순수(巡守)를 할 때에도 정해진 기간이 있었는데, 정해진 기간이 아닌 때에 제후를 찾아가 보는 것을 문(問)이라고 하였고, 정해진 기간에 찾아가 보는 것을 시(視)라고 하였다.

10) 『정의(正義)』는 『예기정의(禮記正義)』 또는 『예기주소(禮記注疏)』를 뜻한다. 당(唐)나라 때에는 태종(太宗)이 공영달(孔穎達) 등을 시켜서 『오경정의(五經正義)』를 편찬하였는데, 이때 『예기정의』에는 정현(鄭玄)의 주(注)와 공영달의 소(疏)가 수록되었다. 송대(宋代)에는 『오경정의』와 다른 경전(經典)에 대한 주석서를 포함한 『십삼경주소(十三經注疏)』가 편찬되어, 『예기주소』라는 명칭이 되었다.

11) 『목록(目錄)』은 정현이 찬술했다고 전해지는 『삼례목록(三禮目錄)』을 가리킨

호(投壺)'라고 정한 것은 주인이 빈객과 연회를 하며 음주를 하고 재예를 강론하는 예법을 기록했기 때문이다. 「투호」편을 『별록』에서는 '길례(吉禮)' 항목에 포함시켰는데, 이것은 실로 고대의 『곡례』에 속한 편에 해당한다."라고 했다. 이것은 투호가 활쏘기와 같은 부류가 됨을 뜻한다. 활쏘기와 투호의 예법은 오례(五禮)[12] 중에서 모두 가례(嘉禮)에 해당한다. 혹자는 "마땅히 빈례(賓禮)에 포함되어야 한다."라고 했다.

다. 『십삼경주소(十三經注疏)』에서 인용되고 있지만, 이 책은 『수서(隋書)』가 편찬될 당시에 이미 일실되어 존재하지 않았다. 『수서』「경적지(經籍志)」편에는 "三禮目錄一卷, 鄭玄撰, 梁有陶弘景注一卷, 亡."이라는 기록이 있다.

12) 오례(五禮)는 고대부터 전해져 온 다섯 종류의 예제(禮制)를 뜻한다. 즉 길례(吉禮), 흉례(凶禮), 군례(軍禮), 빈례(賓禮), 가례(嘉禮)를 가리킨다. 『주례』「춘관(春官)·소종백(小宗伯)」편에는 "掌五禮之禁令與其用等."이라는 기록이 있는데, 이에 대한 정현의 주에서는 정사농(鄭司農)의 주장을 인용하여, "五禮, 吉·凶·軍·賓·嘉."라고 풀이했다.

그림 0-1 ▣ 투호식도(投壺式圖)

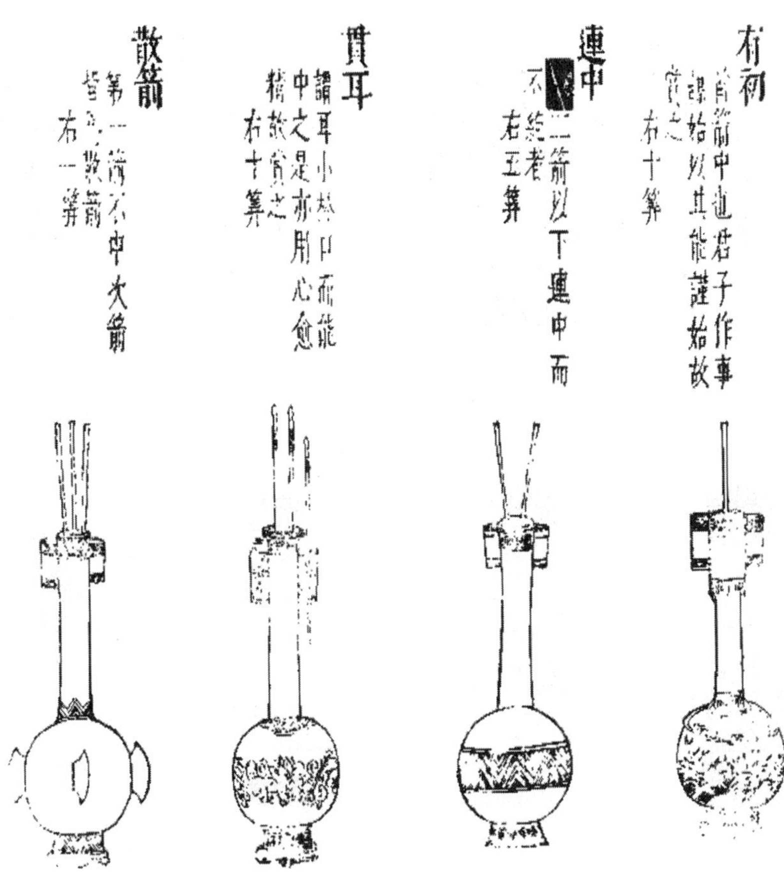

※ **출처:**『삼재도회(三才圖會)』「인사(人事)」 10권

그림 0-2 ▣ 투호식도(投壺式圖)

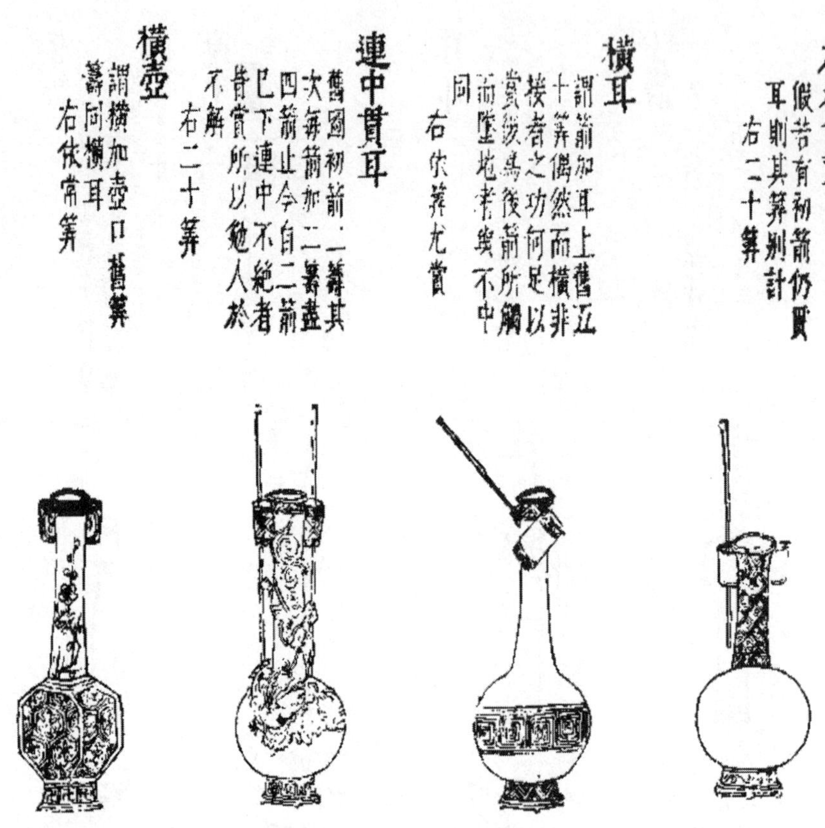

有初貫耳
假若有初箭仍貫
耳則其算別計
右二十算
橫耳
謂箭加耳上舊五
十算偶然而橫非以
接者之功何足以
賞致焉後箭所觸
而墜地者與不中
同
連中貫耳
舊圖初箭一籌其
次算箭加二籌盡
四箭止今自二箭
已下連中不絕者
皆賞所以勉人於
不懈
右二十算
橫壺
謂橫加壺口舊算
壽同橫耳
右依常算

※ 출처: 『삼재도회(三才圖會)』「인사(人事)」 10권

그림 0-3 ▣ 투호식도(投壺式圖)

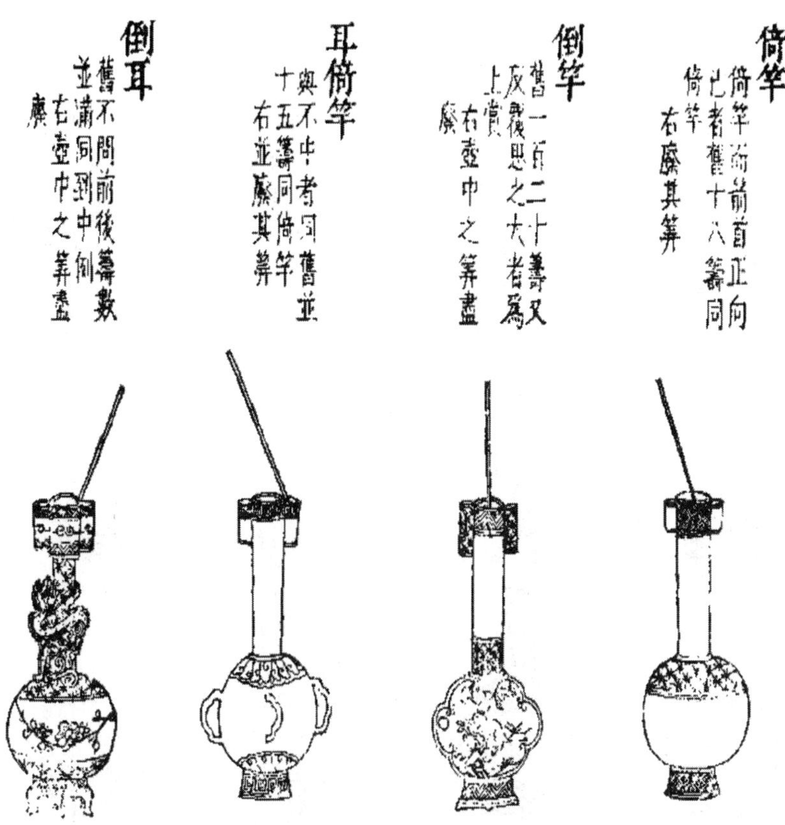

倚竿
倚竿而前首正向
已者舊十八籌同
倚竿
右賡其筭
倒竿
舊一百二十籌又
反覆思之大者爲
上賞
右壺中之筭盡
賡
耳倚竿
與不中者同舊並
十五籌同倚竿
右並賡其筭
倒耳
舊不問前後籌數
並滿同到中倒
右壺中之筭盡
賡

※ **출처:** 『삼재도회(三才圖會)』「인사(人事)」 10권

그림 0-4 ■ 투호식도(投壺式圖)

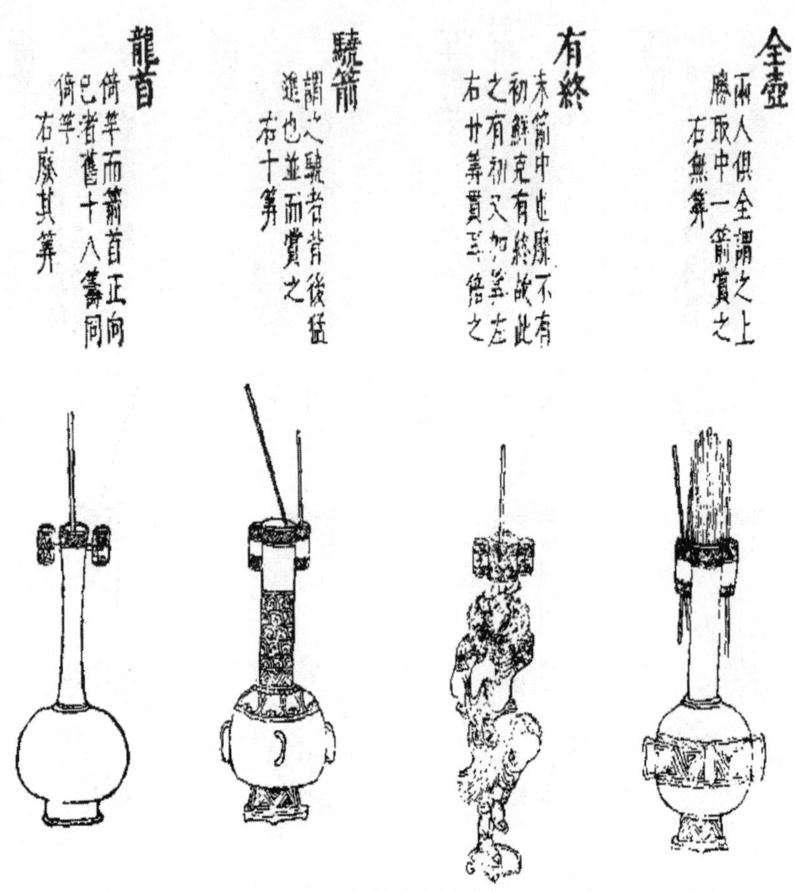

※ **출처:** 『삼재도회(三才圖會)』「인사(人事)」 10권

그림 0-5 ■ 투호식도(投壺式圖)

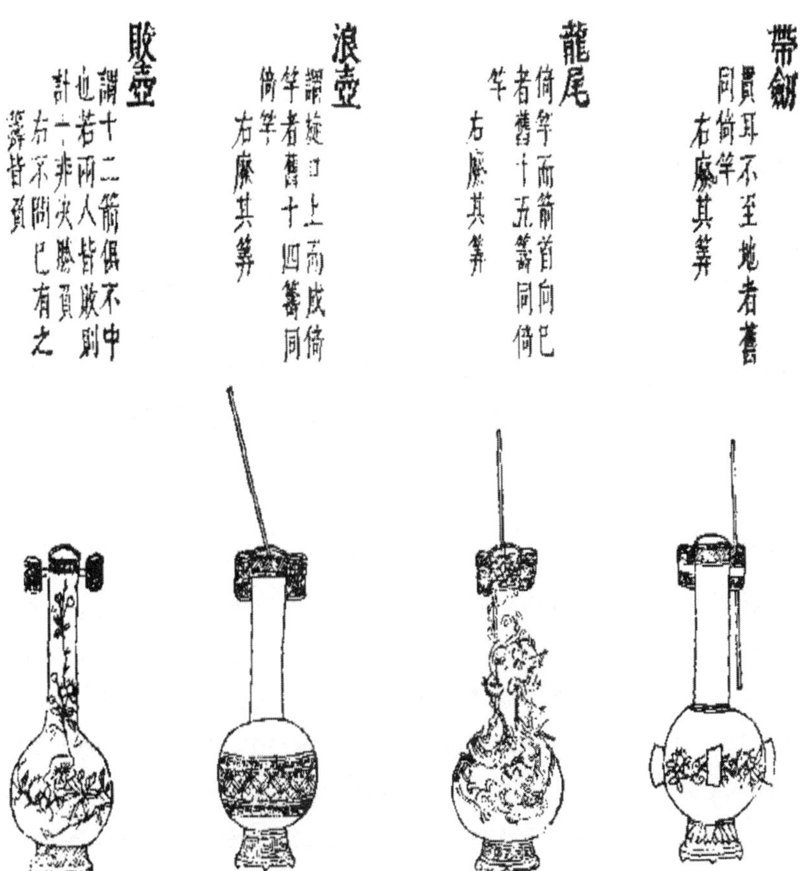

帶劍
貫耳不至地者舊
同倚竿
右廢其筭
龍尾
倚竿而箭首向已
者舊十五筭同倚
竿
右廢其筭
浪壺
謂旋口上而成倚
竿者舊十四筭同
倚竿
右廢其筭
敗壺
謂十二箭俱不中
也若兩人皆敗則
計一非決勝負
右不問已有之
筭皆負

※ **출처:** 『삼재도회(三才圖會)』「인사(人事)」 10권

• 제 1 절 •

투호를 청하는 절차

【675b~c】

投壺之禮, 主人奉矢, 司射奉中, 使人執壺. 主人請曰, "某有枉矢哨壺, 請以樂賓." 賓曰, "子有旨酒嘉肴, 某旣賜矣, 又重以樂, 敢辭." 主人曰, "枉矢哨壺, 不足辭也, 敢固以請." 賓曰, "某旣賜矣, 又重以樂, 敢固辭." 主人曰, "枉矢哨壺, 不足辭也, 敢固以請." 賓曰, "某固辭不得命, 敢不敬從?"

직역 投壺의 禮는 主人이 矢를 奉하고, 司射가 中을 奉하며, 人으로 使하여 壺를 執한다. 主人이 請하여 曰, "某에게 枉矢와 哨壺가 有한데, 請컨대 이로써 賓을 樂입니다." 賓이 曰, "子는 旨酒와 嘉肴를 有하여, 某가 旣히 賜한데, 又히 重하길 樂으로써 하니, 敢히 辭합니다." 主人이 曰, "枉矢와 哨壺이니, 辭하기에 不足하니, 敢히 固히 請합니다." 賓이 曰, "某는 旣히 賜한데, 又히 重하길 樂으로써 하니, 敢히 固히 辭합니다." 主人이 曰, "枉矢와 哨壺이니, 辭하기에 不足하니, 敢히 固히 請합니다." 賓이 曰, "某가 固히 辭한데 命을 不得하니, 敢히 敬히 從하길 不하겠습니까?"

의역 투호의 예법에서는 주인이 화살을 들고, 본래 활쏘기의 진행을 돕는 사사(司射)가 채점 기구를 들며, 사람을 시켜서 병을 잡게 한다. 주인이 빈객에게 청하며, "저에게 구부러진 나무로 만든 볼품없는 화살과 주둥이가 휘어진 볼품없는 병이 있는데, 청컨대 이것으로 그대를 즐겁게 해드리고자 합니다."라고 말한다. 빈객은 "그대께서는 맛있는 술과 안주를 차려주셔서 제가 이미 대접을 받았는데 재차 즐겁게도 해주신다고 하니, 감히 사양하고자 합니다."라고 한다. 그러면 주인은 "볼품없는 화살과 병이라 사양할 것이 못되니, 감히 간곡히 청하고자 합니다."라고 말한다. 빈객은 "저는 이미 대접을 받았는데 재차 즐겁게도 해주신다고 하니, 감히 간곡히 사양하고자 합니다."라고 한다. 그러면 주인은 "볼품없는 화살과 병이라 사양할 것이 못되니, 감히 간곡히 청하고자 합니다."라고 한다. 빈객은 "제가 간곡히 사양을 했음에도 허락을 해주시지 않으니, 감히 공경스럽게 그대의 청을 따르지 않을 수 있겠습니까?"라고 한다.

集說 中者, 盛算之器, 或如鹿, 或如兕, 或如虎, 或如閭; 閭, 如驢形, 一角而歧蹄. 或如皮樹, 皮樹亦獸名, 其狀未聞. 皆刻木爲之, 上有圓圈以盛算. 枉, 材不直也. 哨, 口不正也. 此篇投壺是大夫士之禮, 左傳晉侯與齊侯燕投壺, 則諸侯亦有之也.

번역 '중(中)'은 점수를 계산하는 기물이니, 사슴 모양처럼 된 것도 있고, 외뿔소 모양처럼 된 것도 있으며, 호랑이 모양처럼 된 것도 있고, 여(閭) 모양처럼 된 것도 있는데, '여(閭)'라는 것은 당나귀처럼 생겼고 뿔이 하나이며 소와 같은 발굽을 가지고 있다. 또 피수(皮樹) 모양처럼 된 것도 있는데, '피수(皮樹)' 또한 짐승의 이름이지만 그 모습에 대해서는 들어보지 못했다. 이 모두는 나무를 조각해서 만드는데, 윗면에 원형으로 구멍이 뚫려 있어서 이를 통해 점수를 계산하는 산가지를 꼽게 된다. '왕(枉)'자는 재목이 곧게 뻗어 있지 않은 것을 뜻한다. '초(哨)'자는 주둥이가 바르지 않은 것을 뜻한다. 「투호」편에서 말하는 투호의 예법은 대부와 사가 시행하는 의례인데, 『좌전』에도 진(晉)나라 후작이 제(齊)나라 후작과 연회를 하며 투호를 했다고 하니,[1] 제후에게도 이러한 예법이 있었다.

大全 嚴陵方氏曰: 矢將以授賓, 故主人奉之. 中將以待獲, 故司射奉之. 壺將以待投, 故使人執之而已. 曰使人, 則不必有攸司也, 夫人而爲之可也. 中, 或以鹿, 或以兕, 或以虎, 或以閭, 或以皮樹, 皆刻木以象其形, 鑿其背以盛算. 必象獸形者, 則以服猛爲義, 因而爲隆殺焉, 亦猶侯用虎豹之類爾. 必謂之中

1) 『춘추좌씨전』「소공(昭公) 12년」: 晉侯以齊侯宴, 中行穆子相. 投壺, 晉侯先.

者, 射以中爲善, 故盛算之器, 因以爲名. 投壺, 亦用射之中者, 以其爲射之類, 亦以中爲善故也. 奉之使司射所投謂之矢, 皆以是而已.

번역 엄릉방씨[2]가 말하길, 화살은 빈객에게 건네게 되므로 주인이 받든다. 중(中)은 점수를 계산하는 산가지를 꼽게 되므로 사사(司射)가 받든다. 병은 화살을 그곳으로 던지게 되므로 다른 사람을 시켜서 들고 있게만 할 따름이다. "다른 사람을 시킨다."라고 했다면 그것을 담당하는 관리가 반드시 있을 필요는 없으니, 아무나 그 일을 시행하도록 해도 괜찮다. 중(中)은 사슴 모양으로 된 것도 있고 외뿔소 모양으로 된 것도 있으며 호랑이 모양으로 된 것도 있고 여(閭)라는 짐승 모양으로 된 것도 있으며 피수(皮樹)라는 짐승의 모양으로 된 것도 있는데, 이 모두는 나무를 조각하여 해당 동물의 모양을 본뜨게 되고, 등을 뚫어서 산가지를 꼽게 된다. 반드시 동물의 형상을 본뜨는 것은 맹수를 복종시킨다는 것을 의미로 삼기 때문이며, 이러한 짐승의 구분을 통해 높이기도 하고 낮추기도 하니, 이는 또한 과녁에 호랑이나 표범 등의 무늬를 사용하는 부류와 같을 따름이다. 기어코 이것을 '중(中)'이라고 부르는 것은 활쏘기에서는 명중시키는 것을 잘한다고 여기기 때문에, 산가지를 꼽는 기물도 그에 따라 명칭을 정한 것이다. 투호를 할 때에도 활쏘기의 중(中)을 사용하는 것은 투호 자체가 활쏘기의 부류가 되어, 명중시키는 것을 잘한다고 여기기 때문이다. 그것을 받들고 사사로 하여금 던지게 하는 것을 화살이라고 부르는 것도 모두 이러한 이유 때문이다.

鄭注 矢, 所以投者也. 中, 士則鹿中也. 射人奉之者, 投壺, 射之類也. 其奉之, 西階上, 北面. 燕飮酒, 旣脫屨升堂, 主人乃請投壺也. 否則或射, 所謂燕射也. 枉·哨, 不正貌, 爲謙辭. 固之言如故也. 言如故辭者, 重辭也. 不得命, 不以命見許.

---

2) 엄릉방씨(嚴陵方氏, ?~?) : =방각(方慤)·방씨(方氏)·방성부(方性夫). 송대(宋代)의 유학자이다. 이름은 각(慤)이다. 자(字)는 성부(性夫)이다. 『예기집해(禮記集解)』를 지었고, 『예기집설대전(禮記集說大全)』에는 그의 주장이 많이 인용되고 있다.

번역 화살은 던지게 되는 기물이다. '중(中)'의 경우 사는 사슴 모양의 중(中)을 쓴다. 활쏘기에서 진행을 담당하는 자가 그것을 받드는 것은 투호 또한 활쏘기의 부류가 되기 때문이다. 그것을 받들고서 서쪽 계단 위에서 북쪽을 바라보게 된다. 연회를 하며 음주를 할 때에는 이미 신발을 벗고서 당상(堂上)으로 올라가게 되는데, 주인이 곧 투호를 하자고 청하는 것이다. 그렇지 않고 활쏘기를 한다면 이것을 '연사(燕射)'[3]라고 부른다. '왕(枉)'자와 '초(哨)'자는 바르지 못한 모양을 뜻하니, 겸사로 쓴 말이다. '고(固)'자는 '이전과 같이[如故]'라는 말이다. 즉 이전과 같이 사양한다는 말은 거듭 사양한다는 뜻이다. "명령을 얻지 못했다."는 말은 주인이 명령을 하여 허락하지 않았다는 뜻이다.

釋文 投壺, 壺, 器名, 以矢投其中, 射之類. 奉音捧, 芳勇反, 下及注皆同, 徐音如字, 下"奉中"同. 枉, 紆往反. 哨, 七笑反, 徐又以救反. 枉・哨, 不正貌. 王肅云: "枉不直, 哨不正也." 樂賓音洛, 下同, 一讀下"以樂"音岳, 言投壺以樂. 肴, 戶交反. 重, 直用反, 下及注同. 稅, 本亦作脫, 吐活反. 請, 七井反, 下文同.

번역 '투호(投壺)'라고 했는데, '호(壺)'는 그릇의 명칭이며, 화살을 그 안에 던지게 되니, 활쏘기의 부류가 된다. '奉'자의 음은 '捧'이니, '芳(방)'자와 '勇(용)'자의 반절음이며, 아래문장 및 정현의 주에 나오는 글자도 모두 그 음이 이와 같고, 서음(徐音)은 글자대로 읽으며, 아래문장에 나오는 '奉中'에서의 '奉'자도 그 음이 이와 같다. '枉'자는 '紆(우)'자와 '往(왕)'자의 반절음이다. '哨'자는 '七(칠)'자와 '笑(소)'자의 반절음이며, 서음은 또한 '以(이)'자와 '救(구)'자의 반절음이다. '왕(枉)'과 '초(哨)'는 바르지 못한 모습을 뜻한다. 왕숙[4]은 "왕(枉)은 곧지 않은 것이며, 초(哨)는 바르지 않은 것이다."

---

3) 연사례(燕射禮)는 연회 때 활쏘기를 했던 의례(儀禮)를 가리킨다. 천자는 제후 및 군신(群臣)들에게 연회를 베풀며, 그들의 노고를 치하했는데, 연회를 하며 활쏘기 또한 시행했다. 이처럼 연회 때 활쏘기를 하는 의식을 '연사례'라고 부른다.

4) 왕숙(王肅, A.D.195~A.D.256) : =왕자옹(王子雍). 위진남북조(魏晉南北朝) 때의 위(魏)나라 경학자이다. 자(字)는 자옹(子雍)이다. 출신지는 동해(東海)이

라고 했다. '樂賓'에서의 '樂'자는 그 음이 '洛(낙)'이며, 아래문장에 나오는 글자도 그 음이 동일한데, 한편에서는 뒤에 나오는 '以樂'에서의 '樂'자는 그 음이 '岳(악)'이라고도 했으니, 투호를 할 때 음악에 맞춰서 한다는 뜻이다. '肴'자는 '戶(호)'자와 '交(교)'자의 반절음이다. '重'자는 '直(직)'자와 '用(용)'자의 반절음이며, 아래문장 및 정현의 주에 나오는 글자도 그 음이 이와 같다. '稅'자는 판본에 따라서 또한 '脫'자로도 기록하며, '吐(토)'자와 '活(활)'자의 반절음이다. '請'자는 '七(칠)'자와 '井(정)'자의 반절음이며, 아래문장에 나오는 글자도 그 음이 이와 같다.

孔疏 ●"投壺"至"敬從". ○正義曰: 此一節論燕禮脫屨升堂之後, 主人請投壺於賓, 賓辭及許之事.

번역 ●經文: "投壺"~"敬從". ○이곳 문단은 연례(燕禮)[5]를 시행하며 신발을 벗고 당상(堂上)으로 올라간 뒤 주인이 빈객에게 투호를 하자고 청하여, 빈객이 사양하고 수락하는 사안을 논의하고 있다.

孔疏 ●"主人奉矢"者, 謂於阼階之上, 西面奉持其矢. 知西面者, 以賓在西, 故知西面對賓也.

번역 ●經文: "主人奉矢". ○동쪽 계단 위에서 서쪽을 바라보며 화살을 들고 있다는 뜻이다. 서쪽을 바라본다는 사실을 알 수 있는 이유는 빈객이

다. 부친 왕랑(王朗)으로부터 금문학(今文學)을 공부했으나, 고문학(古文學)의 고증적인 해석을 따랐다. 『상서(尙書)』, 『시경(詩經)』, 『좌전(左傳)』, 『논어(論語)』 및 삼례(三禮)에 대한 주석을 남겼다.

5) 연례(燕禮)는 본래 빈객(賓客)을 접대하는 연회의 한 종류를 뜻한다. 각종 연회들을 두루 지칭하기도 하며, 연회에서 사용되는 의례절차들을 두루 지칭하기도 한다. 본래의 '연례'는 연회를 시작할 때, 첫잔을 따라 바치는 절차 끝나면, 모두 자리에 앉아서 술을 마시는데, 취할 때까지 마시는 연회의 한 종류를 뜻한다. '연례' 때에는 희생물로 개[狗]를 사용했으며, 유우씨(有虞氏) 때 시행되었던 제도라고 설명되기도 한다. 『예기』「왕제(王制)」편에는 "有虞氏以燕禮."라는 기록이 있고, 이에 대한 진호(陳澔)의 『집설(集說)』에서는 "燕禮者, 一獻之禮既畢, 皆坐而飮酒, 以至於醉, 其牲用狗."라고 풀이했다.

서쪽에 있기 때문에 서쪽을 바라보며 빈객을 대면하게 됨을 알 수 있다.

孔疏 ●"司射奉中"者, 中, 謂受筭之器. 投壺亦射之類, 故司射於西階上奉中北面也.

번역 ●經文: "司射奉中". ○'중(中)'은 점수를 계산하는 산가지를 꼽는 기물을 뜻한다. 투호 또한 활쏘기의 종류이기 때문에 사사(司射)가 서쪽 계단 위에서 중(中)을 들고 북쪽을 바라보고 있게 된다.

孔疏 ●"使人執壺"者, 謂主人使人執所投之壺於司射之西而北面也. 所以皆在西階上者, 欲就賓處也. 唯云"使人", 不言"官"者, 以賤略之也.

번역 ●經文: "使人執壺". ○주인이 다른 사람을 시켜서 화살을 던지게 되는 병을 들게 하여 사사(司射)의 서쪽에서 북쪽을 바라보고 있게 한다는 뜻이다. 둘 모두 서쪽 계단 위에 있게 되는 이유는 빈객이 있는 곳으로 나아가게끔 하고자 해서이다. 다만 "다른 사람을 시킨다."라고 말하고 '관리[官]'라고 말하지 않은 것은 활쏘기와 비교해보면 미천한 일이므로 간략히 치르기 때문이다.

孔疏 ●"某有枉矢哨壺"者, 枉, 謂曲而不直也. 哨, 謂哨峻不正. 是主人謙遜之辭.

번역 ●經文: "某有枉矢哨壺". ○'왕(枉)'자는 굽어져서 곧지 않다는 뜻이다. '초(哨)'자는 비뚤어지고 기울어서 바르지 못하다는 뜻이다. 이것은 주인이 겸손의 뜻으로 한 말이다.

孔疏 ●"某既賜矣, 又重以樂, 敢辭"者, 賓稱主人設酒肴以待己, 是某既受主人之賜矣. 主人又請投壺樂己, 是重以樂也.

번역 ●經文: "某既賜矣, 又重以樂, 敢辭". ○빈객이 주인이 술과 안주를

차려서 자신을 대접해준 것을 말한 것이니, 본인이 이미 주인이 베풀어준 것을 받았다는 뜻이다. 주인이 재차 투호를 하여 자신을 즐겁게 만들고자 청하니, 이것이 거듭하여 즐겁게 한다는 뜻이다.

孔疏 ◎注"士則"至"北面". ○正義曰: "士則鹿中", 按鄕射記云: "大夫兕中, 士鹿中." 此篇投壺是大夫·士之禮, 故云"士則鹿中". 不云兕中者, 略之也. 知此投壺是大夫·士禮者, 以經云主人請賓, 是平敵之辭, 與鄕飮酒·鄕射同, 故知是大夫·士也. 若諸侯, 則燕禮·大射每事云"請於公", 不得云主人請賓也. 此旣非諸侯之禮, 而經云奏貍首者, 別取燕飮之義, 非謂尊卑之詩. 其諸侯相燕, 亦有投壺, 故左傳云: "晉侯與齊侯燕, 投壺." 然則天子亦有之, 但古禮亡, 無以知也. 其中之形, 刻木爲之, 狀如兕鹿而伏, 背上立圓圈以盛筭. 云"奉之西階上北面"者, 按鄕射禮將射之時, 司射升自西階, 階上北面告於賓, 故知此司射奉中在西階上北面. 其執壺之人, 賤於司射, 故在司射之西. 以凡行禮, 統於主人, 雖俱在西階, 而當尊東, 故燕禮·大射, 宰夫代公爲主人, 與賓俱升西階, 而主人在東也.

번역 ◎鄭注: "士則"~"北面". ○정현이 "사는 사슴 모양의 중(中)을 쓴다."라고 했는데, 『의례』「향사례(鄕射禮)」편의 기문을 살펴보면, "대부는 외뿔소 모양의 중(中)을 쓰고, 사는 사슴 모양의 중(中)을 쓴다."[6]라고 했다. 「투호」편에서 말하는 투호의 의례는 대부와 사의 예법에 해당한다. 그렇기 때문에 "사는 사슴 모양의 중(中)을 쓴다."라고 말한 것이다. '외뿔소 모양의 중(中)'을 언급하지 않은 것은 생략해서 기록했기 때문이다. 이곳에서 말하는 투호가 대부와 사 계층의 예법임을 알 수 있는 이유는 경문에서 "주인이 빈객에게 청하다."라고 했는데, 이것은 신분이 서로 대등할 때 쓰는 말이며, 『의례』「향음주례(鄕飮酒禮)」와 「향사례」편의 내용과 동일하다. 그렇기 때문에 대부와 사의 예법임을 알 수 있다. 만약 제후의 경우라면 『의례』「연례(燕禮)」와 「대사례(大射禮)」편에서 언급한 것처럼 매 절차마

---

6) 『의례』「향사례(鄕射禮)」: 大夫兕中. 各以其物獲. 士鹿中, 翿旌以獲.

다 “제후에게 청하다.”라고 말해야 하며, “주인이 빈객에게 청하다.”라고 말할 수 없다. 이곳의 내용이 이미 제후의 예법이 아닌데도 경문에서 ‘이수(貍首)’의 시를 연주한다고 한 것은 별도로 연회를 하며 음주를 하는 뜻을 나타낸 것이니, 신분의 차등에 따라 시를 연주한다고 한 말이 아니다. 제후들끼리 서로에게 연회를 베풀게 되면 또한 투호를 하게 된다. 그렇기 때문에 『좌전』에서는 “진(晉)나라 후작이 제(齊)나라 후작과 연회를 하며 투호를 했다.”라고 말한 것이다. 그렇다면 천자 또한 투호를 하게 되는데, 다만 고대의 예법이 망실되었으므로 그 사실을 확인할 수 있는 방도가 없다. 중(中)의 형태는 나무를 조각하여 만들게 되는데, 그 모습은 외뿔소나 사슴과 같으며 엎드려 있고, 등 위에는 원형의 뿔을 세워서 점수를 계산하는 산가지를 넣게 된다. 정현이 “그것을 받들고서 서쪽 계단 위에서 북쪽을 바라보게 된다.”라고 했는데, 「향사례」편을 살펴보면 활쏘기를 하려고 할 때, 사사(司射)는 서쪽 계단을 통해 당상으로 올라가고, 계단 위에서 북쪽을 바라보며 빈객에게 아뢴다고 했다. 그렇기 때문에 이곳의 사사가 중(中)을 들고서 서쪽 계단 위에서 북쪽을 바라보게 된다는 사실을 알 수 있다. 병을 들고 있는 자는 사사보다 미천한 계급이기 때문에 사사의 서쪽에 있게 된다. 의례를 시행하는 것은 주인에게 종속되니, 비록 둘 모두 서쪽 계단에 있지만 존귀한 자를 동쪽으로 두게 된다. 그렇기 때문에 「연례」편과 「대사례」편에서는 재부(宰夫)가 제후를 대신해서 주인 역할을 하며, 빈객과 함께 서쪽 계단을 통해 당상으로 올라가고, 주인은 그 동쪽에 있다고 한 것이다.

孔疏 ◎注“燕飮”至“射也”. ○正義曰: 知“旣脫屨升堂, 主人乃請投壺也”者, 按燕禮取俎以出, 卿大夫皆降, 賓反入, 及卿大夫皆脫屨升, 就席, 羞庶羞之後, 乃云“若射, 則大射正爲司射”, 則知此亦在脫屨升堂之後. 若鄕射之禮, 則在飮酒未旅之前爲射, 以其詢衆庶, 禮重, 故早射, 異於燕射也.

번역 ◎鄭注: “燕飮”~“射也”. ○정현이 “이미 신발을 벗고서 당상(堂上)으로 올라가게 되는데, 주인이 곧 투호를 하자고 청하는 것이다.”라고 했는데, 이 말이 사실임을 알 수 있는 것은 『의례』「연례(燕禮)」편을 살펴보면 도마를 가지고 밖으로 나오며 경과 대부가 모두 당하(堂下)로 내려가면 빈객이 다시 들어오고, 경과 대부와 함께 모두 신발을 벗고서 당상으로 올라가 자신의 자리로 나아가는데, 여러 음식들을 차려낸 뒤에는 곧 "만약 활쏘기를 한다면, 대사정(大射正)이라는 관리가 사사(司射) 역할을 담당한다."[7]라고 했으니, 이곳에서 말한 내용도 신발을 벗고 당상으로 올라간 뒤의 상황임을 알 수 있다. 만약 향사례(鄕射禮)[8]의 경우라면, 음주를 하며 아직 여수(旅酬)[9]를 하기 이전에 활쏘기를 하니, 여러 사람들에게 상의를 하는 예법이 중대하기 때문에 그보다 일찍 활쏘기를 하는 것으로, 연사례(燕射禮)와는 차이가 난다.

訓纂 段氏玉裁曰: 鄭注考工記曰, "哨, 頃小也."

번역 단옥재[10]가 말하길, 『고공기』[11]에 대한 정현의 주에서는 "초(哨)

---

7) 『의례』「연례(燕禮)」: 若射, 則大射正爲司射, 如鄕射之禮.
8) 향사례(鄕射禮)는 활쏘기를 하며 음주를 했던 의례(儀禮)이다. 크게 두 가지로 나뉘는데, 하나는 지방의 수령이 지방학교인 서(序)에서 사람들을 모아서 활쏘기를 익히며 음주를 했던 의례이고, 다른 하나는 향대부(鄕大夫)가 3년마다 치르는 대비(大比)라는 시험을 끝내고 공사(貢士)를 한 연후에, 향대부가 향로(鄕老) 및 향인(鄕人)들과 향학(鄕學)인 상(庠)에서 활쏘기를 익히고 음주를 했던 의례이다. 『주례』「지관(地官)·향대부(鄕大夫)」편에는 "退而以鄕射之禮五物詢衆庶."라는 기록이 있는데, 이에 대한 손이양(孫詒讓)의 『정의(正義)』에서는 "退, 謂王受賢能之書事畢, 鄕大夫與鄕老, 則退各就其鄕學之庠而與鄕人習射, 是爲鄕射之禮."라고 풀이하였다.
9) 여수(旅酬)는 본래 제사가 끝난 후에, 제사에 참가했던 친족 및 빈객(賓客)들이 술잔을 들어 술을 마시고, 서로 공경의 예(禮)를 표하며, 잔을 권하는 의례(儀禮)이다. 연회에서도 서로에게 술을 권하는 절차를 '여수'라고 부른다.
10) 단옥재(段玉裁, A.D.1735~A.D.1815): 청(淸)나라 때의 학자이다. 자(字)는 약응(若膺)이고, 호(號)는 무당(懋堂)이다. 저서로는 『설문해자주(說文解字注)』, 『육서음균표(六書音均表)』, 『고문상서찬이(古文尙書撰異)』 등이 있다.
11) 『고공기(考工記)』는 『동관고공기(冬官考工記)』라고도 부른다. 공인(工人)들에 대한 공예기술(工藝技術) 서적이다. 작자는 미상이다. 강영(江永)은 『고공기』의 작자를 제(齊)나라 사람으로 추정하였고, 곽말약(郭沫若)은 춘추시대(春秋時代) 말기에 제나라에서 제작된 관서(官書)와 관련이 깊다고 추정하였다. 『주례(周禮)』는 천관(天官), 지관(地官), 춘관(春官), 하관(夏官), 추관(秋

는 작다는 뜻이다."[12]라고 했다.

集解 此亦總目一篇之事也.

번역 경문의 "投壺之禮"에 대하여. 이곳 구문은 또한 「투호」편의 사안을 총괄적으로 나타내는 말이다.

集解 應氏鏞曰: 壺, 飮器也. 其始必於燕飮之間, 謀以樂賓, 或病於不能射也, 擧席間之器以寓射節焉. 制禮者因爲之節文, 此投壺之所由興也.

번역 응용[13]이 말하길, '호(壺)'는 술을 마실 때 사용하는 기물이다. 투호의 시초는 분명 연회를 하며 음주를 하는 가운데 빈객을 즐겁게 할 일을 계획하다가 간혹 활쏘기를 할 수 없는 상황을 고심하여, 자리 사이에 마련된 술병을 들어서 활쏘기의 절차에 따른 것에서 시작된 것이다. 예법을 제정하는 자가 그에 따라 절차와 격식을 마련하였으니, 이것이 투호가 생겨나게 된 상황이다.

集解 愚謂: 投壺, 射之類也. 然射禮重而投壺禮輕, 射禮繁而投壺禮簡. 燕禮云, "若射則大射正爲司射, 如鄕射之禮." 諸侯燕射之禮如鄕射, 大夫士之燕射, 其禮宜簡於諸侯, 其投壺之禮又簡於燕射也.

번역 내가 생각하기에, 투호는 활쏘기의 부류이다. 그러나 활쏘기의 예

官), 동관(冬官) 등 육관(六官)의 체제로 구성되어 있는데, 그 중 '동관'에 대한 기록이 누락되어 있어서, 한(漢)나라 무제(武帝) 때, 『고공기』를 가지고 누락된 부분을 보충하게 되었다. 그렇기 때문에 『고공기』를 또한 『동관고공기』라고도 부르는 것이다. 각종 공인들의 직책과 직무들이 기록되어 있다.

12) 이 문장은 『주례』「동관고공기(冬官考工記)·재인(梓人)」편의 "厚脣弇口, 出目短耳, 大胸燿後, 大體短脰, 若是者謂之贏屬, 恒有力而不能走, 其聲大而宏. 有力而不能走, 則於任重宜; 大聲而宏, 則於鍾宜. 若是者以爲鍾虡, 是故擊其所縣, 而由其虡鳴."이라는 기록에 대한 정현의 주이다.

13) 금화응씨(金華應氏, ?~?) : =응용(應鏞)·응씨(應氏)·응자화(應子和). 이름은 용(鏞)이다. 자(字)는 자화(子和)이다. 『예기찬의(禮記纂義)』를 지었다.

법은 중요하며 투호의 예법은 상대적으로 덜 중요하고, 활쏘기의 예법은 복잡하지만 투호의 예법은 상대적으로 간소하다. 『의례』「연례(燕禮)」편에서는 "만약 활쏘기를 한다면, 대사정(大射正)이라는 관리가 사사(司射) 역할을 담당하며, 향사례(鄕射禮)의 예법처럼 한다."라고 했다. 제후가 연사례(燕射禮)를 할 때 향사례처럼 한다고 했고, 대부와 사가 시행하는 연사례는 그 예법이 마땅히 제후보다 간소해야 하므로, 투호의 예법은 또한 연사례보다도 간소한 것이다.

集解 愚謂: 鄕射主於射, 故射行於未旅酬之前; 燕禮主於飮酒, 故燕射與投壺行於旣旅酬, 脫屨升坐之後. 矢用木爲之, 而不去皮, 無羽·鏃之屬, 與射者之矢不同. 但投壺本所以代射, 故亦因名爲矢焉. 鄕射禮盛矢以楅, "設於中庭, 南北當洗." 投壺之禮, 蓋亦於中庭設楅以盛矢, 主人將請賓, 則贊者取矢於楅, 以授主人, 主人受之以奉於賓也. 主人席於阼, 賓席於牖間; 主人奉矢時, 降席立於阼階上, 西面, 客亦降席立於西階上, 東面. 射禮有司射, 以主其禮, 投壺, 射之類, 故其主禮者亦曰司射. 中, 盛算之器, 蓋刻木爲兕鹿之形, 而鑿其背以受算也. 奉中·執壺者, 爲將設之也. 設壺·設中, 皆司射之事, 執壺者贊爲之耳. 投壺於堂, 則釋算當在堂上. 下文云"設中, 東面", 則設之在西也, 是中設於西階上矣. 司射之位在中西, 東面, 是時奉中升堂, 預度所設中西之位而立焉, 執壺者在其南, 皆東面.

번역 경문의 "主人奉"~"人執壺"에 대하여. 내가 생각하기에, 향사례(鄕射禮)는 활쏘기를 위주로 한다. 그렇기 때문에 활쏘기는 여수(旅酬)를 하기 이전에 시행한다. 연례(燕禮)는 음주를 위주로 한다. 그렇기 때문에 연사례(燕射禮)와 투호는 여수를 한 이후에 시행하니, 신발을 벗고 당상(堂上)으로 올라가 자신의 자리에 앉고 난 이후에 해당한다. 투호의 화살은 나무를 사용해서 만드는데, 나무껍질을 벗기지 않고, 깃털과 화살촉 등이 없으니, 활쏘기에 사용되는 화살과는 다르다. 다만 투호는 본래 활쏘기를 대체하는 것이기 때문에 이에 따라서 사용하는 나무를 화살이라고 부른 것이다. 향사례에서는 화살을 넣을 때 복(楅)을 사용하여, "마당에 설치하며, 남북방향으로 손 씻는 그릇과 마주하도록 둔다."[14]라고 했다. 투호의 예법에서도 마당에 복(楅)을 설치하여 화살을 담고, 주인이 빈객에게 청원하고자 한다면, 의례의 진행을 돕는 자가 복(楅)에서 화살을 가져다가 주인에게 주고, 주인이 그것을 받아서 빈객에게 바쳤을 것이다. 주인은 동쪽 계단에 자리를 마련하고, 빈객은 들창 사이에 자리를 마련한다. 주인이 화살을 받들고 나아갈 때 자리에서 내려와 동쪽 계단 위에 서서 서쪽을 바라보고, 빈객 또한 자리에서 내려와 서쪽 계단 위에 서서 동쪽을 바라보게 된다. 활쏘기에는 사사(司射)가 있는데, 그는 의례의 진행을 주관하고, 투호도 활쏘기의 부류가 되기 때문에, 투호의 의례를 주관하는 자를 또한 '사사(司射)'라고 부른 것이다. '중(中)'은 점수를 계산하는 산가지를 담는 기물이니, 나무를 조각하여 외뿔소나 사슴의 형상으로 만들고, 등을 뚫어서 산가지를 꼽았을 것이다. 중(中)을 들고 병을 드는 것은 그것들을 설치하고자 해서이다. 병을 설치하고 중(中)을 설치하는 것은 모두 사사가 담당하는 일이니, 병을 잡는 자는 사사를 도울 따름이다. 당상에서 투호를 한다면 산가지를 세우는 것은 당상에서 하게 된다. 아래문장에서 "중(中)을 설치하고 동쪽을 바라본다."라고 했다면, 서쪽에 설치하는 것으로, 중(中)을 서쪽 계단 위에 설치한다는 뜻이다. 사사의 자리는 중(中)의 서쪽에서 동쪽을 바라보게 되는데, 이것은 중(中)을 받들어서 당상으로 올라갈 때, 미리 중(中)을 설치하는 장소를 헤아려서 그 서쪽의 자리에 서 있는 것이며, 병을 든 자는 그의 남쪽에 있는데, 둘 모두 동쪽을 바라보게 된다.

集解 愚謂: 又重以樂, 言又重以投壺之禮以爲歡樂也.

번역 경문의 "主人請"~"樂敢辭"에 대하여. 내가 생각하기에, "또한 거듭하여 즐겁게 한다."라고 한 말은 재차 투호의 의례를 거듭 시행하여 즐거움을 나눈다는 뜻이다.

---

14) 『의례』「향사례(鄕射禮)」 : 楅長如笴, 博三寸, 厚寸有半, 龍首, 其中蛇交, 韋當, 楅髤. 横而拳之, 南面坐而奠之, 南北當洗.

集解 愚謂: 鄕射禮請射, 賓不辭, 此賓乃再辭者, 鄕射爲射而擧, 投壺則燕飮之間所以樂賓者也. 燕禮不言"請射"·"賓辭", 臣於君命不敢辭也. 若敵者行燕射, 則賓亦當有辭讓之辭如此禮與. 鄕射禮"司射請射", "賓許, 適阼階上, 告主人", 此主人親請賓, 投壺禮簡故也.

번역 경문의 "主人曰"~"不敬從"에 대하여. 내가 생각하기에, 향사례(鄕射禮)에서 활쏘기를 청하면 빈객은 사양하지 않는데, 이곳에서는 빈객이 두 번이나 사양을 했다. 그 이유는 향사례는 활쏘기를 하기 위해 시행하는 것이고, 투호는 연회를 하며 음주를 할 때 빈객을 즐겁게 만들기 위해서 하는 것이다. 『의례』「연례(燕禮)」편에서는 "활쏘기를 청한다."라거나 "빈객이 사양한다."라고 말하지 않았는데, 신하는 군주의 명령에 대해서 감히 사양할 수 없기 때문이다. 만약 신분이 서로 대등하며 연사례(燕射禮)를 시행하는 경우라면, 빈객은 또한 이곳에서 말한 예법처럼 사양하는 말을 했을 것이다. 『의례』「향사례(鄕射禮)」편에서는 "사사(司射)가 활쏘기를 청한다."라고 했고, "빈객이 허락하면 동쪽 계단 위로 나아가서 주인에게 아뢴다."라고 했는데,[15] 이곳에서 주인이 직접 빈객에게 청하는 것은 투호의 예법이 간략하기 때문이다.

참고 원문비교

예기대전·투호 投壺之禮, 主人奉矢, 司射奉中, 使人執壺. 主人請曰, "某有枉矢哨壺, 請以樂賓." 賓曰, "子有旨酒嘉肴, 某旣賜矣, 又重以樂, 敢辭." 主人曰, "枉矢哨壺, 不足辭也, 敢固以請." 賓曰, "某旣賜矣, 又重以樂, 敢固辭." 主人曰, "枉矢哨壺, 不足辭也, 敢固以請." 賓曰, "某固辭不得命, 敢不敬從?"

대대례기·투호 投壺之禮, 主人奉矢, 司射奉中, 使人執壺. 主人請曰, "某

15) 『의례』「향사례(鄕射禮)」: 司射倚扑于階西, 升, 請射于賓如初. 賓許若. 賓·主人·大夫若皆與射, 則遂告于賓, 適阼階上告于主人, 主人與賓爲耦.

有枉矢峭壺, 請樂賓." 賓曰, "子有旨酒嘉殽, 又重以樂, 敢辭." 主人曰, "枉矢峭壺, 不足辭也, 敢以請." 賓曰, "某賜旨酒嘉殽, 又重以樂, 敢固辭." 主人曰, "枉矢峭壺, 不足辭也, 敢固以請." 賓對曰, "某固辭不得命, 敢不敬從?"

참고 『춘추』 소공(昭公) 12년 기록

左氏傳 晉侯以齊侯晏, 中行穆子相.

번역 진나라 후작이 제나라 후작과 함께 연회를 할 때, 중행목자가 의례의 진행을 도왔다.

杜注 穆子, 荀吳.

번역 '목자(穆子)'는 순오(荀吳)이다.

左氏傳 投壺, 晉侯先. 穆子曰: 有酒如淮, 有肉如坻.

번역 투호를 하게 되자 진나라 후작이 먼저 던지게 되었다. 목자는 "술이 회수처럼 많고 고기가 지산처럼 많습니다."라고 했다.

杜注 淮, 水名. 坻, 山名.

번역 '회(淮)'는 강 이름이다. '지(坻)'는 산 이름이다.

孔疏 ●"投壺". ○正義曰: 禮記有投壺之禮, 其文無相者咒辭. 此中行穆子與齊侯皆有言辭者, 投之中否, 似若有神, 故設爲此語. 或可投時皆有言語, 禮自不載之耳. 伯瑕責穆子, 唯言"壺何爲焉, 其以中爲俊", 責其"失辭", 不云法不言, 是投壺皆有言也. 凡宴不射, 卽爲投壺. 投壺之禮, "壺去席二矢半".

司射執八筭, 東面, 投壺如射, 三而止. 其矢, "室中五扶, 堂上七扶, 庭中九扶". 鋪四指曰扶. 扶, 四寸也. "筭長尺二寸. 壺頸脩七寸, 腹脩五寸, 口徑二寸半, 容斗五升. 壺中實小豆焉, 爲其矢之躍而出也." 小豆取楷且堅. "矢以柘若棘, 毋去其皮", 取其堅且重也. 舊說, 矢大七分.

번역 ●傳文: "投壺". ○『예기』에는 투호에 대한 예법이 수록되어 있지만, 그 기록 속에는 의례의 진행을 돕는 자가 축원하는 말이 없다. 이곳에서 중행목자와 제나라 후작은 모두 축원하는 말을 하고 있는데, 화살을 던져서 적중하느냐의 여부는 마치 신의 뜻이 있는 것과 같기 때문에 이러한 말을 한 것이다. 혹은 화살을 던질 때 모두 이러한 말을 할 수 있었던 것인데, 『예기』에서 수록하지 않았을 수도 있다. 백하는 목자를 책망하며 단지 "투호가 어떠하기에 적중시키는 것을 매우 기이한 일로 여기는 것입니까?"라고 했는데, 이것은 말을 잘못했다는 것을 책망한 것이지, 본래의 법도에서는 말을 하지 않는다고 하지 않았으니, 이것은 투호에서 모두 이러한 말을 했었음을 나타낸다. 연회에서 활쏘기를 하지 않을 때에는 투호를 하게 된다. 투호의 예에서는 "병은 자리와 화살이 2.5개 들어갈 정도로 벌린다."라고 했다. 그리고 사사는 8개의 산가지를 잡고서 동쪽을 바라보며 투호는 활쏘기처럼 하여 세 번 던지고 그친다고 했다. 그리고 그 화살에 대해서는 "방안에서 투호를 한다면 5부(扶)의 길이로 하고, 당상에서 한다면 7부의 길이로 하며, 마당에서 한다면 9부의 길이로 한다."라고 했다. 4개의 손가락을 나란히 한 길이가 1부(扶)이다. 1부는 4촌(寸)이다. 그리고 "산가지의 길이는 1척 2촌이다. 병의 목 부분 길이는 7촌이고, 배 부분 길이는 5촌이며, 입구의 지름은 2.5촌이고, 용적은 1두 5승이다. 병 안에는 작은 콩을 채우니, 화살을 던졌을 때 튀어 올라 밖으로 나오기 때문이다."라고 했다. 작은 콩은 단단하기 때문에 채우는 것이다. 그리고 "화살은 산뽕나무나 가시나무로 만들며 껍질은 제거하지 않는다."라고 했는데, 단단하면서도 무겁기 때문에 사용하는 것이다. 옛 학설에서는 화살의 크기는 7분이라고 했다.

孔疏 ◎注"淮水名坻山名". ○正義曰: 杜以淮爲水名, 當謂四瀆之淮也. 劉炫以爲淮·坻非韻, 淮當作濰, 又以坻爲水中之地, 以規杜氏. 今知不然者, 以古之爲韻, 不甚要切, 故詩云: "汎彼柏舟, 在彼中河. 髧彼兩髦, 實維我儀." 又云: "爲絺爲綌, 服之無斁." 儀·河, 斁·綌, 尙得爲韻, 淮·坻相韻, 何故不可? 此若齊侯之語, 容可擧齊地濰水. 此是穆子在晉, 何意擧齊地水乎? 又酒肉相對, 多少相似. 按爾雅: "小洲曰陼, 小陼曰沚, 小沚曰坻." 何得以坻之小地對淮之大水? 故杜以坻爲山名. 劉炫又以山無名坻者, 按楚子觀兵於坻箕之山, 坻非山乎? 劉以此規杜失, 非也.

번역 ◎杜注: "淮水名坻山名". ○두예는 '회(淮)'자가 강의 이름이라고 여겼으니, 사독(四瀆)[16] 중의 회수를 뜻하게 된다. 유현[17]은 회(淮)자와 지(坻)자는 운이 맞지 않으니 회(淮)자는 마땅히 유(濰)자가 되어야 하며 또 지(坻)는 물에 둘러싸인 땅을 뜻한다고 하여 두예의 주장을 바로잡으려고 했다. 그런데 그렇지 않다는 사실을 알 수 있는 것은 옛날에는 운을 맞출 때 지금처럼 매우 긴밀히 하지 않았다. 그렇기 때문에 『시』에서도 "흘러가는 저 측백나무 배여, 저 황하 가운데 떠 있구나. 늘어트린 저 양 갈래의 다팔머리여, 실로 나의 짝이로구나."[18]라고 했고, 또 "치(絺)를 만들고 격(綌)을 만드니, 입음에 싫음이 없도다."[19]라고 했다. 이러한 기록에서도 의(儀)자와 하(河)자, 두(斁)자와 격(綌)자는 오히려 운이 될 수 있는데, 회(淮)자와 지(坻)자가 운이 된다는 것이 무슨 이유로 불가하겠는가? 이 말이 만약 제나라 후작의 말이었다면 제나라 땅에 속한 유수(濰水)를 뜻하는 것이 허용될 수도 있다. 그러나 이것은 진나라에 속한 목자의 말인데 어떻게

---

16) 사독(四瀆)은 네 개의 주요 하천을 가리킨다. 장강(長江), 황하(黃河), 회하(淮河), 제수(濟水)가 여기에 해당한다.

17) 유현(劉炫, ?~?) : 수(隋)나라 때의 학자이다. 자는 광백(光伯)이며, 경성(景城) 출신이다. 태학박사(太學博士) 등을 지냈다. 『논어술의(論語述義)』, 『춘추술의(春秋述義)』, 『효경술의(孝經述義)』 등을 저술하였다.

18) 『시』「용풍(鄘風)·백주(柏舟)」: 汎彼柏舟, 在彼中河. 髧彼兩髦, 實維我儀. 之死矢靡他. 母也天只, 不諒人只.

19) 『시』「주남(周南)·갈담(葛覃)」: 葛之覃兮, 施于中谷. 維葉莫莫, 是刈是濩, 爲絺爲綌, 服之無斁.

제나라 지역의 강을 제시하겠는가? 또 술과 고기는 서로 대칭이 되니 그 수량이 비슷하다. 『이아』를 살펴보면 "작은 모래톱[洲]을 저(陼)라고 부르며 작은 저(陼)를 지(沚)라 부르고 작은 지(沚)를 지(坻)라 부른다."[20]라고 했다. 그렇다면 어떻게 작은 땅을 회수와 같이 큰 강물에 대칭할 수 있겠는가? 그렇기 때문에 두예는 지(坻)자를 산 이름으로 여긴 것이다. 유현은 또 산 중에는 지(坻)라는 이름을 가진 것이 없다고 했는데, 초나라 자작은 지기산에서 열병식을 했다고 했으니,[21] 지(坻)가 산의 이름이 아니란 말인가? 유현이 이러한 점을 들어 두예의 잘못을 바로잡으려고 했던 것은 잘못된 일이다.

左氏傳 寡君中此, 爲諸侯師. 中之. 齊侯擧矢曰: 有酒如澠, 有肉如陵.

번역 계속하여 목자는 "우리 군주께서 이를 적중시키신다면 제후들의 수장이 되실 겁니다."라고 했는데, 과연 적중을 시켰다. 제나라 후작이 화살을 들며 "술이 민수처럼 많고 고기가 구릉처럼 많습니다."라고 했다.

杜注 澠水出齊國臨淄縣北, 入時水. 陵, 大阜也.

번역 민수(澠水)는 제나라 임치현의 북쪽에서 출원하여 시수(時水)로 유입된다. '능(陵)'자는 큰 언덕을 뜻한다.

孔疏 ◎注"澠水"至"阜也". ○正義曰: 釋例云: "澠水出齊國臨淄縣北, 經樂安博昌縣南界, 西入時水." 釋地云: "大阜曰陵."

번역 ◎杜注: "澠水"~"阜也". ○『석례』에서는 "민수는 제나라 임치현 북쪽에서 출원하여 낙안 박창현 남쪽 경계를 경유해서 서쪽으로 흘러 시수로 들어간다."라고 했다. 『이아』「석지(釋地)」편에서는 "큰 언덕을 '능(陵)'

---

20) 『이아』「석수(釋水)」 : 水中可居者曰洲, 小洲曰陼, 小陼曰沚, 小沚日坻. 人所爲爲潏.

21) 『춘추좌씨전』「소공(昭公) 5년」 : 楚子遂觀兵於坻箕之山.

이라고 부른다."[22]라고 했다.

左氏傳 寡人中此, 與君代興.

번역 계속하여 제나라 후작은 "과인이 이를 적중시킨다면 진나라 군주와 번갈아가며 흥성하게 될 것입니다."라고 했다.

杜注 代, 更也.

번역 '대(代)'자는 번갈아[更]라는 뜻이다.

左氏傳 亦中之. 伯瑕謂穆子,

번역 그리고는 제나라 후작 또한 적중을 시켰다. 그러자 백하는 목자에게 이르길,

杜注 伯瑕, 士文伯.

번역 '백하(伯瑕)'는 사문백(士文伯)이다.

左氏傳 曰: 子失辭. 吾固師諸侯矣, 壺何爲焉, 其以中儁也?

번역 "그대는 말을 실수했습니다. 우리 진나라는 본래부터 제후들의 수장이었는데, 투호가 어떠하기에 적중시키는 것을 매우 기이한 일로 여기는 것입니까?"라고 했다.

杜注 言投壺中, 不足爲儁異.

---

22) 『이아』「석지(釋地)」: 下溼曰隰. 大野曰平. 廣平曰原. 高平曰陸. 大陸曰阜. 大阜曰陵. 大陵曰阿.

번역 투호에서 적중시키는 것을 매우 기이한 일로 여기기에 충분치 못하다는 뜻이다.

左氏傳 齊君弱吾君, 歸弗來矣.

번역 계속하여 백하는 "제나라 군주께서 우리 군주를 미약하게 보셨으니, 돌아간 뒤에는 다시 오지 않을 것입니다."라고 했다.

杜注 欲與晉君代興, 是弱之.

번역 진나라 군주와 함께 교대로 흥성하리라고 했던 것이 미약하게 보았다는 뜻이다.

左氏傳 穆子曰: 吾軍帥彊禦, 卒乘競勸, 今猶古也, 齊將何事?

번역 목자는 "우리 군대의 장수는 막강하여 침략을 막을 수 있고, 병졸들은 앞 다투어 서로를 독려함이 지금도 옛날과 같은데 제나라가 장차 무슨 일을 할 수 있겠습니까?"라고 했다.

杜注 言晉德不衰於古, 齊不事晉, 將無所事.

번역 진나라의 덕은 예전보다 쇠약해지지 않았으니, 제나라가 진나라를 섬기지 않는다면 섬길 곳이 없게 되리라는 뜻이다.

左氏傳 公孫傻趨進曰: 日旰君勤, 可以出矣. 以齊侯出.

번역 제나라 공손 수가 빠른 걸음으로 나아가 "날이 저물어 군주께서 피곤하시니 나가시는 것이 좋을 것 같습니다."라고 말하고 제나라 후작을 모시고 나갔다.

杜注 傁, 齊大夫. 傳言晉之衰.

번역 ‘수(傁)’는 제나라 대부이다. 전문에서는 진나라의 쇠망을 말한 것이다.

참고 『의례』「향사례(鄕射禮)」 기록

기문 大夫, 兕中, 各以其物獲.

번역 대부는 외뿔소 모양의 중(中)을 쓰고, 각각 물(物)이라는 깃발을 통해 명중되었음을 나타낸다.

鄭注 兕, 獸名, 似牛一角.

번역 ‘시(兕)’는 짐승 이름으로, 소와 유사하지만 뿔이 하나이다.

賈疏 ●“大夫”至“物獲”. ◎注“兕, 獸名, 似牛一角”. ○釋曰: 下有士, 則此專據大夫爲文. 而云“各以其物”者, 公・侯・伯大夫再命, 子男之大夫一命, 爲卿大夫, 刃數雖同, 旐依命數不同, 故云各. 又下云士“翿旌以獲”, 唯小國之州長不命者, 則公侯之州長一命, 有旐, 亦入物中, 則各內兼之矣, 故云各. 兕似牛一角, 按爾雅及山海經知之.

번역 ●記文: “大夫”~“物獲”. ◎鄭注: “兕, 獸名, 似牛一角”. ○아래문장에는 사에 대한 기록이 나오니 이곳 문장은 전적으로 대부에 대한 내용을 기준으로 문장을 작성한 것이다. 그런데 “각각 물(物)로써 한다.”라고 말한 것은 공작・후작・백작에게 소속된 대부는 2명(命)의 등급이고, 자작・남작에게 소속된 대부는 1명의 등급인데, 이들은 경대부가 되며, 인(刃)[23]의

23) 인(仞)은 ‘인(刃)’이라고도 기록하며 길이를 재는 단위이다. 7척(尺)이 1인(仞)이 된다. 일설에는 8척(尺)을 1인(仞)이라고도 한다. 『논어』「자장(子張)」편에

수는 동일하더라도 깃발의 깃술은 명의 등급에 따라 다르기 때문에 '각각[各]'이라고 했다. 또 아래문장에서 사에 대해서 "도정(翿旌)이라는 깃발을 통해 명중되었음을 나타낸다."라고 했는데, 소국에 속한 주(州)의 수장만이 명의 등급을 받지 않는다면, 공작과 후작에게 속한 주의 수장은 1명의 등급이 되어 해당 깃발이 있고 또 물(物)의 깃발을 사용하는 대상에 포함되므로, 각각 내적인 범주까지도 겸하게 된다. 그렇기 때문에 '각각[各]'이라고 했다. 시(兕)는 소와 유사하지만 뿔이 하나라고 했는데, 『이아』나 『산해경』의 기록을 통해서 확인할 수 있다.[24)]

기문 士, 鹿中, 翿旌以獲.

번역 사는 사슴 모양의 중(中)을 쓰고, 도정(翿旌)이라는 깃발을 통해 명중되었음을 나타낸다.

鄭注 謂小國之州長也. 用翿爲旌以獲, 無物也. 古文無以獲.

번역 소국에 속한 주(州)의 수장을 뜻한다. 도(翿)를 이용해서 깃발을 만들고 이를 통해 명중되었음을 나타내니, 물(物)을 사용할 수 없기 때문이다. 고문본에는 '이획(以獲)'이라는 두 글자가 없다.

서는 "夫子之牆數仞, 不得其門而入者, 不見宗廟之美, 百官之富, 得其門者或寡矣."라고 했는데, 이에 대한 하안(何晏)의 『집해(集解)』에서는 "七尺曰仞也"라고 풀이했고, 『의례』「향사(鄕射)」편에는 "杠長三仞."이라고 했는데, 이에 대한 정현의 주에서는 "七尺曰仞."이라고 풀이했다. 한편 『한서(漢書)』「식화지상(食貨志上)」편에는 "神農之敎曰: 有石城十仞, 湯池百步, 帶甲百萬而亡粟, 弗能守也."라고 했는데, 이에 대한 안사고(顔師古)의 주에서는 "應劭曰: '仞, 五尺六寸也.' 師古曰: '此說非也. 八尺曰仞, 取人申臂之一尋也.'"라고 풀이했다.

24) 『이아』「석수(釋獸)」: 兕, 似牛. / 『산해경(山海經)』「남산경(南山經)」: 東五百里, 曰禱過之山, 其上多金玉, 其下多犀·兕, 多象.

참고 『이아』「석수(釋獸)」 기록

경문 兕, 似牛.

번역 '시(兕)'는 소와 비슷하다.

郭注 一角, 青色, 重千斤.

번역 뿔이 하나이며 청색이고 무게는 1,000근이다.

邢疏 ●"兕, 似牛". ○釋曰: 郭云: "一角, 青色, 重千斤." 說文云: "兕, 如野牛, 青毛, 其皮堅厚, 可制鎧." 交州記曰: "兕出九德, 有一角, 角長三尺餘, 形如馬鞭柄." 是也.

번역 ●經文: "兕, 似牛". ○곽박은 "뿔이 하나이며 청색이고 무게는 1,000근이다."라고 했다. 『설문』에서는 "시(兕)는 들소와 같은데 털이 청색이며 그 가죽이 견고하면서도 두꺼워서 갑옷으로 제작할 수 있다."라고 했다. 『교주기』에서는 "시(兕)는 구덕이라는 지역에 서식하는데, 하나의 뿔을 가졌고 뿔의 길이는 3척이 넘으며 그 모습은 말채찍의 자루와 같다."라고 했다.

참고 『산해경(山海經)』「남산경(南山經)」 기록

원문 東五百里, 曰禱過之山, 其上多金玉, 其下多犀·兕, 多象.

번역 동쪽으로 500리를 가면 도과산이 있는데, 산 위에는 금과 옥이 많으며 그 밑에는 서(犀)·시(兕)가 많고 코끼리가 많다.

郭注 犀似水牛, 猪頭, 痺脚, 脚似象, 有三蹄, 大腹, 黑色. 三角, 一在頂上,一在額上, 一在鼻上. 在鼻上者, 小而不墮, 食角也. 好噉棘, 口中常灑血沫. 兕亦似水牛, 青色, 一角, 重三千斤.

번역 '서(犀)'는 물소와 비슷한데 돼지의 머리에 짧은 다리를 가졌고 다리는 코끼리의 다리와 유사한데 세 개의 굽이 있으며, 배가 크고 흑색이다. 세 개의 뿔이 있는데 하나는 정수리에 있고 다른 하나는 이마에 있으며 나머지 하나는 코에 있다. 코에 있는 뿔은 작지만 빠지지 않으니 식각(食角)에 해당한다. 가시나무 먹는 걸 좋아하여 입안에는 항상 피거품이 끊이지 않는다. '시(兕)' 또한 물소와 비슷한데 청색이고 뿔이 하나이며 무게는 1,000근이다.

참고 『의례』「연례(燕禮)」 기록

경문 若射, 則大射正爲司射, 如鄕射之禮.

번역 만약 활쏘기를 한다면, 대사정(大射正)이라는 관리가 사사(司射) 역할을 담당하며, 향사례의 예법처럼 따른다.

鄭注 大射正, 射人之長者也. 如鄕射之禮者, 燕爲樂卿大夫, 宜從其禮也. 如者, 如其"告弓矢既具"至"退中與筭"也. 納射器而張侯, 其告請先于君, 乃以命賓及卿大夫, 其爲司正者亦爲司馬, 君與賓爲耦. 鄕射記曰自"君射"至"龍旃", 亦其異者也. 薦旅食乃射者, 是燕射主於飮酒.

번역 '대사정(大射正)'[25]은 사인(射人)들의 수장이다. 향사례의 예법처럼 한다는 것은 연례는 경과 대부를 즐겁게 만들고자 하므로 마땅히 해당 예법을 따라야만 하기 때문이다. '여(如)'라는 것은 『의례』「향사례(鄕射禮)」

---

25) 대사정(大射正)은 대사례(大射禮)의 의식 절차를 진행하며, 해당 예법이 올바로 시행되는지를 감독하는 자이다.

편에서 “활과 화살이 모두 갖춰졌음을 아뢴다.”라고 한 기록으로부터 “중(中)과 산가지를 가지고 물러난다.”라고 한 것처럼 동일하게 따른다는 뜻이다. 활쏘기 도구들을 들이고 과녁을 설치하며 군주에게 먼저 쏠 것을 청하면 빈객 및 경과 대부에게 명하게 되고, 사정이 된 자가 또한 사마가 되며, 군주는 빈객과 짝을 이루게 된다. 「향사례」편의 기문에서 “군주가 활쏘기를 한다.”라고 했던 기록으로부터 “용전(龍旃)을 든다.”라고 한 기록까지는 연례에서의 활쏘기와 차이를 보이는 부분이다. 사 및 정해진 녹봉을 받지 않는 자들에게까지 술과 음식이 돌아간 뒤에야 활쏘기를 하는 것은 연례에서의 활쏘기는 음주를 위주로 하기 때문이다.

賈疏 ●“若射”至“之禮”. ○注“大射”至“飮酒”. ○釋曰: 此一經論燕末行射之節. 云“大射正, 爲司射”者, 燕禮輕, 又不主爲射, 故射人爲擯, 又爲司正. 至射時, 大射正爲司射. 大射之時略於燕, 主於射, 故大射正爲擯, 又爲司正, 至射又親其職, 故不同爲司射也. 云宜從之者, 鄕射是卿大夫禮, 故樂之還從之也. 云“如者, 如其‘告弓矢旣具’至‘退中與筭’也”者, 經云如鄕射之禮, 明從始至末皆如之. 按鄕射初, 司射告弓矢旣具, 至三番射訖, 而退中與筭, 故如之也. 云“納射器而張侯”者, 欲見此與鄕射因納射器後卽張侯, 大射納射器之後無張侯之事, 是以特言此也. 云“告請先於君, 乃以命賓及鄕大夫”者, 此燕禮與大射皆國君之禮, 此燕禮每事皆先請於君, 大射亦先請於君, 故曰大射初, 司射自阼階前請於公, 公許, 乃命賓. 及卿大夫鄕射, 西階上告賓曰, 弓矢旣具, 乃告於主人, 遂告大夫, 是先後異也. 云“其爲司正者亦爲司馬”者, 鄕射將射, 云司正爲司馬, 此亦於將射, 司正爲司馬, 亦射之也. 若然, 則上文射人告具, 射人請賓, 又云射人請立司正, 公許, 射人遂爲司正, 皆一人也. 必云司正爲司馬者, 諸侯有常官, 嫌與鄕射異, 故言此也, 若士射, 則司正不爲司馬. 云“君與賓爲耦”者, 欲見鄕射賓與主人爲耦, 此君與賓爲耦, 亦是異於鄕射也. 引“鄕射記‘君射’至‘龍旃’, 亦其異者也”者, 謂旃與中異, 何者? 彼因記國君三處射, 旃與中各不同. 云“君國中射, 則皮樹中, 以翿旌獲, 白羽與朱羽糅”, 言國中, 則此燕射也. 又云“於郊則閭中, 以旌獲”, 謂諸侯大射在郊. 又云“於竟則虎中, 龍旃", 謂諸侯賓射在竟. 此皆諸侯禮, 射雖記在鄕射, 皆與鄕射異也. 云"薦旅食乃射者, 是燕射主於飮酒"者, 此獻士旅食後乃射, 是燕射主於飮酒, 決大射未爲大夫擧旅之前則射, 是彼大射主於射故也.

번역 ●經文: "若射"~"之禮". ○鄭注: "大射"~"飮酒". ○이곳 경문은 연례의 막바지에 활쏘기를 시행하는 절차를 논의하고 있다. "대사정(大射正)이라는 관리가 사사(司射) 역할을 담당한다."라고 했는데, 연례는 대사례보다 상대적으로 덜 중요하고, 또한 활쏘기를 위주로 하지 않기 때문에 사인(射人)이 부관이 되고 또 사정(司正)이 된다. 활쏘기를 시행할 때에는 대사정은 사사를 맡는다. 대사례를 시행할 때에는 연회에 대해서는 간략히 하고 활쏘기를 위주로 하기 때문에 대사정이 부관이 되고 또 사정이 되며, 활쏘기를 할 때에도 직접 그 직무를 시행한다. 그렇기 때문에 동일하게 사사를 맡지는 않는다. 마땅히 그에 따라야만 한다고 했는데, 향사례는 경과 대부에게 해당하는 예법이다. 그렇기 때문에 그들을 즐겁게 만들어주면서도 재차 해당 예법에 따르는 것이다. 정현이 "'여(如)'라는 것은 『의례』「향사례(鄕射禮)」편에서 '활과 화살이 모두 갖춰졌음을 아뢴다.'라고 한 기록으로부터 '중(中)과 산가지를 가지고 물러난다.'라고 한 것처럼 동일하게 따른다는 뜻이다."라고 했는데, 경문에서는 향사례의 예법처럼 한다고 했으니, 이것은 시작부터 끝까지 모든 절차를 향사례의 예법과 동일하게 함을 나타낸다. 「향사례」편을 살펴보면 초반에 사사는 활과 화살이 모두 갖춰졌다고 아뢰고, 세 차례 화살 쏘는 일이 끝나게 되면 중과 산가지를 가지고 물러난다. 그렇기 때문에 동일하게 한다고 했다. 정현이 "활쏘기 도구들을 들이고 과녁을 설치한다."라고 했는데, 이곳에서 시행하는 것이 「향사례」편의 내용과 동일함에 따라 활쏘기 도구들을 들인 뒤에 과녁을 설치한다는 사실을 드러내고자 한 것이니, 대사례에서는 활쏘기 도구들을 들인 이후에 과녁을 설치하는 일이 없다. 이러한 까닭으로 특별히 이러한 설명을 한 것이다. 정현이 "군주에게 먼저 쏠 것을 청하면 빈객 및 경과 대부에게 명하게 된다."라고 했는데, 「연례」편과 「대사례」편의 내용은 모두 제후에게 해당하는 예법이므로, 「연례」편에서는 매사에 모두 군주에게 먼저 하기를 청하게 되고, 「대사례」편에서도 군주에게 먼저 청하게 된다. 그렇기 때문에 대사례를 시행하는 초기에 사사는 동쪽 계단으로부터 군주 앞으로 나아가 청하게 되고, 군주가 허락하게 되면 그제야 빈객에게 명령한다고 말한 것이다. 그리고 경과 대부가 향사례를 하게 되면 서쪽 계단 위에서 빈객에게 아뢰며, 활과 화살이 모두 갖춰졌다고 하고, 그런 뒤에 주인에게 아뢰며, 끝으로 대부에게 아뢰게 되는데, 이것은 선후의 순서에 나타나는 차이점이다. 정현이 "사정이 된 자가 또한 사마가 된다."라고 했는데, 「향사례」편에서는 활을 쏘려고 할 때, 사정이 사마가 된다고 했고, 이곳에서도 활을 쏘려고 할 때 사정이 사마를 맡고 또 활을 쏜다고 했다. 만약 그렇다면 앞 문장에서 사인이 도구가 갖춰졌다고 아뢰고, 사인이 빈객에게 청한다고 했고, 또 사인이 사정을 세우길 청하면 군주가 허락하고, 사인이 결국 사정이 된다고 했으니, 이 모두는 한 사람이 하는 것이다. 기어코 사정이 사마가 된다고 말한 것은 제후에게는 고정된 관리들이 소속되어 있어서 「향사례」편의 내용과 차이를 두게 될까 의심할 수 있다. 그렇기 때문에 이것을 설명한 것이니, 사가 시행하는 활쏘기처럼 한다면 사정은 사마가 될 수 없다. 정현이 "군주는 빈객과 짝을 이루게 된다."라고 했는데, 「향사례」편에서는 빈객과 주인이 짝을 이룬다는 점을 드러내고자 한 것이니, 이곳에서는 군주와 빈객이 짝을 이루는데, 이러한 점이 또한 「향사례」편과 차이를 보이는 부분이다. 정현이 「향사례」편의 기문을 인용하여 "'군주가 활쏘기를 한다.'라고 했던 기록으로부터 '용전(龍旃)을 든다.'라고 한 기록까지는 연례에서의 활쏘기와 차이를 보이는 부분이다."라고 했는데, 깃발과 중이 다른 것은 어째서인가? 「향사례」편에서는 군주가 활쏘기를 할 때 세 장소에서 사용하는 깃발과 중이 각각 다르다는 사실을 기록한 것이다. "군주가 국성 내에서 활쏘기를 하게 된다면 피수중(皮樹中)을 사용하고 도정(翿旌)이라는 깃발을 통해 명중되었음을 나타내는데, 도정은 흰색 깃털과 적색 깃털을 섞어서 만든다."라고 하여, 국중(國中)이라고 했다면 이곳에서 말한 것처럼 연례를 시행하다 활쏘기를 하는 것이다. 또 "교외에서 활쏘기를 하게 된다면 여중(閭中)을 사용하고 정(旌)이라는 깃발을 통해 명중되었음을 나타낸다."라고 했는데, 제후의 대사례는 교외에서 시행한다는 뜻이다. 또 "국경 부근에서 활쏘기를 한다면 호중(虎中)을 사용하고 용전(龍旃)이라는 깃발을 통해 명중되었음을 나타낸다."라고 했는데, 제후의 빈사례는 국경에서 시행한다는 뜻이다. 이러한 것들은 모두 제후에게 해당하는 예법이니, 활쏘기에 대한 기문이 비록 「향사례」편에 기입되어 있지만 이 모두는 향사례와는 차이를 보인다. 정현이 "사 및 정해진 녹봉을 받지 않는 자들에게까지 술과 음식이 돌아간 뒤에야 활쏘기를 하는 것은 연례에서의 활쏘기는 음주를 위주로 하기 때문이다."라고 했는데, 사와 정해진 녹봉을 받지 않는 자들에게까지 술잔이 돌아간 뒤에야 활쏘기를 시행하는 것은 연례에서의 활쏘기가 음주를 위주로 하기 때문이며, 「대사례」에서 대부들이 여수를 아직 시행하기 전에 활쏘기를 하는 것은 대사례가 활쏘기를 위주로 하기 때문이다.

참고 『의례』「향사례(鄕射禮)」 기록

기문 楅, 長如笴, 博三寸, 厚寸有半, 龍首, 其中蛇交, 韋當.

번역 복(楅)의 길이는 화살대와 같고 너비는 3촌이며 두께는 1.5촌이고, 머리는 용으로 장식하고 가운데는 두 마리의 뱀이 몸을 꼬고 있는 것처럼 하며 당(當)은 가죽으로 입힌다.

鄭注 博, 廣也. 兩端爲龍首, 中央爲蛇身相交也. 蛇龍, 君子之類也. 交者, 象君子取矢於楅上也. 直心背之衣曰當, 以丹韋爲之. 司馬左右撫矢而乘之, 分委於當.

번역 '박(博)'자는 너비를 뜻한다. 양쪽 끝은 용머리 장식을 한다. 중앙은 뱀의 몸통이 서로 교차하도록 만든다. 뱀과 용은 군자의 부류이다. 교차시키는 것은 군자가 화살통에서 화살을 집는 것을 상징한다. 가슴에서 등까지 입히는 옷을 '당(當)'이라고 부르는데, 붉은 가죽으로 만들게 된다. 사마는 좌우로 화살을 매만지어 들고 당 위에 나눠서 꼽는다.

賈疏 ●"楅長"至"韋當". ◎注"博廣"至"於當". ○釋曰: 云"蛇龍, 君子之類也"者, 易云: "龍戰于野, 其血玄黃." 鄭注云: "聖人喩龍, 君子喩蛇." 是蛇龍總爲君子之類也. 云"直心背之衣曰當"者, 直通身之言, 其楅兩頭爲龍首, 於背上通身著當. 言當心中央也. 知"丹韋爲之"者, 周尙赤, 上云"凡畫者丹質", 又周禮九旗之帛皆用絳, 故知此當亦以丹韋爲之. 云"司馬左右撫矢而乘之, 分委於當"者, 若未分時, 總在於當, 今則四四在一邊, 不謂分訖, 乃至於兩當也.

번역 ●記文: "楅長"~"韋當". ◎鄭注: "博廣"~"於當". ○정현이 "뱀과 용은 군자의 부류이다."라고 했는데, 『역』에서는 "용들이 들판에서 전쟁을 벌이니, 그 피가 검고도 누렇다."[26]라고 했고, 정현의 주에서는 "성인은 용에 비유하고 군자는 뱀에 비유한다."라고 했다. 여기에서는 뱀과 용에 대해서 총괄적으로 군자의 부류라고 한 것이다. 정현이 "가슴에서 등까지 입히는 옷을 '당(當)'이라고 부른다."라고 했는데, 몸통 전체에 닿는다는 말이니, 복의 양쪽 끝은 용머리 장식으로 만들고 등쪽에 해당하는 몸통에는 당을 입히게 된다. 즉 가슴 중앙에 해당한다는 뜻이다. 정현이 "붉은 가죽으로 만들게 된다."라고 했는데, 이 말이 사실임을 알 수 있는 이유는 주나라 때에는 적색을 숭상했고 앞에서는 "과녁에 그림을 그릴 때에는 붉은 바탕을 한다."라고 했고, 또 『주례』에서 구기(九旗)[27]의 비단은 모두 진홍색의

---

26) 『역』「곤괘(坤卦)」: 上六, 龍戰于野, 其血玄黃.

27) 구기(九旗)는 고대에 사용하던 9종류의 깃발을 뜻한다. 무늬가 각각 달랐으며, 사용하는 용도 또한 달랐다. 해[日]와 달[月]을 수놓은 깃발을 상(常)이라고 부르며, 교룡(交龍)을 수놓은 깃발을 기(旂)라고 부르며, 순색의 비단을 이용하여 만든 깃발을 전(旜)이라고 부르며, 색이 섞여 있는 깃발을 물(物)이라고 부르며, 곰[熊]과 호랑이[虎]를 수놓은 깃발을 기(旗)라고 부르며, 새매를 수놓은 깃발을 여(旟)라고 부르며, 거북이[龜]와 뱀[蛇]을 수놓은 깃발을 조(旐)라고 부르며, 새의 온전한 날개를 오색(五色)으로 채색하여, 깃술처럼 장식한 깃발을 수(旞)라고 부르며, 가느다란 새의 깃털을 오색으로 채색하여,

것을 사용한다고 했다. 그렇기 때문에 여기에서 말하는 당 또한 붉은 가죽으로 만들게 됨을 알 수 있다. 정현이 "사마는 좌우로 화살을 매만지어 들고 당 위에 나눠서 꼽는다."라고 했는데, 화살을 아직 나누지 않았을 때라면 모두 당에 꼽아 두게 되는데, 현재는 양쪽으로 4개씩 나눠두는 것이니, 나누는 것을 끝낸 뒤에야 당의 양쪽에 놓아두게 된다는 뜻은 아니다.

기문 楅, 髹, 横而奉之, 南面坐而奠之, 南北當洗.

번역 복(楅)은 검붉게 옻칠을 하고, 가로로 받들고 남쪽을 향해 앉은 후 설치를 하니 남북방향으로 손 씻는 그릇과 마주하도록 둔다.

鄭注 髹, 赤黑漆也.

번역 '휴(髹)'는 검붉게 옻칠한 것을 뜻한다.

賈疏 ●"楅髹"至"當洗". ◎注"髹赤黑漆也". ○釋曰: 云"南面坐而奠之"者, 取向弟子持矢北面, 故南面奠之. 云"南北當洗"者, 恐南北不知遠近, 故記言南北當洗, 南北節也.

번역 ●記文: "楅髹"~"當洗". ◎鄭注: "髹赤黑漆也". ○"남쪽을 향해 앉은 후 설치한다."라고 했는데, 제자들이 화살을 들고 북쪽을 바라보고 있는 것을 마주하기 위해서 남쪽을 바라보며 설치하는 것이다. "남북방향으로 손 씻는 그릇과 마주하도록 둔다."라고 했는데, 남북방향으로 거리의 차이를 알 수 없을까 염려했기 때문에 기문에서는 남북방향으로 손 씻는 그릇과 마주하도록 둔다고 기록한 것이니, 남북방향으로 설치하는 절차에 해당한다.

깃술처럼 장식한 깃발을 정(旌)이라고 부른다. 『주례』「춘관(春官)·사상(司常)」편에는 "掌九旗之物名, 各有屬以待國事. 日月爲常, 交龍爲旂, 通帛爲旜, 雜帛爲物, 熊虎爲旗, 鳥隼爲旟, 龜蛇爲旐, 全羽爲旞, 析羽爲旌."이라는 기록이 있다.

참고 『의례』「향사례(鄕射禮)」 기록

경문 司射倚扑于階西, 升, 請射于賓, 如初. 賓許諾. 賓·主人·大夫若皆與射, 則遂告于賓, 適阼階上告于主人, 主人與賓爲耦.

번역 사사는 계단 서쪽에 회초리를 기대어 놓고 당상으로 올라가 빈객에게 활쏘기를 청하는데 처음에 청했을 때처럼 한다. 빈객이 허락을 한다. 빈객과 주인 및 대부가 모두 활쏘기에 참여하게 되어 빈객에게 고하면 동쪽 계단 위로 나아가 주인에게 고하니, 주인과 빈객이 짝을 이루게 된다.

鄭注 言若者, 或射或否, 在時欲耳. 射者繹己之志, 君子務焉. 大夫, 遵者也. 告賓曰: "主人御于子." 告主人曰: "子與賓射."

번역 '만약[若]'이라고 말한 것은 활을 쏠 수도 있고 그렇지 않을 때도 있어 그 당시 하고자 하는 마음에 달려 있기 때문이다. 활쏘기는 자신의 뜻을 펼치는 것이니 군자가 힘쓰는 대상이다. 대부는 재주가 뛰어난 준자(遵者)를 뜻한다. 빈객에게 고할 때에는 "주인께서 그대를 모시고자 합니다."라고 말한다. 주인에게 고할 때에는 "그대께서는 빈객과 활을 쏘게 됩니다."라고 말한다.

賈疏 ●"司射"至"爲耦". ◎注"言若"至"賓射". ○釋曰: 自此盡"比衆耦辯", 論次番將射比衆耦之事. 但射禮三而止, 第一番直司射與三耦誘射, 不釋筭; 第二番三耦與衆耦俱射, 釋筭; 第三番兼有作樂爲射節. 云"言若者, 或射或否"者, 以"若"是不定之辭, 故知或射或否. 射者繹己之志者, 禮記·射義文, 繹謂陳己之志意也. 云"大夫, 遵者也"者, 上云大夫有遵者是也, 故與賓主同在任情之限. 云"告賓曰: '主人御于子.' 告主人曰: '子與賓射'", 此約下大夫與士射之辭, 以賓比大夫, 以主人比士, 尊賓之義也.

번역 ●經文: "司射"~"爲耦". ◎鄭注: "言若"~"賓射". ○이곳 기록부

터 "무리들을 짝지어서 두루 정해준다."라고 한 기록까지는 활쏘기를 하려고 할 때 짝을 짓는 사안을 상세히 논의하고 있다. 다만 사례는 세 번 활을 쏘면 그치는데, 첫 번째는 단지 사사가 세 쌍과 활쏘기를 시연하는 것이니 산가지를 셈하지 않고, 두 번째는 세 쌍이 여러 쌍과 함께 모두 활을 쏘는데 산가지를 셈하게 되며, 세 번째는 음악을 연주하여 활쏘기의 절도를 맞추게 된다. 정현이 "'만약[若]'이라고 말한 것은 활을 쏠 수도 있고 그렇지 않을 때도 있기 때문이다."라고 했는데, '약(若)'자는 확정하지 않을 때 쓰는 말이다. 그렇기 때문에 활을 쏠 때도 있고 그렇지 않을 때도 있음을 알 수 있다. 정현이 "활쏘기는 자신의 뜻을 펼치는 것이다."라고 했는데, 이것은 『예기』「사의(射義)」편의 문장으로,[28] '역(繹)'이란 자신의 뜻을 펼친다는 의미이다. 정현이 "대부는 준자(遵者)이다."라고 했는데, 앞에서는 대부들 중 준자가 있다고 했다. 그렇기 때문에 빈객 및 주인과 함께 자신의 뜻대로 할 수 있는 것이다. 정현이 "빈객에게 고할 때에는 '주인께서 그대를 모시고자 합니다.'라고 말한다. 주인에게 고할 때에는 '그대께서는 빈객과 활을 쏘게 됩니다.'라고 말한다."라고 했는데, 이것은 아래문장에서 대부와 사가 활을 쏠 때 쓰는 말을 요약한 것으로, 빈객을 대부에게 견주고 주인을 사에게 견주었으니, 빈객을 존숭하는 뜻에 해당한다.

---

28) 『예기』「사의(射義)」【709b~c】: 射之爲言者繹也, 或曰舍也. 繹者, 各繹己之志也. 故心平體正, 持弓矢審固; 持弓矢審固, 則射中矣. 故曰爲人父者以爲父鵠, 爲人子者以爲子鵠, 爲人君者以爲君鵠, 爲人臣者以爲臣鵠, 故射者各射己之鵠. 故天子之大射謂之射侯. 射侯者, 射爲諸侯也. 射中則得爲諸侯, 射不中則不得爲諸侯.

그림 1-1 ▣ 투호도구 : 호(壺) · 화살[矢] · 마(馬)

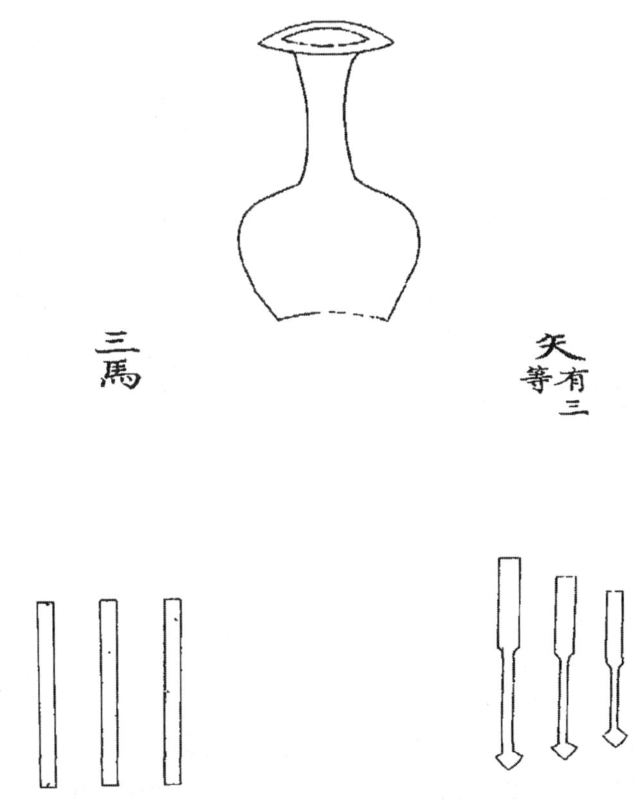

※ **출처:** 『삼례도집주(三禮圖集注)』 5권

그림 1-2 ▣ 시중(兕中)

周禮大夫鄕射於庠則用兕中

※ **출처:** 상좌-『삼례도집주(三禮圖集注)』 8권 ; 하좌-『육경도(六經圖)』 9권
우-『삼재도회(三才圖會)』「기용(器用)」 4권

그림 1-3 ▣ 시(兕)

兕

禱過山多兕狀如野牛
青色一角長三尺餘似
馬鞭善觸身重千斤其
皮堅厚可以制鎧又曰
兕似虎而小不咥人夜
間獨立絶頂山崖聽泉
聲好靜直至禽鳥鳴時
天將曉方歸其巢

※ **출처:** 『삼재도회(三才圖會)』「조수(鳥獸)」 4권

그림 1-4 ▣ 피수중(皮樹中: =皮竪中)

周禮圖君燕射
皮竪獸爲中盛
筭侍射時取之

※ **출처:** 상좌-『삼례도집주(三禮圖集注)』 8권 ; 하좌-『육경도(六經圖)』 9권
우-『삼재도회(三才圖會)』「기용(器用)」 4권

그림 1-5 ▣ 녹중(鹿中)

※ **출처:** 상좌-『삼례도집주(三禮圖集注)』 8권 ; 하좌-『육경도(六經圖)』 9권
우-『삼재도회(三才圖會)』「기용(器用)」 4권

그림 1-6 ▣ 여중(閭中)

周禮諸侯立大學於郊行大射禮以閭獸爲中

※ 출처: 상좌-『삼례도집주(三禮圖集注)』 8권 ; 하좌-『육경도(六經圖)』 9권
우-『삼재도회(三才圖會)』「기용(器用)」 4권

그림 1-7 ▣ 여(閭)

閭

周書王會篇北唐戎貢以閭閭似隃冠不知隃冠之爲何物而北山海經縣雍之山其獸多閭閭則羭也似驢岐蹄角如羚羊一名山驢說者言山驢以爲山羊之類大如鹿皮堪靴用

※ 출처: 『삼재도회(三才圖會)』「조수(鳥獸)」 4권

그림 1-8 ▣ 호중(虎中)

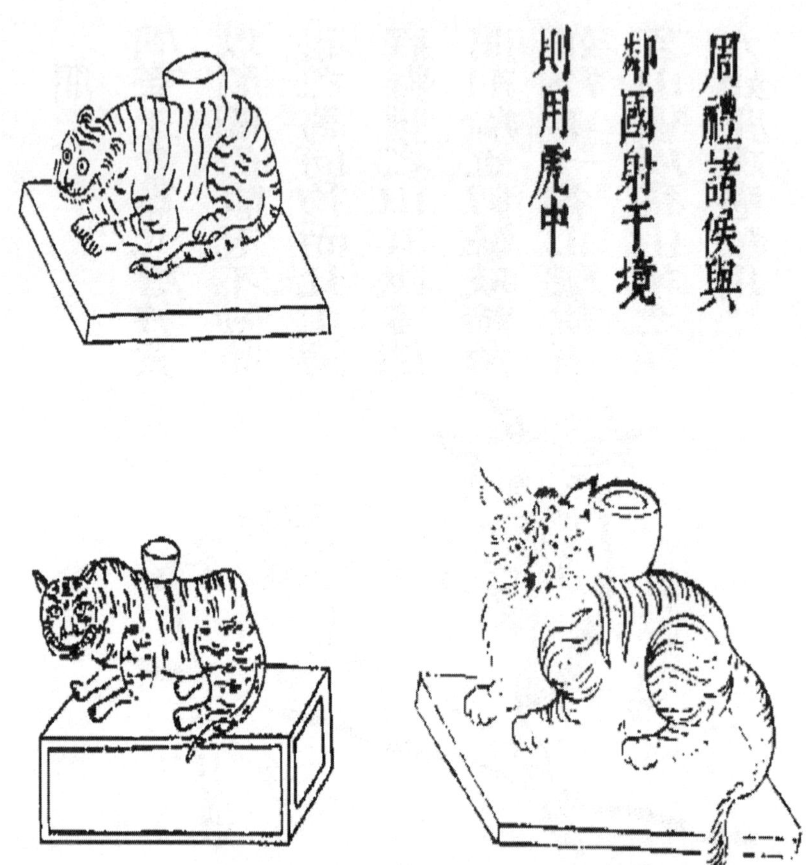

※ 출처: 상좌-『삼례도집주(三禮圖集注)』 8권 ; 하좌-『육경도(六經圖)』 9권
우-『삼재도회(三才圖會)』「기용(器用)」 4권

그림 1-9 ▣ 복(楅)과 위당(韋當)

楅

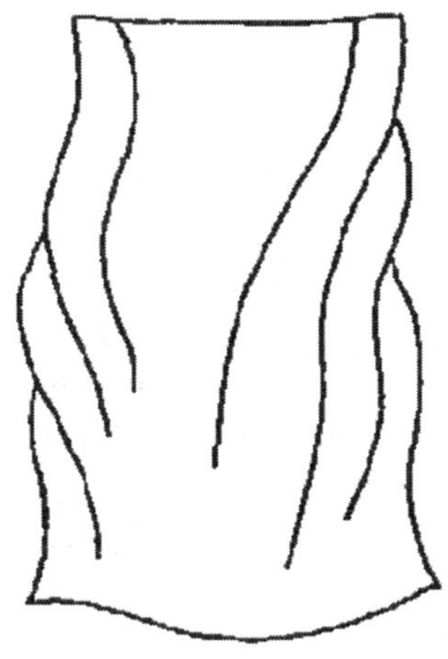

※ **출처:** 『삼례도집주(三禮圖集注)』 8권

그림 1-10 ▣ 물(物)

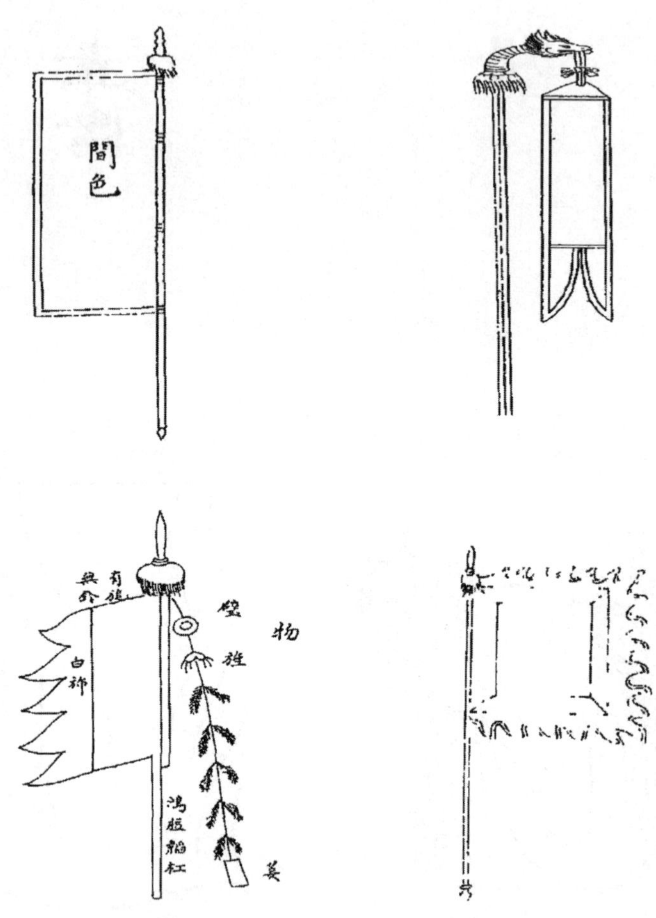

※ 출처: 상좌-『주례도설(周禮圖說)』 하권 ; 상우-『삼례도집주(三禮圖集注)』 9권
하좌-『삼례도(三禮圖)』 2권 ; 하우-『육경도(六經圖)』 7권

그림 1-11 ■ 신하들의 명(命) 등급

	천자(天子) 신하	대국(大國) 신하	차국(次國) 신하	소국(小國) 신하
9명(九命)	상공(上公=二伯) 하(夏)의 후손 은(殷)의 후손			
8명(八命)	삼공(三公) 주목(州牧)			
7명(七命)	후작[侯] 백작[伯]			
6명(六命)	경(卿)			
5명(五命)	자작[子] 남작[男]			
4명(四命)	부용군(附庸君) 대부(大夫)	고(孤)		
3명(三命)	원사(元士=上士)	경(卿)	경(卿)	
2명(再命)	중사(中士)	대부(大夫)	대부(大夫)	경(卿)
1명(一命)	하사(下士)	사(士)	사(士)	대부(大夫)
0명(不命)				사(士)

◎ 『예기』와 『주례』의 기록에는 다소 차이가 있다.

※ **참조:** 『주례』「춘관(春官) · 전명(典命)」 및 『예기』「왕제(王制)」

그림 1-12 ▣ 도정(翿旌)과 용전(龍旃)

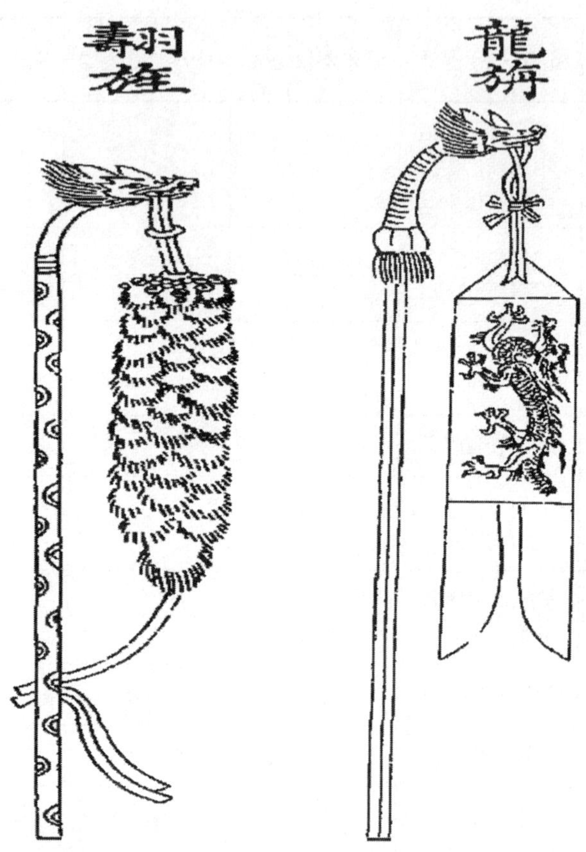

※ **출처:**『삼례도집주(三禮圖集注)』9권

그림 1-13 ▣ 정(旌)

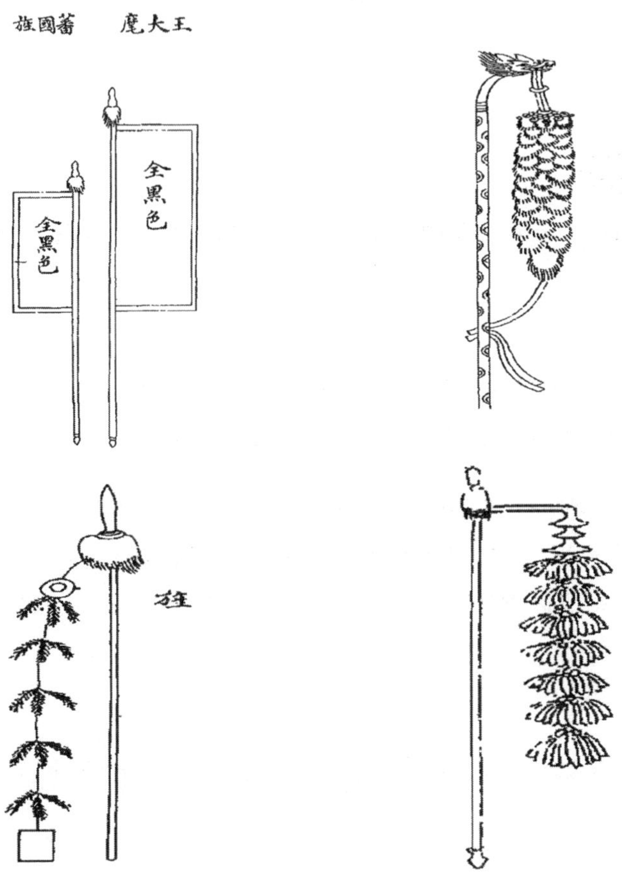

※ **출처:** 상좌-『주례도설(周禮圖說)』 하권 ; 상우-『삼례도집주(三禮圖集注)』 9권
하좌-『삼례도(三禮圖)』 2권 ; 하우-『육경도(六經圖)』 7권

• 제 2 절 •

화살을 전하는 절차

【675d】

賓再拜受, 主人般還曰, "辟." 主人阼階上拜送, 賓般還曰, "辟."

직역 賓이 再拜하고 受하면, 主人이 般還하여 曰, "辟합니다." 主人이 阼階의 上에서 拜하여 送하면, 賓이 般還하여 曰, "辟합니다."

의역 빈객이 두 번 절하고 화살을 받으려고 하면, 주인은 몸을 뒤로 물리고 옆으로 돌려서, "그러한 예우를 피하고자 합니다."라고 말한다. 주인이 동쪽 계단 위에서 절하여 화살을 전하려고 하면, 빈객은 몸을 뒤로 물리고 옆으로 돌려서, "그러한 예우를 피하고자 합니다."라고 말한다.

集說 方氏曰: 般還, 言不敢直前, 則辟之容也. 曰辟, 則告之使知其不敢當也.

번역 방씨가 말하길, '반환(般還)'은 감히 직접 그 앞에 있을 수 없음을 뜻하니, 피하는 모습에 해당한다. "피하고자 합니다."라고 말한다면, 그 사실을 알려서 상대로 하여금 이러한 예우를 감당할 수 없음을 알게끔 하는 것이다.

鄭注 賓再拜受, 拜受矢也. 主人既辟, 進授矢兩楹之間也. 拜送, 送矢也. 辟亦於其階上.

번역 빈객이 두 번 절하고 받는다는 말은 절을 하고 화살을 받는 것이다. 주인이 몸을 피한 뒤에는 양쪽 기둥 사이로 나아가 화살을 건넨다. 절을 하고 전한다는 말은 화살을 전하는 것이다. 피하는 것 또한 계단 위에서 한다.

釋文 般, 步干反, 下同. 還音旋, 下同. 辟音避, 徐扶亦反, 注及下同.

번역 '般'자는 '步(보)'자와 '干(간)'자의 반절음이며, 아래문장에 나오는 글자도 그 음이 이와 같다. '還'자의 음은 '旋(선)'이며, 아래문장에 나오는 글자도 그 음이 이와 같다. '辟'자의 음은 '避(피)'이며, 서음(徐音)은 '扶(부)'자와 '亦(역)'자의 반절음이며, 정현의 주와 아래문장에 나오는 글자도 그 음이 이와 같다.

孔疏 ●"賓再"至"曰辟". ○正義曰: 此一經論賓與主人受矢送矢之節.

번역 ●經文: "賓再"~"曰辟". ○이곳 경문은 빈객과 주인이 화살을 받고 전할 때의 예절을 논의하고 있다.

孔疏 ●"賓再拜受"者, 賓既許主人投壺, 賓乃於西階上北面再拜, 遙受矢也.

번역 ●經文: "賓再拜受". ○빈객은 이미 주인이 투호를 하자는 요청에 허락을 했으니, 빈객은 곧 서쪽 계단 위에서 북쪽을 바라보며 두 번 절을 하고 멀리 떨어져서 화살을 받으려고 한다.

孔疏 ●"主人般還, 曰辟"者, 主人見賓之拜, 乃般曲折還, 謂賓曰: 今辟而不敢受. 言此者, 欲止賓之拜也. 於是賓及主人各來兩楹之間相就, 俱南面, 主人在東, 授矢與賓.

번역 ●經文: "主人般還, 曰辟". ○주인은 빈객이 절하는 것을 보게 되면, 몸을 뒤로 물리고 옆으로 돌려서 빈객에게 "현재 이러한 예우를 피하고

자 하여 감히 받을 수 없습니다."라고 말한다. 이처럼 말하는 것은 빈객이 절하는 것을 그치게끔 하고자 해서이다. 이 시기에 빈객과 주인은 각각 양쪽 기둥 사이에서 서로에게 다가가 모두 남쪽을 바라보게 되는데, 주인은 동쪽에 있으면서 화살을 건네서 빈객에게 전하게 한다.

孔疏 ●"主人阼階上拜送"者, 主人旣授矢之後, 歸還阼階上[1], 北面拜送矢也.

번역 ●經文: "主人阼階上拜送". ○주인이 화살을 건넨 이후에 되돌아와서 동쪽 계단 위에서 북쪽을 바라보며 절을 해서 화살을 전하게 한다.

孔疏 ●"賓般還, 曰辟"者, 賓受矢之後, 歸於西階上, 見主人之拜, 賓爲般還而告主人曰: 今辟而不敢受之. 言此者, 亦止主人拜. 知皆北面者, 按鄕飮酒·鄕射拜受爵·送爵皆北面, 故知亦當北面. 熊氏云: "以拜時還辟, 或可東西面相拜. 又以曰'辟'者, 是贊者來辭告主人及賓, 言曰'辟'", 義亦通也.

번역 ●經文: "賓般還, 曰辟". ○빈객이 화살을 받은 이후 서쪽 계단 위로 되돌아가는데, 주인이 절하는 것을 보게 되면 빈객은 몸을 뒤로 물리고 옆으로 돌려서 주인에게 아뢰며, "현재 이러한 예우를 피하고자 하여 감히 받을 수 없습니다."라고 말한다. 이처럼 말하는 것도 주인이 절하는 것을 그치게끔 하고자 해서이다. 모두 북쪽을 바라본다는 사실을 알 수 있는 이유는 『의례』「향음주례(鄕飮酒禮)」와 「향사례(鄕射禮)」편에서는 절을 하고 술잔을 받거나 술잔을 보낼 때 모두 북쪽을 바라본다고 했다. 그렇기 때문에 이러한 경우에도 북쪽을 바라보게 됨을 알 수 있다. 웅안생[2]은 "절을

1) '상(上)'자에 대하여. 『십삼경주소(十三經注疏)』 북경대 출판본에서는 "'상'자는 본래 '주(主)'자로 기록되어 있었는데, 정현의 주와 『예기훈찬(禮記訓纂)』의 기록에 따라 글자를 수정하였다."라고 했다.

2) 웅안생(熊安生, ?~A.D.578) : =웅씨(熊氏). 북조(北朝) 때의 경학자이다. 자(字)는 식지(植之)이다. 『주례(周禮)』, 『예기(禮記)』, 『효경(孝經)』 등 많은 전적에 의소(義疏)를 남겼지만, 모두 산일되어 남아 있지 않다. 현재 마국한(馬

할 때 몸을 뒤로 물려서 옆으로 돌리는데, 간혹 동쪽과 서쪽을 바라보며 서로 절을 할 수 있다. 또 '피합니다.'라고 말한 것은 의례의 진행을 돕는 자가 와서 사양하며 주인과 빈객에게 아뢸 때, 아뢰는 말에서 '피합니다.'라고 말하는 것이다."라고 했는데, 그 의미 또한 통용된다.

集解 右請投.

번역 여기까지는 투호를 시행하고자 청한다는 뜻이다.

참고 원문비교

예기대전 · 투호 賓再拜受, 主人般還曰, "辟." 主人阼階上拜送, 賓般還曰, "辟."

대대례기 · 투호 賓再拜受, 主人般還曰, "避." 主人阼階上再拜送, 賓般還曰, "避."

國翰)의 『옥함산방집일서(玉函山房輯佚書)』에 『예기웅씨의소(禮記熊氏義疏)』 4권이 남아 있다.

• 제 3 절 •

투호하는 자리로 나아가는 절차

【675d】

已拜受矢, 進卽兩楹間. 退反位, 揖賓就筵.

직역 已히 拜하고 矢를 受하면, 進하여 兩楹의 間으로 卽한다. 退하여 位에 反하고, 賓에게 揖하고 筵에 就한다.

의역 주인이 빈객에게 절하여 화살 전하는 일이 끝나서 의례의 진행을 돕는 자로부터 화살을 받으면, 양쪽 기둥 사이로 나아가 투호하는 장소를 살핀다. 그런 뒤에 뒤로 물러나 자신의 자리로 되돌아오고, 빈객에게 읍(揖)을 하고 투호하는 자리로 나아간다.

集說 主人拜送矢之後, 主人之贊者持矢授主人, 主人於阼階上受之, 而進就楹間, 視投壺之處所, 復退反阼階之位, 西向揖賓以就投壺之席也. 賓主之席皆南向.

번역 주인이 절을 하고 화살을 전한 이후, 주인의 의례를 돕는 자는 화살을 가지고 주인에게 건네며, 주인은 동쪽 계단 위에서 그것을 받고 기둥 사이로 나아가며, 투호하는 장소를 살피고, 다시 물러나 동쪽 계단 위의 자리로 되돌아가고, 서쪽을 바라보며 빈객에게 읍(揖)을 하고 투호하는 자리로 나아간다. 빈객과 주인의 자리는 모두 남쪽을 향하도록 설치한다.

鄭注 主人旣拜送矢, 又自受矢. "進卽兩楹間"者, 言將有事於此也. 退乃揖賓卽席, 欲與偕進, 明爲偶也. 賓席・主人席皆南向, 間相去如射物.

번역 주인이 절을 하여 화살 전하는 일이 끝나면 또한 본인도 화살을 받게 된다. "나아가 양쪽 기둥 사이로 간다."라는 말은 이곳에서 장차 투호를 하게 된다는 뜻이다. 물러나서 빈객에게 읍(揖)하고 자리로 나아가는 것은 함께 나아가고자 한 것으로, 서로 짝을 이루어 투호를 하게 됨을 나타낸다. 빈객의 자리와 주인의 자리는 모두 남쪽을 향하도록 설치하는데, 두 자리의 간격은 활을 쏠 때의 자리처럼 한다.

釋文 鄕, 許亮反.

번역 '鄕'자는 '許(허)'자와 '亮(량)'자의 반절음이다.

孔疏 ●"已拜"至"就筵". ○正義曰: 此一經明賓主受矢之後, 就投壺之筵.

번역 ●經文: "已拜"~"就筵". ○이곳 경문은 빈객과 주인이 화살을 받은 이후 투호를 하는 자리로 나아가는 것을 나타내고 있다.

孔疏 ●"已拜, 受矢"者, 謂主人拜送矢之後, 主人贊者持矢授主人. 主人於阼階上受矢也.

번역 ●經文: "已拜, 受矢". ○주인이 절을 하고 화살을 건넨 이후, 주인의 의례를 돕는 자는 화살을 들고 가서 주인에게 건넨다. 주인은 동쪽 계단 위에서 화살을 받는다는 뜻이다.

孔疏 ●"退卽兩楹間, 退反位"者, 主人受矢之後, 乃獨來就兩楹間者, 言將有事於此也. 看投壺處所, 乃却退反阼階之位.

번역 ●經文: "退卽兩楹間, 退反位". ○주인이 화살을 받은 이후에는 홀로 양쪽 기둥 사이로 가니, 장차 이곳에서 투호를 하게 됨을 뜻한다. 투호하는 장소를 살피고 나면, 곧 물러나 동쪽 계단 위에 있는 자신의 자리로 돌아간다.

孔疏 ●"揖賓就筵"者, 主人於阼階之上西面揖賓, 令就投壺之筵. 於是賓主各來就筵.

번역 ●經文: "揖賓就筵". ○주인은 동쪽 계단 위에서 서쪽을 바라보며 빈객에게 읍(揖)을 하여, 투호하는 자리로 나아가게 한 것이니, 이 시기에 빈객과 주인은 각각 투호하는 자리로 나아간다.

孔疏 ◎注"退乃"至"射物". ○正義曰: 云"退乃揖賓"者, 解經"退反位, 揖賓"也. 所以揖之者, 欲與賓俱卽席相對爲偶而共投壺. 云"賓席・主人席皆南向, 間相去如射物"者, 以壺在於南, 故知投壺南向也. 投壺是射之類, 故知席相去"如射物"也. 物, 謂射者, 所立之處, 物長三尺, 闊一尺三寸, 兩物東西相去容一弓, 故鄕射記云: "物長如笴, 其間容弓, 距隨長武." 注云: "笴長三尺. 距隨者, 物橫畫也."

번역 ◎鄭注: "退乃"~"射物". ○정현이 "물러나서 빈객에게 읍(揖)을 한다."라고 한 말은 경문에서 "물러나 자리로 되돌아가고 빈객에게 읍을 한다."라고 한 말을 풀이한 것이다. 읍을 하는 이유는 빈객과 함께 자리로 나아가 서로 짝을 이루고 함께 투호를 하고자 해서이다. 정현이 "빈객의 자리와 주인의 자리는 모두 남쪽을 향하도록 설치하는데, 두 자리의 간격은 활을 쏠 때의 자리처럼 한다."라고 했는데, 투호를 하는 병은 남쪽에 놓인다. 그렇기 때문에 투호를 할 때 남쪽을 향하게 됨을 알 수 있다. 투호는 활쏘기의 부류이다. 그렇기 때문에 두 자리의 간격을 "활을 쏠 때의 자리처럼 한다."라고 한 말이 사실임을 알 수 있다. '물(物)'이라는 것은 활을 쏘는 자가 서 있게 되는 곳을 뜻하는데, 물(物)은 그 길이가 3척이고 폭은 1척 3촌이니, 두 물(物)은 동서 방향으로 서로 떨어진 거리가 1개의 활을 놓을 수 있을 정도이다. 그렇기 때문에 『의례』「향사례(鄕射禮)」편의 기문에서는 "물(物)의 길이는 화살대와 같으니, 그 사이에는 활을 놓아둘 수 있고, 가로의 길이는 1개의 발자국이 들어가는 정도이다."[1]라고 했고, 정현의 주에서는 "화살대의 길이는 3척이다. 거수(距隨)는 물(物)의 가로로 그려진 선이다."라고 했다.

訓纂 劉氏台拱曰: 注疏皆以此就筵爲就投壺之筵. 愚謂, 反位者, 反其拜位. 就筵者, 就其坐筵耳. 待司射告矢具, 請投壺之時, 乃得就投壺之筵.

번역 유태공[2]이 말하길, 정현의 주와 공영달[3]의 소에서는 모두 이곳에서 말한 "자리로 나아간다."라는 말을 투호를 하는 자리로 나아간다고 여겼다. 내가 생각하기에, "자리로 되돌아간다."라는 말은 절을 했던 자리로 되돌아가는 것을 뜻한다. "자리로 나아간다."라는 말은 앉아 있던 자리로 나아간다는 뜻일 뿐이다. 사사(司射)가 화살 등의 기물이 모두 갖춰졌다고 아뢰어 투호를 청할 때까지 기다린 뒤에야 투호를 하는 자리로 나아갈 수 있다.

集解 愚謂: 已拜者, 主人已拜送矢也. 受矢者, 贊者以主人所投之矢授主人, 而主人受之也. 進卽兩楹間, 示將投壺於此, 而使人設筵也. 鄕射記云, "序則物當棟, 堂則物當楣." 此設筵在兩楹間, 則亦當楣矣. 反位, 反阼階上之位也. 主人旣反位, 使者設筵, 主人遂揖賓就筵也. 衆耦投壺, 皆就兩楹間之筵, 主人與賓爲耦, 先投, 故先揖賓就筵也. 投壺或在堂, 或在室, 或在庭, 此言進卽兩楹間, 謂在堂之禮也. 若室中, 蓋在中霤之稍北, 庭中, 蓋在兩階間之少南與. 以室中迫狹, 而庭中曠遠, 其設筵皆宜近北也.

---

1) 『의례』「향사례(鄕射禮)」: 射自楹間. 物長如笴, 其間容弓, 距隨長武.
2) 유태공(劉台拱, A.D.1751~A.D.1805): 청(淸)나라 때의 경학자이다. 천문학(天文學), 율려학(律呂學), 문자학(文字學) 등에 조예가 깊었다.
3) 공영달(孔穎達, A.D.574 ~ A.D.648): =공씨(孔氏). 당대(唐代)의 경학자이다. 자(字)는 중달(仲達)이고, 시호(諡號)는 헌공(憲公)이다. 『오경정의(五經正義)』를 찬정(撰定)하는데 중심적인 역할을 했다.

번역 내가 생각하기에, "이미 절을 했다."는 말은 주인이 절을 하고서 화살을 전했다는 뜻이다. "화살을 받았다."는 말은 의례를 돕는 자가 주인이 던지게 되는 화살을 주인에게 건네서 주인이 그것을 받았다는 뜻이다. "나아가 양쪽 기둥 사이로 간다."는 말은 이곳에서 투호를 하게 됨을 드러내어, 사람들로 하여금 자리를 설치하도록 하는 것이다. 『의례』「향사례(鄕射禮)」편의 기문에서는 "서(序)에서 활쏘기를 하게 된다면 물(物)은 마룻대 쪽에 두고, 당(堂)에서 하게 된다면 물(物)은 처마 쪽에 둔다."[4]라고 했다. 이곳에서 양쪽 기둥 사이에 자리를 깐다고 했다면 이 또한 처마에 해당하는 장소이다. "자리로 되돌아간다."는 말은 동쪽 계단 위에 있는 자리로 되돌아간다는 뜻이다. 주인이 자신의 자리로 되돌아갔다면, 일을 담당하는 자가 자리를 설치하고, 주인은 마침내 빈객에게 읍(揖)을 하고 투호를 하는 자리로 나아가게 된다. 무리가 나란히 짝을 이루어 투호를 하는데, 모두 양쪽 기둥 사이에 설치된 자리로 나아가고, 주인과 빈객이 짝이 되는데, 먼저 던지기 때문에 먼저 빈객에게 읍을 하고 투호를 하는 자리로 나아가는 것이다. 투호는 간혹 당상에서 하기도 하고 방에서 하기도 하며 마당에서 하기도 하는데, 이곳에서 "나아가 양쪽 기둥 사이로 간다."라고 했으니, 이것은 당상에서 시행하는 예법을 뜻한다. 만약 방에서 시행했다면 아마도 중류(中霤)보다 조금 북쪽인 곳에서 했을 것이고, 마당에서 시행했다면 양쪽 계단 사이에서 조금 남쪽인 곳에서 했을 것이다. 방안은 매우 협소하고 마당은 매우 넓으니, 자리를 설치할 때에도 마땅히 북쪽과 가깝게 해야 한다.

集解 右賓主就筵.

번역 여기까지는 빈객과 주인이 투호를 하는 자리로 나아가는 것을 뜻한다.

---

4) 『의례』「향사례(鄕射禮)」: 序則物當棟, 堂則物當楣.

참고 원문비교

예기대전 · 투호 已拜受矢, 進卽兩楹間. 退反位, 揖賓就筵.

대대례기 · 투호 已拜受矢, 進卽兩楹閒, 退反位, 揖賓就筵.

참고 『의례』「향사례(鄕射禮)」 기록

기문 射自楹間, 物長如笴, 其間容弓, 距隨長武.

번역 활쏘기를 기둥 사이에서 할 때 물(物)의 길이는 화살대와 같으니, 그 사이에는 활을 놓아둘 수 있고, 가로의 길이는 1개의 발자국이 들어가는 정도이다.

鄭注 自楹間者, 謂射於庠也. 楹間, 中央東西之節也. 物, 謂射時所立處也. 謂之物者, 物猶事也, 君子所有事也. 長如笴者, 謂從畫之長短也. 笴, 矢幹也, 長三尺, 與跬相應, 射者進退之節也. 間容弓者, 上下射相去六尺也. 距隨者, 物橫畫也, 始前足至東頭爲距, 後足來合而南面爲隨. 武, 跡也, 尺二寸.

번역 "기둥 사이에서 한다."는 것은 상(庠)[5]에서 활쏘기를 한다는 뜻이다. 기둥 사이는 기둥 중앙에서 동서 방향을 기준으로 한다. '물(物)'은 활쏘

---

5) 상(庠)은 본래 향(鄕) 밑의 행정단위인 당(黨)에 건립된 학교를 뜻한다. 『예기』「학기(學記)」편에는 "古之敎者, 家有塾, 黨有庠, 術有序, 國有學."이란 기록이 있는데, 이에 대한 공영달(孔穎達)의 소(疏)에서는 "庠, 學名也. 於黨中立學, 敎閭中所升者也."라고 풀이했다. 또 '상'은 국학(國學)에 대비되는 향학(鄕學)을 뜻하는 용어로도 사용되었으며, 학교를 범칭하는 용어로도 사용되었다. 『예기』「향음주의(鄕飮酒義)」편에는 "主人拜迎賓於庠門之外"란 기록이 있고, 이에 대한 정현의 주에서는 "庠, 鄕學也."라고 풀이했다. 또 『맹자』「등문공상(滕文公上)」편에는 "夏曰校, 殷曰序, 周曰庠, 學則三代共之, 皆所以明人倫也."라는 기록이 있다. 한편 학교를 뜻하는 용어로 '상'이라는 명칭이 생긴 이유는 '상'자에 봉양한다는 양(養)의 뜻이 포함되어 있기 때문이다.

기를 할 때 서게 되는 장소를 뜻한다. 이곳을 '물(物)'이라고 부르는 것은 물(物)자는 일[事]과 같고, 군자가 일삼는 것이 있다는 의미이다. "길이는 화살대와 같다."라는 말은 세로로 금을 그을 때의 길이를 뜻한다. '가(笴)'자는 화살의 대를 뜻하니, 그 길이는 3척으로 반걸음의 길이에 맞는데, 활쏘는 자가 나아가거나 물러날 때의 기준이 된다. "그 사이에는 활을 놓아둘 수 있다."라고 했는데, 상사(上射)와 하사(下射)의 거리가 6척이라는 뜻이다. '거수(距隨)'는 물(物)에 가로로 그려진 선이니, 앞발에서 동쪽까지가 거(距)가 되며 뒷발이 따라와 합해져 남쪽을 향하는 것이 수(隨)이다. '무(武)'는 발자국을 뜻하니 1척 2촌이다.

賈疏 ●"射自"至"長武". ○注"自楹"至"二寸". ○釋曰: 云"自楹間者, 謂射於庠"也, 知者, 以其言楹間則是庠, 則物當楣, 故知非射於序者也. 云"楹間, 中央東西節也"者, 以其楹間北面無限, 東楹西楹相當, 故知東西之節也. 云"長如笴者, 謂從畫之長短也"者, 其下有距隨爲横, 此言物長, 又是從迹之稱, 故知南北之長短也. 云"笴, 矢幹也, 長三尺"者, 以矢人職得知也. 云"與跬相應"者, 禮記·祭義云: "故君子跬步而弗忘孝也." 一擧足謂之跬, 再擧足謂之步. 步射者, 履物不過一跬, 故知以三尺爲限也. 云"距隨者, 物横畫也, 始前足至東頭爲距, 後足來合而南面爲隨"者, 謂上射下射並足處皆然. 言長武, 武, 跡也, 中人之跡尺二寸, 謂横尺二寸也.

번역 ●經文: "射自"~"長武". ○鄭注: "自楹"~"二寸". ○정현이 "기둥 사이에서 한다는 것은 상(庠)에서 활쏘기를 한다는 뜻이다."라고 했는데, 이러한 사실을 알 수 있는 것은 기둥 사이라고 말했다면 이것은 학교에 해당하며 물(物)은 처마 쪽에 설치되기 때문에, 서(序)[6]에서 활쏘기를 하는

---

6) 서(序)는 본래 향(鄕) 밑의 행정단위인 주(州)에 건립된 학교를 뜻한다. 『주례』「지관(地官)·주장(州長)」편에는 "春秋以禮會民而射于州序."라는 기록이 있다. 또한 하후씨(夏后氏) 때 건립한 학교로 설명하며, 동서(東西)와 서서(西序)로 구분하기도 한다. 『예기』「왕제(王制)」편에는 "夏后氏養國老於東序, 養庶老於西序."라는 기록이 있고, 이에 대한 정현의 주에서는 "皆學名也."라고 풀이했다. 한편 '서'는 은(殷)나라 때의 학교로 설명되기도 하며 주(周)나라 때의 학교로

경우가 아님을 알 수 있다. 정현이 "기둥 사이는 기둥 중앙에서 동서 방향을 기준으로 한다."라고 했는데, 기둥 사이에 있어서 남북 방향으로는 끝이 없고, 동쪽 기둥과 서쪽 기둥이 합당하기 때문에 동서 방향의 기준이 됨을 알 수 있다. 정현이 "길이는 화살대와 같다는 말은 세로로 금을 그을 때의 길이를 뜻한다."라고 했는데, 그 뒤에 나오는 거수(距隨)라는 말은 가로를 뜻하고, 이곳에서 물(物)의 길이를 언급했는데, 이것은 세로의 길이가 된다. 그렇기 때문에 남북 방향의 길이가 됨을 알 수 있다. 정현이 "'가(笴)'자는 화살의 대를 뜻하니, 그 길이는 3척이다."라고 했는데, 『주례』「시인(矢人)」편의 직무 기록을 통해서 이러한 사실을 알 수 있다. 정현이 "반걸음의 길이에 맞다."라고 했는데, 『예기』「제의(祭義)」편에서는 "그러므로 군자는 반걸음을 뗄 때에도 감히 효를 잊지 않는다."[7]라고 했다. 한 번 발을 떼는 것을 '규(跬)'라고 부르며, 재차 발을 떼는 것을 '보(步)'라고 부른다. 걸음을 떼어 활을 쏠 때 물(物)을 밟게 되면 1규(跬)를 넘을 수 없다. 그렇기 때문에 3척으로 제한함을 알 수 있다. 정현이 "'거수(距隨)'는 물(物)에 가로로 그려진 선이니, 앞발에서 동쪽까지가 거(距)가 되며 뒷발이 따라와 합해져 남쪽을 향하는 것이 수(隨)이다."라고 했는데, 상사(上射)와 하사(下射) 모두 발을 둘 때 이처럼 한다. '장무(長武)'라고 했는데, '무(武)'자는 발자국을 뜻하니, 일반인들의 발자국은 평균적으로 1척 2촌이므로, 가로의 길이가 1척 2촌이라는 뜻이다.

설명되기도 한다. 『맹자』「등문공상(滕文公上)」편에는 "夏曰校, 殷曰序, 周曰庠, 學則三代共之."라는 기록이 있고, 『한서(漢書)』「유림전서(儒林傳序)」편에는 "三代之道, 鄕里有敎, 夏曰校, 殷曰庠, 周曰序."라는 기록이 있다.

7) 『예기』「제의(祭義)」【567d~568a】: 樂正子春下堂而傷其足, 數月不出, 猶有憂色. 門弟子曰, "夫子之足瘳矣, 數月不出, 猶有憂色, 何也?" 樂正子春曰, "善如爾之問也, 善如爾之問也. 吾聞諸曾子, 曾子聞諸夫子曰, '天之所生, 地之所養, 無人爲大. 父母全而生之, 子全而歸之, 可謂孝矣. 不虧其體, 不辱其身, 可謂全矣. 故君子頃步而弗敢忘孝也.' 今予忘孝之道, 予是以有憂色也. 壹擧足而不敢忘父母, 壹出言而不敢忘父母. 壹擧足而不敢忘父母, 是故道而不徑, 舟而不游, 不敢以先父母之遺體行殆. 壹出言而不敢忘父母, 是故惡言不出於口, 忿言不反於身. 不辱其身, 不羞其親, 可謂孝矣."

참고 『의례』「향사례(鄕射禮)」 기록

기문 序則物當棟, 堂則物當楣.

번역 서(序)에서 활쏘기를 하게 된다면 물(物)은 마룻대 쪽에 두고, 당(堂)에서 하게 된다면 물(物)은 처마 쪽에 둔다.

鄭注 是制五架之屋也. 正中曰棟, 次曰楣, 前曰庪.

번역 이것은 다섯 겹의 가로대를 얹은 지붕의 경우를 뜻한다. 정중앙에 있는 것을 동(棟)이라 부르고, 그 다음에 있는 것을 미(楣)라고 부르며, 가장 앞쪽에 있는 것을 기(庪)라고 부른다.

賈疏 ●"序則"至"當楣". ◎注"是制"至"曰庪". ○釋曰: 云"是制五架之屋也"者, 庠序皆然, 但有室·無室爲異.

번역 ●記文: "序則"～"當楣". ◎鄭注: "是制"～"曰庪". ○정현이 "이것은 다섯 겹의 가로대를 얹은 지붕의 경우를 뜻한다."라고 했는데, 상(庠)과 서(序)의 건물은 모두 이처럼 되어 있는데, 방이 있느냐 없느냐의 차이만 있을 따름이다.

• 제 4 절 •

호(壺)와 중(中)을 설치하는 절차(上)의 호오(好惡)

【676a】

司射進度壺, 間以二矢半, 反位設中, 東面執八筭興.

직역 司射가 進하여 壺를 度하고, 間하길 二矢半으로써 하며, 位로 反하여 中을 設하고, 東面하고서 八筭을 執하고 興한다.

의역 사사(司射)가 나아가 병 놓을 장소를 살피고, 빈객과 주인이 투호를 하기 위해 마련한 자리의 남쪽에 두는데, 둘 간의 사이는 화살이 2.5개 들어갈 정도로 벌리며, 서쪽 계단 위에 있는 자리로 되돌아와서 중(中)을 가져다가 설치하며, 동쪽을 바라보고 산가지 8개를 잡고서 일어난다.

集說 疏曰: 司射於西階上, 於執壺之人處受壺. 來賓主筵前, 量度而置壺於賓主筵之南. 間以二矢半者, 投壺有三處, 室中堂上及庭中也; 日中則於室, 日晚則於堂, 太晚則於庭中, 各隨光明故也. 矢有長短, 亦隨地之廣狹; 中室狹, 矢長五扶; 堂上稍廣, 矢長七扶; 庭中大廣, 矢長九扶. 四指曰扶, 扶廣四寸. 五扶者, 二尺也. 七扶者, 二尺八寸也. 九扶者, 三尺六寸也. 矢雖有長短, 而度壺則皆使去賓主之席各二矢半也. 是室中去席五尺, 堂上去席七尺, 庭中則去席九尺也. 度壺畢, 仍還西階上之位, 而取中以進而設之. 旣設中, 乃於中之西而東面手執八算而起.

번역 공영달의 소에서 말하길, 사사(司射)는 서쪽 계단 위에서 병을 들고 있는 사람이 있는 곳에서 병을 받는다. 빈객과 주인이 투호를 하기 위해 설치한 자리 앞으로 와서 치수를 헤아리고 빈객과 주인의 자리 남쪽에 병을 놓아둔다. 사이는 화살이 2.5개 정도 들어갈 정도로 벌리는데, 투호를 하는 장소는 세 군데이니, 방안과 당상(堂上)에서 하거나 마당에서 하는 경우이다. 한낮이라면 방안에서 하고, 해가 기울면 당상에서 하며, 너무 늦은 때라면 마당에서 하는데, 각각 그 시기에 빛이 있는 곳에서 하기 때문이다. 화살에도 길이의 차이가 있으니, 이것은 또한 시행하는 장소의 크기에 따른다. 방안은 협소하므로 화살의 길이는 5부(扶)이며, 당상은 보다 넓기 때문에 화살의 길이는 7부이고, 마당은 매우 넓기 때문에 화살의 길이는 9부가 된다. 4개의 손가락을 나란히 한 길이를 1부(扶)라고 부르는데, 1부(扶)의 너비는 4촌(寸)이다. 따라서 5부(扶)는 2척(尺)의 길이가 된다. 7부는 2척 8촌의 길이가 된다. 9부는 3척 6촌의 길이가 된다. 화살에는 비록 길고 짧은 차이가 있지만, 병을 두는 자리를 살피게 된다면 모두 빈객과 주인의 자리에서 각각 2.5개의 화살이 들어갈 자리만큼 거리를 벌린다. 이것은 방안에서는 자리에서 5척을 벌리고, 당상에서는 자리에서 7척을 벌리며, 마당에서라면 자리에서 9척을 벌린다는 뜻이다. 병 놓을 자리를 헤아리는 일이 끝나면 다시 서쪽 계단 위의 자리로 되돌아와서 중(中)을 가지고 나아가 설치한다. 중(中) 설치하는 일이 끝나면 중의 서쪽에서 동쪽을 바라보며 손으로 8개의 산가지를 들고서 일어난다.

大全 嚴陵方氏曰: 凡射人各四矢, 詩言四矢反兮, 是也. 四矢則四算, 投壺亦如之, 賓與主則八算矣, 故此言執八算也.

번역 엄릉방씨가 말하길, 활을 쏠 때에는 사람마다 각각 4발의 화살을 쏘니, 『시』에서 "네 발의 화살을 쏨에 같은 자리에 맞는구나."[1]라고 한 말이 이러한 사실을 나타낸다. 4발의 화살을 쏘게 되면 4대의 산가지가 필요한데, 투호 또한 이와 같으며, 빈객과 주인이 함께 투호를 하게 되면 8대의 산가지가 필요하다. 그렇기 때문에 이곳에서 8대의 산가지를 잡는다고 했다.

---

1) 『시』「제풍(齊風)·의차(猗嗟)」: 猗嗟孌兮, 淸揚婉兮. 舞則選兮, 射則貫兮. 四矢反兮, 以禦亂兮.

鄭注 度壺, 度其所設之處也. 壺去坐二矢半, 則堂上去賓席·主人席邪行各七尺也. 反位, 西階上位也. 設中東面, 旣設中, 亦實八筭於中, 橫委其餘於中西, 執筭而立, 以請賓侯投.

번역 '탁호(度壺)'는 설치할 장소를 헤아리는 것이다. 병은 투호를 하는 자리와 화살 2.5개가 들어갈 만큼 거리를 벌리니, 당상(堂上)에서 하게 된다면 빈객과 주인의 자리에서 비스듬한 방향으로 각각 7척(尺)의 거리를 벌린다. "자리로 되돌아간다."는 말은 서쪽 계단 위의 자리를 뜻한다. 중(中)을 설치하고 동쪽을 바라보는 것은 중 설치하는 일이 끝나면 또한 중에 8개의 산가지를 채우게 되는데, 그 나머지 것들은 중의 서쪽에 가로로 놓아두고, 산가지를 잡은 뒤에 일어나서, 빈객에게 청하여 투호를 준비하도록 한다.

釋文 度, 徒洛反, 注同. "以二矢半", 一本無此四字, 依注則有. 筭, 悉亂反, 下皆同. 處, 昌慮反. 坐, 才臥反, 又如字, 下同. 邪, 似嗟反.

번역 '度'자는 '徒(도)'자와 '洛(낙)'자의 반절음이며, 정현의 주에 나오는 글자도 그 음이 이와 같다. '以二矢半'에 있어서 다른 판본에서는 이 네 글자가 기록되어 있지 않기도 하는데, 정현의 주에 따른다면 네 글자가 기록되어야 한다. '筭'자는 '悉(실)'자와 '亂(란)'자의 반절음이며, 아래문장에 나오는 글자도 그 음이 모두 이와 같다. '處'자는 '昌(창)'자와 '慮(려)'자의 반절음이다. '坐'자는 '才(재)'자와 '臥(와)'자의 반절음이며, 또한 글자대로 읽기도 하고, 아래문장에 나오는 글자도 그 음이 이와 같다. '邪'자는 '似(사)'자와 '嗟(차)'자의 반절음이다.

孔疏 ●"司射"至"筭興". ○正義曰: 前經賓主旣就筵, 此經明進度壺, 幷筭之節.

번역 ●經文: "司射"~"筭興". ○앞의 경문에서는 빈객과 주인이 이미 투호를 하는 자리로 나아갔다고 했으니, 이곳 경문에서는 병 설치하는 자리를 살피고 아울러 산가지에 대한 절차도 나타내고 있다.

孔疏 ●"司射進度壺"者, 司射於西階之上, 於執壺之人處受壺, 乃東嚮來賓主筵前, 進所量度. 其壺置於賓主筵南.

번역 ●經文: "司射進度壺". ○사사(司射)는 서쪽 계단 위에서 병을 들고 있는 사람에게서 병을 받고, 동쪽 방향으로 가서 빈객과 주인이 투호를 하기 위해 마련해둔 자리 앞으로 가며, 나아가서 장소를 살핀다. 병은 주인과 빈객의 자리 남쪽에 설치한다.

孔疏 ●"間以二矢半"者, 投壺有三處, 室中·堂中及庭中也. 日中則於室, 日晩則於堂, 太晩則於庭, 是各隨光明處也. 矢有長短, 亦隨地廣狹. 室中狹, 矢長五扶; 堂上稍廣, 矢長七扶; 庭中大廣, 矢長九扶. 四指曰"扶", 扶廣四寸. 五扶者, 則二尺也. 七扶者, 則二尺八寸也. 九扶者, 則三尺六寸也. 雖矢有長短, 而度壺皆使去賓主之席各二矢半也. 室中去席五尺, 堂上則去席七尺, 庭中則去席九尺.

번역 ●經文: "間以二矢半". ○투호를 하는 장소는 세 군데가 있으니, 방안·당상(堂上)·마당이다. 한낮이라면 방안에서 하고, 해가 기울면 당상에서 하며, 너무 늦은 때라면 마당에서 하는데, 각각 그 시기에 빛이 있는 곳에서 하기 때문이다. 화살에도 길이의 차이가 있으니, 이것은 또한 시행하는 장소의 크기에 따른다. 방안은 협소하므로 화살의 길이는 5부(扶)이며, 당상은 보다 넓기 때문에 화살의 길이는 7부이고, 마당은 매우 넓기 때문에 화살의 길이는 9부가 된다. 4개의 손가락을 나란히 한 길이를 1부(扶)라고 부르는데, 1부의 너비는 4촌(寸)이다. 따라서 5부는 2척(尺)의 길이가 된다. 7부는 2척 8촌의 길이가 된다. 9부는 3척 6촌의 길이가 된다. 화살에는 비록 길고 짧은 차이가 있지만, 병을 두는 자리를 살피게 된다면 모두 빈객과 주인의 자리에서 각각 2.5개의 화살이 들어갈 자리만큼 거리를 벌린다. 이것은 방안에서는 자리에서 5척을 벌리고, 당상에서는 자리에서 7척을 벌리며, 마당에서라면 자리에서 9척을 벌린다는 뜻이다.

孔疏 ●"反位"者, 司射度壺旣畢, 反還西階上位.

번역 ●經文: "反位". ○사사(司射)는 병 놓을 자리를 헤아리는 일이 끝나면, 다시 서쪽 계단 위의 자리로 되돌아간다.

孔疏 ●"設中"者, 司射西階上取中, 稍進東面而設中也.

번역 ●經文: "設中". ○사사(司射)는 서쪽 계단 위에서 중(中)을 가져다가 조금 앞으로 나아가 동쪽을 바라보며 중(中)을 설치한다.

孔疏 ●"東面, 執八筭興"者, 旣設中之後, 於中西東面手執八筭而興起. 其中裏亦實八筭.

번역 ●經文: "東面, 執八筭興". ○중(中) 설치하는 일이 끝나면 중의 서쪽에서 동쪽을 바라보며 손으로 8개의 산가지를 들고서 일어난다. 중의 안에도 8개의 산가지를 채운다.

孔疏 射文, 實八筭於中. 今此投壺, 射之類, 故云"亦實八筭於中". "亦"者, 亦鄕射也.

번역 ◎鄭注: "亦實八筭於中, 橫委其餘於中西". ○이것은 『의례』「향사례(鄕射禮)」편의 문장을 요약한 것이니, 중(中) 안에 8개의 산가지를 채운다. 현재 투호를 한다고 했는데, 이것은 활쏘기의 부류가 된다. 그렇기 때문에 "또한 중 안에 8개의 산가지를 채운다."라고 말한 것이다. '역(亦)'이라는 말은 향사례처럼 한다는 뜻이다.

訓纂 王氏念孫曰: 按此一節, 但記度壺設筭之事, 若筭之多少, 矢之長短,及壺席相距之度, 皆在下文. 若此言度壺, 以二矢半, 下又言壺去席二矢半, 則重出矣. "以二矢半"四字疑衍. 然陸孔二本祗有此四字, 而無間字. 夫有壺有席, 而後有間. 今但言壺, 不言席, 則亦不得言間矣. 間字蓋涉上文"兩楹間"而衍. 大戴禮記作"司射進度壺, 反位", 無"間以二矢半"之文.

번역 왕념손[2)]이 말하길, 이곳 한 문단을 살펴보면, 이것은 단지 병을 설치하고 산가지를 설치하는 사안에 대해서만 기록하였으니, 산가지의 개수나 화살의 크기 및 병과 자리를 벌리는 치수는 모두 아래문장에 기술되어 있다. 만약 이곳에서 병 설치하는 장소를 헤아리며 화살 2.5개가 들어갈 자리만큼 벌리게 된다면, 아래문장에서 재차 "병은 자리에서 2.5개의 화살만큼 벌린다."라고 했으니, 중복된 기록이 된다. 따라서 '이이시반(以二矢半)'이라는 네 글자는 아마도 연문인 것 같다. 그런데 육덕명과 공영달의 두 판본에는 이 네 글자가 기록되어 있고, '간(間)'자가 기록되어 있지 않다. 병이 있고 자리가 설치된 뒤에야 간격이 생긴다. 이곳에서는 단지 병에 대해서만 말하고 자리에 대해서 언급하지 않았으니, 또한 간격에 대해 말할 수 없다. '간(間)'자는 아마도 앞의 '두 기둥 사이[兩楹間]'라고 한 기록으로 인해 연문으로 들어간 글자인 것 같다. 『대대례기』에서도 "사사(司射)가 나아가 병 놓아두는 자리를 살피고, 자신의 자리로 되돌아간다."[3)]라고만 하여, "화살 2.5개만큼 간격을 둔다."라고 한 문장이 없다.

集解 愚謂: 進度壺者, 受壺於執壺者, 進至筵前, 度其遠近之節而設之也. 間以二矢半, 其所度之度也. 先設壺而後設中, 事之次也. 反位, 反其西階上之位也. 司射受壺之時, 其中蓋以授執壺者, 既設壺反位, 則受中於執壺者而設之也. 鄕射禮, "釋獲者設中." 投壺無釋獲者, 故司射設之東面者, 中象兕鹿, 使其面向東也. 司射之位在中西, 東面, 於此言"反位, 設中", 則知司射奉中時

---

2) 왕념손(王念孫, A.D.1744~A.D.1832) : 청(淸)나라 때의 학자이다. 자(字)는 회조(懷祖)이고, 호(號)는 석구(石臞)이다. 부친은 왕안국(王安國)이고, 아들은 왕인지(王引之)이다. 대진(戴震)에게 학문을 배웠다. 저서로는 『독서잡지(讀書雜志)』 등이 있다.

3) 『대대례기(大戴禮記)』「투호(投壺)」 : 司射進度壺, 反位, 設中, 執八算.

已在此位矣. 算, 所以記獲之籌也. 執八算興者, 一耦共投八矢, 執八算於手, 擬釋賓與主人之獲也.

번역 내가 생각하기에, "나아가 병을 살핀다."라고 한 말은 병을 들고 있는 자에게서 병을 건네받고, 나아가 투호를 하는 자리 앞에 당도하여 거리의 규범을 헤아려서 병을 설치한다는 뜻이다. "화살 2.5개만큼 간격을 둔다."라는 말은 헤아릴 때의 치수이다. 먼저 병을 설치하고 이후에 중(中)을 설치하는 것이 그 일의 순서이다. "자리로 되돌아간다."는 말은 서쪽 계단 위의 자리로 되돌아간다는 뜻이다. 사사(司射)가 병을 받을 때 중(中)은 아마도 병을 들고 있던 자에게 건네고, 병 설치하는 일이 끝나서 자신의 자리로 되돌아오면, 병을 들고 있던 자에게서 중을 받아서 설치했을 것이다. 『의례』「향사례(鄕射禮)」편에서는 "점수를 계산하는 자가 중(中)을 설치한다."[4]라고 했다. 투호에는 점수를 계산하는 자가 따로 없다. 그렇기 때문에 사사가 중을 설치하고 동쪽을 바라보도록 하는 것은 중은 외뿔소와 사슴을 형상하니, 그것을 설치하며 동쪽을 바라보도록 한다는 뜻이다. 사사의 자리는 중의 서쪽이 되는데, 동쪽을 바라보도록 한다는 것에 대해 "자리로 되돌아가서 중을 설치한다."라고 했으니, 사사가 중을 받을 때 이미 이 자리에 있게 됨을 알 수 있다. 산가지는 점수를 기록하기 위한 막대기이다. 8개의 산가지를 잡고 일어난다는 것은 한 쌍의 짝은 모두 8개의 화살을 던지니, 손에 8개의 산가지를 잡는 것은 빈객과 주인이 내는 점수를 기록하기 위해서이다.

集解 右度壺設中.

번역 여기까지는 병을 설치하고 중(中)을 설치한다는 뜻이다.

---

4) 『의례』「향사례(鄕射禮)」: 降, 搢扑, 西面立于所設中之東, 北面命釋獲者設中, 遂視之.

참고 원문비교

예기대전·투호 司射進度壺, 間以二矢半, 反位設中, 東面執八筭興.

대대례기·투호 司射進度壺, 反位設中, 執八算.

참고 『시』「제풍(齊風)·의차(猗嗟)」

猗嗟昌兮, (의차창혜) : 아아, 어여쁘고도 아름답다구나,
頎而長兮, (기이장혜) : 키가 훤칠하게도 크도다.
抑若揚兮, (억약양혜) : 아름다운 얼굴에 시원한 이마여,
美目揚兮. (미목양혜) : 아름다운 눈에 어여쁜 눈썹이여.
巧趨蹌兮, (교추창혜) : 민첩한 행동거지가 예법에도 맞구나,
射則臧兮. (사즉장혜) : 활을 쏘아도 아주 잘하는구나.

猗嗟名兮, (의차명혜) : 아아, 아름다운 눈썹 부근이여,
美目淸兮. (미목청혜) : 아름다운 눈에 눈 밑도 아름답구나.
儀旣成兮. (의기성혜) : 위엄스러운 행동거지가 갖춰졌구나.
終日射侯, (종일사후) : 종일토록 과녁에 활을 쏘아도,
不出正兮. (불출정혜) : 정곡에서 벗어나지 않는구나.
展我甥兮. (전아생혜) : 참으로 우리나라의 생질이로다.

猗嗟孌兮, (의차련혜) : 아아, 장중하고도 아름다움이여,
淸揚婉兮. (청양완혜) : 눈 밑이 아름답고 아름다운 눈과 눈썹을 가졌도다.
舞則選兮, (무즉선혜) : 춤을 추면 무리 중에 가장 빼어나며,
射則貫兮. (사즉관혜) : 활을 쏘면 너무나도 단련되었구나.
四矢反兮, (사시반혜) : 네 발의 화살을 쏨에 같은 자리에 맞는구나.
以禦亂兮. (이어란혜) : 이로써 사방의 난리를 제어하는구나.

毛序 猗嗟, 刺魯莊公也. 齊人, 傷魯莊公, 有威儀技藝, 然而不能以禮防閑其母, 失子之道, 人以爲齊侯之子焉.

모서 「의차(猗嗟)」편은 노나라 장공을 풍자한 시이다. 제나라 사람들은 노나라 장공에게 위엄스러운 거동과 기예가 있지만 예에 따라 자신의 모친을 막지 못하여 자식의 도리를 잃고 사람들이 제나라 후작의 아들이라고 여긴 것을 슬퍼한 것이다.

毛傳 四矢, 乘矢.

번역 4발의 화살은 '승시(乘矢)'를 뜻한다.

鄭箋 反, 復也. 禮射三而止. 每射四矢, 皆得其故處, 此之謂復射. 必四矢者, 象其能禦四方之亂也.

번역 '반(反)'자는 복(復)자의 뜻이다. 예법에 따라 활을 쏠 때에는 세 차례 활을 쏘고 그친다. 매번 활을 쏠 때에는 네 발의 화살을 쏘게 되는데, 모두 이전에 맞췄던 자리에 맞출 수 있었으니, 이것을 '복사(復射)'라고 부른다. 반드시 네 발의 화살을 쏘는 것은 사방의 혼란을 제어할 수 있음을 상징한다.

孔疏 ◎傳"四矢, 乘矢". ○正義曰: 乘車必駕四馬, 因卽謂四馬爲乘. 大射·鄕射皆以四矢爲乘矢, 故傳依用之.

번역 ◎毛傳: "四矢, 乘矢". ○'승거(乘車)'에는 반드시 네 마리의 말을 매게 되는데, 이로 인해 네 마리의 말을 '승(乘)'이라고 부른다. 『의례』「대사례(大射禮)」편과 「향사례(鄕射禮)」편에서는 모두 네 발의 화살을 '승시(乘矢)'라고 했다. 그렇기 때문에 모전에서도 그에 따른 것이다.

孔疏 ◎箋"禮射"至"之亂". ○正義曰: 大射皆三番, 射訖, 止而不復射, 是

"禮射三而止"也. 必三而止者, 按儀禮·大射初使三耦射之而未釋獲, 射訖, 取矢以復. 君與卿大夫等射, 釋獲, 飮不中者. 訖, 君與卿大夫等又射, 取中於樂節. 注云: "君子之於事也, 始取苟能, 中課有功, 終用成法, 敎化之漸也." 然則初射惟三耦, 其後兩番君始與卿大夫等射. 此言"禮射三而止", 通三耦等爲言. 射法三而止, 而云"終日射侯"者, 美其久射而常中, 非禮射終一日也. 每射四矢, 皆復故處, 言常中正鵠也. 又解射禮必用四矢者, "象其能禦四方之亂", 故詩人以莊公四矢皆中, 卽云"以禦亂兮", 美莊公善射, 言其堪禦亂也. 內則云: "男子生, 以桑弧蓬矢六, 射天地四方." 注云: "天地四方, 男子所有事." 彼於初生之時, 以上下四方男子皆當有事, 故用六矢以示意. 射禮則象能禦亂, 上下無亂, 不復須象之故也.

번역 ◎鄭箋: "禮射"~"之亂". ○대사례에서는 모두 세 차례 활을 쏘는데, 활쏘기가 끝나면 그치고 다시 활을 쏘지 않으니, 이것이 "예법에 따라 활을 쏠 때에는 세 차례 활을 쏘고 그친다."는 뜻이다. 반드시 세 차례 활을 쏘고 그치는 이유는 『의례』「대사례(大射禮)」편을 살펴보면 최초 세 쌍으로 하여금 활을 쏘게 하지만 점수는 계산하지 않는데, 활쏘기가 끝나면 다시 활을 가져다가 재차 활을 쏜다. 군주와 경 및 대부 등이 활을 쏘게 되면 점수를 계산하고 적중시키지 못한 자가 술을 마신다. 그 절차가 끝나면 군주와 경 및 대부 등이 다시 활을 쏘고 음악의 절도에 맞추게 된다. 정현의 주에서는 "군자는 어떤 일에 있어서 처음에는 진실된 능력을 취하고, 중간에는 공적을 이루도록 부과하며, 끝으로는 완성된 법도를 따르니, 교화가 점진적으로 이루어지는 것이다."라고 했다. 그렇다면 최초 활을 쏠 때 단지 세 쌍만이 쏘고, 그 이후 두 차례의 활쏘기에서는 군주가 비로소 경 및 대부 등과 활쏘기를 한다. 이곳에서 "예법에 따라 활을 쏠 때에는 세 차례 활을 쏘고 그친다."라고 한 말은 세 쌍 등이 활쏘는 것까지 통괄해서 말한 것이다. 활쏘기의 법도에서는 세 차례 활을 쏘면 그치는데, "종일토록 과녁에 활을 쏜다."라고 한 것은 오래도록 활을 쏘아도 항상 적중시키는 것을 찬미한 것이지 예법에 따라 활을 쏠 때 하루 종일 쏘았다는 뜻이 아니다. 매번 활을 쏠 때마다 네 발의 화살을 쏘게 되는데, 이 모두가 이전에 맞췄던 곳을 맞추니, 항상 정곡을 맞춘다는 뜻이다. 또한 활쏘기의 예법에서 반드시 네 발의 화살을 쏘게 됨을 풀이하며 "사방의 혼란을 제어할 수 있음을 상징한다."라고 했다. 그렇기 때문에 이 시를 지은 사람은 장공이 쏜 네 발의 화살이 모두 적중하였으므로, "이로써 혼란을 제어한다."라고 말한 것이니, 장공이 활쏘기를 잘하는 것을 찬미한 것으로, 혼란을 제어할 수 있다는 뜻이다. 『예기』「내칙(內則)」편에서는 "남자가 태어났을 때 뽕나무로 만든 활과 쑥대로 만든 화살 여섯 대를 이용해서, 천지와 사방에 각각 한 발씩 쏘게 된다."[5]라고 했고, 정현의 주에서는 "천지와 사방은 남자가 일삼게 되는 장소이다."라고 했다. 「내칙」편에서는 최초 태어났을 때 상하와 사방은 남자가 모두 일삼아야 하는 장소가 되기 때문에 여섯 발의 화살을 사용해서 그 뜻을 드러낸 것이다. 활쏘기의 예법에서는 혼란을 제어할 수 있음을 상징하게 되는데, 하늘과 땅에는 혼란이 없으므로 재차 그것들을 상징할 필요가 없다.

참고 『의례』「향사례(鄕射禮)」 기록

경문 司射作射如初, 一耦揖升如初. 司馬命去侯, 獲者許諾. 司馬降, 釋弓反位. 司射猶挾一个, 去扑, 與司馬交于階前, 升, 請釋獲于賓.

번역 사사는 활을 쏘게 함에 처음 활을 쏠 때처럼 하고, 한 쌍이 서로 읍하고 당상으로 올라가 처음 활을 쏠 때처럼 한다. 사마는 명령하여 과녁에서 떨어지도록 하면 명중을 가늠하는 자가 그에 응한다. 사마는 당하로 내려와서 활을 풀어놓고 자신의 자리로 되돌아간다. 사사는 여전히 한 개의 화살을 끼고 회초리를 뽑아 사마와 계단 앞에서 교차하여 당상으로 올라가고 빈객에게 점수를 계산하겠다고 청한다.

---

5) 『예기』「내칙(內則)」【364a】: 國君世子生, 告于君, 接以大牢, 宰掌具. 三日, 卜士負之, 吉者宿齊, 朝服寢門外, 詩負之. 射人以桑弧蓬矢六, 射天地四方, 保受乃負之. 宰醴負子, 賜之束帛. 卜士之妻・大夫之妾, 使食子.

鄭注 猶, 有故之辭. 司射旣誘射, 恒執弓挾矢以掌射事, 備尙未知, 當敎之也. 今三耦卒射, 衆足以知之矣. 猶挾之者, 君子不必也.

번역 '유(猶)'자는 이전에 그러한 사안이 있었음을 뜻하는 말이다. 사사는 활쏘기의 시범을 보인 이후에도 항상 활을 잡고 화살을 끼고서 활 쏘는 일을 담당하는데 여전히 활쏘기에 미숙한 자가 있을 때를 대비한 것으로 그를 가르쳐야 하기 때문이다. 현재는 세 쌍이 활쏘기를 모두 끝냈으므로, 여러 빈객들은 충분히 알 수 있을 것이다. 그런데도 여전히 화살을 끼고 있는 것은 군자는 모두가 알고 있으리라 단정하지 않기 때문이다.

賈疏 ●"司射"至"于賓". ◎注"猶有"至"必也". ○釋曰: 自此盡"共而俟", 論第二番射之事. 按大射第二番射, 司馬命去侯云如初. 此司馬命去侯, 不言如初者, 此臣禮, 威儀省. 司馬初命去侯時, 獲者許諾, 聲不絶, 以至于乏. 再番·三番命去侯, 獲者直許諾, 無不絶聲, 故不言如初. 大射君禮, 威儀多, 故第二番與前同, 獲者以宮商趨之, 故言如初. 於第三番禮殺, 復不以宮商, 直許諾, 又不得言如初. 云"今三耦卒射, 衆足以知之矣. 猶挾矢者, 君子不必也"者, 三耦敎射者, 三耦卒射, 衆賓足知射禮, 猶挾矢敎之者, 君子不必也者. 按論語孔子云君子"無必·無固·無我", 以不必卽知, 故仍敎之.

번역 ●經文: "司射"~"于賓". ◎鄭注: "猶有"~"必也". ○이곳 기록부터 "공수를 하고 기다린다."라는 기록까지는 두 번째 활 쏘는 일을 논의하고 있다. 『의례』「대사례」편에서 두 번째 활쏘기를 살펴보면 사마는 과녁에서 떨어지라고 명령하며 처음과 동일하게 한다고 했다. 이곳에서 사마가 과녁에서 떨어지라고 명령할 때 "처음과 동일하게 한다."라고 말하지 않은 것은 이곳의 내용은 신하들이 따르는 예법이므로, 의례절차를 생략했기 때문이다. 사마가 최초 명령을 내려 과녁에서 떨어지라고 할 때, 명중을 가늠하는 자가 그에 응하며 소리가 끊이지 않게 해서 화살막이가 있는 곳까지 간다고 했다. 두 번째 활쏘기와 세 번째 활쏘기에서 과녁에서 떨어지라고 명령을 하면 명중을 가늠하는 자는 단지 응하기만 하고 소리가 끊이지 않게 하는 일이 없기 때문에 처음과 동일하게 한다고 말하지 않았다. 대사례는 군주의 예법이니 의례절차도 많다. 그렇기 때문에 두 번째 활쏘기를 할 때에도 이전에 활쏘기를 했던 것과 동일하게 하며, 명중을 가늠하는 자도 궁음과 상음에 맞춰 재빨리 나아간다. 그렇기 때문에 처음과 동일하게 한다고 말했다. 세 번째 활쏘기에서는 예법을 줄이니 재차 궁음과 상음에 맞추지 않고 단지 응하기만 하므로, 처음과 동일하게 한다고 말하지 않았다. 정현이 "현재는 세 쌍이 활쏘기를 모두 끝냈으므로, 여러 빈객들은 충분히 알 수 있을 것이다. 그런데도 여전히 화살을 끼고 있는 것은 군자는 모두가 알고 있으리라 단정하지 않기 때문이다."라고 했는데, 세 쌍이 활을 쏘며 활쏘기를 시연하게 되는데, 세 쌍의 활쏘기가 모두 끝나면 나머지 빈객들은 활쏘기의 예법을 확인하기에 충분하다. 그런데도 여전히 화살을 끼고서 가르치려고 하는 것은 군자는 기필하지 않기 때문이다. 『논어』를 살펴보면 공자는 군자에 대해서 "기필하는 마음이 없고, 집착하는 마음이 없으며, 나만 아는 마음이 없다."[6]라고 했으니, 모두가 알고 있으리라 단정하지 않기 때문에 모르는 자가 있을 경우 가르치려는 것이다.

경문 賓許, 降, 搢扑, 西面立于所設中之東, 北面命釋獲者設中, 遂視之.

번역 빈객이 허락하면 사사는 당에서 내려와 회초리를 허리띠에 꽂고 서쪽을 바라보며 중(中)이 설치된 동쪽에 서고, 북쪽을 바라보고 점수를 계산하는 자에게 중을 설치하라고 명령하고서 그 일을 살핀다.

鄭注 視之, 當教之.

번역 살피는 것은 가르쳐야만 하기 때문이다.

賈疏 ●"賓許"至"視之". ◎注"視之當教之". ○釋曰: 云"當教之"者, 謂教其釋筭, 安置左右, 及數筭告勝負之事, 亦教之也.

---

6) 『논어』「자한(子罕)」: 子絶四, 毋意, 毋必, 毋固, 毋我.

번역 ●經文: "賓許"~"視之". ◎鄭注: "視之當教之". ○정현이 "가르쳐야만 하기 때문이다."라고 했는데, 산가지로 점수를 계산할 때 좌우로 나누는 일을 가르치고 산가지를 셈하여 승패를 아뢰는 일 등도 가르친다는 뜻이다.

경문 釋獲者執鹿中, 一人執筭以從之.

번역 점수를 계산하는 자가 녹중을 들고 다른 한 사람이 산가지를 들고서 그를 뒤따른다.

鄭注 鹿中, 謂射於謝也, 於庠當兕中.

번역 '녹중(鹿中)'은 사(謝)에서 활 쏘는 경우를 뜻하니, 상(庠)에서 활을 쏘게 된다면 시중(兕中)을 설치한다.

賈疏 ●"釋獲"至"從之". ◎注"鹿中"至"兕中". ○釋曰: 以州長是士, 射于榭; 鄉大夫是大夫, 爲之射于庠. 下記云"士則鹿中, 大夫兕中", 故云"鹿中謂射於榭也, 於庠當兕中也".

번역 ●經文: "釋獲"~"從之". ◎鄭注: "鹿中"~"兕中". ○주장(州長)은 사 계급이므로 사(榭)에서 활쏘기를 하는데, 향대부는 대부의 신분이므로, 그들이 활쏘기를 할 때에는 상(庠)에서 한다. 아래 기문에서는 "사는 녹중을 사용하고 대부는 시중을 사용한다."라고 했다. 그렇기 때문에 "녹중은 사(謝)에서 활 쏘는 경우를 뜻하니, 상(庠)에서 활을 쏘게 된다면 시중을 설치한다."라고 했다.

경문 釋獲者坐設中, 南當楅, 西當西序, 東面, 興受筭, 坐實八筭于中, 橫委其餘于中西, 南末. 興, 共而俟.

번역 점수를 계산하는 자는 앉아서 중(中)을 설치하는데, 남쪽으로는 화살통을 마주하고 서쪽으로는 서쪽 서(序)를 마주하도록 하며 동쪽을 향하도록 하는데, 일어나서 산가지를 받고 앉아서 중에 8개의 산가지를 채우며 나머지는 중의 서쪽에 가로로 놓아두고 산가지 끝이 남쪽을 향하도록 둔다. 일어나서 공수를 하고 기다린다.

鄭注 興還北面受筭, 反東面實之.

번역 일어나서 다시 북쪽을 바라보며 산가지를 받고, 다시 동쪽을 바라보며 산가지를 중에 채운다.

賈疏 ●"釋獲"至"而俟". ◎注"興還"至"實之". ○釋曰: 云"設中, 南當楅", 南北節, 西當西序, 東西節. 云"興還北面受筭, 反東面實之"者, 以其所納射器皆在堂西, 執中與筭, 皆從堂西來, 向西序之南, 南面, 執中者旣東面坐, 設訖, 興, 還向北面受筭, 迴向東面實之也.

번역 ●經文: "釋獲"~"而俟". ◎鄭注: "興還"~"實之". ○"중(中)을 설치하며 남쪽으로 화살통을 마주하도록 한다."라고 했는데, 이것은 남북 방향의 기준이 되고, "서쪽으로는 서쪽 서(序)를 마주하도록 한다."라고 했는데, 이것은 동서 방향의 기준이 된다. 정현이 "일어나서 다시 북쪽을 바라보며 산가지를 받고, 다시 동쪽을 바라보며 산가지를 중에 채운다."라고 했는데, 활쏘기 기물을 들이는 곳은 모두 당의 서쪽이 되며, 중과 산가지를 잡고 있는 자들도 모두 당의 서쪽으로부터 오며, 서쪽 서(序)의 남쪽을 향하게 되니, 남쪽을 바라보게 되고, 중을 들고 있는 자가 동쪽을 바라보며 앉아서 설치하는 것을 마치면 다시 일어나서 북쪽을 향해 산가지를 받고 다시 동쪽을 바라보며 중에 그것을 채운다.

• 제 5 절 •

투호의 규칙을 설명하는 절차

【676b】

請賓曰, "順投爲入, 比投不釋, 勝飮不勝者. 正爵旣行, 請爲勝者立馬. 一馬從二馬, 三馬旣立, 請慶多馬." 請主人亦如之.

직역 賓에게 請하여 曰, "順投는 入을 爲하고, 比投는 不釋하며, 勝은 不勝한 者를 飮합니다. 正爵이 旣히 行하니, 勝者를 爲하여 馬를 立하기를 請합니다. 一馬는 二馬를 從하고, 三馬가 旣히 立하니, 多馬를 慶하길 請합니다." 主人에게 請함에도 亦히 如라.

의역 사사(司射)는 빈객에게 청하며, "화살을 던져 화살의 대가 들어간 것만을 점수로 계산하고, 연속해서 던지면 화살이 들어가더라도 점수로 계산하지 않으며, 승리한 자는 승리를 하지 못한 자에게 술을 권하여 마시도록 해야 합니다. 승리를 하지 못한 자에게 술 권하는 일이 끝나면 승리한 자를 위해 마(馬)를 세우기를 청합니다. 1개의 마(馬)를 세운 자는 2개의 마(馬)를 세운 자에게 자신이 세운 마(馬)를 건네고, 3개의 마(馬)가 서게 되었으니, 마(馬)를 많이 세운 자에게 축하주 권하기를 청합니다."라고 한다. 주인에게 청할 때에도 이처럼 한다.

集說 疏曰: 司射執八算起而告于賓曰, 投矢於壺, 以矢本入者乃名爲入, 則爲之釋算. 若以末入, 則不名爲入, 亦不爲之釋算也. 比, 頻也. 賓主要更遞而投, 不得以前旣入而喜, 不待後人投之而己頻投. 頻投雖入, 亦不爲之釋算也. 若投之勝者, 則酌酒以飮不勝者. 正爵, 卽此勝飮不勝之爵也. 以其正禮,故謂之正爵. 既行, 行爵竟也. 爲勝者立馬者, 謂取算以爲馬, 表其勝之數也. 謂算爲馬者, 馬是威武之用, 投壺及射, 亦是習武, 故云馬也. 一馬從二馬者, 每一勝輒立一馬, 禮以三馬爲成, 若專三馬則爲一成. 但勝偶未必專頻得三, 若勝偶得二, 劣偶得一, 一既劣於二, 故徹取劣偶之一, 以足勝偶之二爲三, 故云一馬從二馬. 若頻得三成, 或取彼足爲三馬, 是其勝已成, 又酌酒以慶賀多馬之人也. 此告賓之辭, 其告主人亦此辭也, 故曰請主人亦如之.

번역 공영달의 소에서 말하길, 사사(司射)가 8개의 산가지를 잡고 일어나서 빈객에게 아뢰며, "병 안으로 화살을 던지십시오."라고 말하는 것인데, 화살의 대가 병 안으로 들어간 것은 곧 '입(入)'이라고 부르니, 이것을 위해 산가지로 점수를 매기는 것이다. 만약 화살의 끝부분만 살짝 들어간 경우라면 '입(入)'이라고 부를 수 없으니, 이것은 또한 점수로 계산하지 않는다. '비(比)'자는 '빈번히[頻]'라는 뜻이다. 빈객과 주인은 번갈아가며 화살을 던져야 하니, 앞서 던진 화살이 들어갔는데 그것을 기뻐하며 다음 사람이 던질 때까지 기다리지 않고, 본인이 다시 던져서는 안 된다. 연속해서 던지면 비록 들어갔더라도 이것은 또한 점수로 계산하지 않는다. 만약 투호를 하여 승리한 자라면, 술을 따라서 승리하지 못한 자에게 마시도록 한다. '정작(正爵)'은 곧 승리한 자가 승리를 하지 못한 자에게 술을 마시도록 하는 술잔을 뜻한다. 그것이 예법을 올바르게 하기 때문에 '정작(正爵)'이라고 부른다. '기행(既行)'은 술잔 권하는 일이 끝났다는 뜻이다. 승리한 자를 위해서 마(馬)를 세운다고 했는데, 산가지를 세우는 것을 마(馬)라고 한다는 뜻이니, 그것으로 승리한 수치를 나타낸다. 산가지를 마(馬)라고 부르는 이유는 마(馬)는 위엄을 갖추고 무용을 드러내는 일에 사용되는 동물이고, 투호와 활쏘기 또한 무예를 익히는 일의 일종이다. 그렇기 때문에 '마(馬)'라고 부르는 것이다. 1개의 마(馬)는 2개의 마(馬)를 따른다고 했는데, 매번 한 차례 승리를 할 때마다 1개의 마(馬)를 세우는데, 예법에 따르면 3개의 마(馬)를 세우는 것을 완성된 것으로 여기니, 만약 자기만의 힘으로 3개의 마(馬)를 세우면 1성(成)이 된다. 다만 승리한 사람이 연속해서 3개의 마(馬)를 반드시 자기만의 힘으로 세울 수 없기도 한데, 만약 승리한 사람이

2개의 마(馬)를 세웠고, 승리를 하지 못한 사람이 1개의 마(馬)를 세웠다면, 1개는 이미 2개보다 낮기 때문에 승리를 하지 못한 자가 세운 1개의 마(馬)를 거둬가서 승리한 자가 세운 2개의 마(馬)에 보태어 3개의 마(馬)로 만든다. 그렇기 때문에 "1개의 마(馬)는 2개의 마(馬)를 따른다."라고 했다. 연속해서 3성(成)을 하는 경우도 있지만 혹은 상대의 마(馬)를 취해서 3개의 마(馬)를 세우는 경우도 있는데, 이것은 이미 승리가 완성된 것이므로, 또한 술을 따라서 많은 마(馬)를 세운 자를 축하한다. 이것은 빈객에게 아뢰는 말인데, 주인에게 아뢸 때에도 이러한 말을 한다. 그렇기 때문에 "주인에게 청할 때에도 이와 같다."라고 했다.

大全 嚴陵方氏曰: 上言入, 下言釋, 互相明也. 勝飮不勝, 卽揖讓而升, 下而飮也. 正爵者, 正禮之爵也. 或以罰, 或以慶, 故以正言之. 算與馬一也. 方其執之則謂之算, 而算以計多少爲義, 及其釋之則謂之馬, 而馬以勝敵爲義, 蓋算爲勝者而釋, 故以勝敵爲名焉. 一馬從二馬者, 勝少者, 附勝多者以爲數也. 數成於三, 數成則可以爲多矣, 故曰三馬旣立, 請慶多馬.

번역 엄릉방씨가 말하길, 앞에서는 "들어간다[入]."라고 했고, 뒤에서는 "점수를 매긴다[釋]."라고 했는데, 상호 그 뜻을 드러내도록 말한 것이다. 승리한 자는 승리를 하지 못한 자에게 술을 마시게 하면, 곧 읍(揖)과 겸양을 하여 올라갔다가 내려와서 술을 마신다. '정작(正爵)'은 예법을 올바르게 하는 술잔을 뜻한다. 간혹 벌주로 권하기도 하고 또는 축하주로 권하기도 하므로, '정(正)'자를 붙여서 말했다. 산가지와 마(馬)는 동일한 물건이다. 산가지를 잡을 때에는 '산(算)'이라고 부르는데, 산가지는 많고 적음을 계산한다는 것을 뜻으로 삼지만, 그것으로 점수를 매기게 되면 '마(馬)'라고 부르니, 마(馬)는 상대를 이기는 것을 의미로 삼기 때문이다. 무릇 산가지는 승리한 자를 위해서 점수를 매기기 때문에 상대를 이긴다는 의미로 명칭을 정한 것이다. "1개의 마(馬)는 2개의 마(馬)를 따른다."라고 했는데, 승리의 횟수가 적은 자는 승리의 횟수가 많은 자에게 넘겨서 그 수를 채운다는 뜻이다. 점수는 3에서 완성이 되는데, 점수가 완성된다면 많다고 할 수 있다. 그렇기 때문에 "3개의 마(馬)를 세웠다면 마(馬)를 많이 세운 자에게 축하해주기를 청합니다."라고 했다.

鄭注 請, 猶告也. 順投, 矢本入也. 比投, 不拾也. 勝飮不勝, 言以能養不能也. 正爵, 所以正禮之爵也, 或以罰, 或以慶. 馬, 勝筭也. 謂之馬者, 若云技藝如此, 任爲將帥乘馬也. 射・投壺, 皆所以習武, 因爲樂.

번역 '청(請)'자는 "아뢰다[告]."는 뜻이다. '순투(順投)'는 화살의 대가 들어간 것을 뜻한다. '비투(比投)'는 번갈아 던지지 않는다는 뜻이다. 승리한 자는 승리를 못한 자에게 술을 마시도록 하니, 잘하는 자가 잘하지 못하는 자를 배려한다는 뜻이다. '정작(正爵)'은 예법을 올바르게 하는 술잔을 뜻하니, 간혹 벌주로 권하기도 하고 간혹 축하주로 권하기도 한다. '마(馬)'는 승리를 했을 때 세우는 산가지를 뜻한다. 이것을 '마(馬)'라고 부르는 이유는 마치 기예가 이와 같은 경우 장수의 임무를 맡아서 말의 수레에 오를 수 있다고 말하는 것과 같다. 활쏘기와 투호는 모두 무예를 익히는 방법이며, 이것을 시행하는 것에 따라 즐거움으로 삼는다.

釋文 比, 毗志反, 頻也, 徐扶質反, 注同. 勝飮, 上尺證反, 下於鴆反, 注及下同. 爲, 于僞反. 勝者立馬, 俗本或此句下有"一馬從二馬"五字, 誤. 拾, 其劫反, 下文及注皆同. 技, 其綺反. 任音而林反. 將, 子匠反. 帥, 色類反. 樂音洛.

번역 '比'자는 '毗(비)'자와 '志(지)'자의 반절음이며, 빈번하다는 뜻이고, 서음(徐音)은 '扶(부)'자와 '質(질)'자의 반절음이며, 정현의 주에 나오는 글자도 그 음이 이와 같다. '勝飮'에서의 '勝'자는 '尺(척)'자와 '證(증)'자의 반절음이고, '飮'자는 '於(어)'자와 '鴆(짐)'자의 반절음이며, 정현의 주 및 아래 문장에 나오는 글자도 그 음이 이와 같다. '爲'자는 '于(우)'자와 '僞(위)'자의 반절음이다. '勝者立馬'에 대해서 세속본에는 간혹 이 구문 뒤에 '一馬從二馬'라는 다섯 글자가 기록되어 있기도 한데, 잘못된 기록이다. '拾'자는 '其

(기)'자와 '劫(겁)'자의 반절음이며, 아래문장 및 정현의 주에 나오는 글자도 모두 그 음이 이와 같다. '技'자는 '其(기)'자와 '綺(기)'자의 반절음이다. '任'자의 음은 '而(이)'자와 '林(림)'자의 반절음이다. '將'자는 '子(자)'자와 '匠(장)'자의 반절음이다. '帥'자는 '色(색)'자와 '類(류)'자의 반절음이다. '樂'자의 음은 '洛(낙)'이다.

孔疏 ●"請賓"至"如之". ○正義曰: 此一經明司射告賓主以投壺之法.

번역 ●經文: "請賓"~"如之". ○이곳 경문은 사사(司射)가 빈객과 주인에게 투호의 예법을 아뢰는 것을 나타내고 있다.

孔疏 ●"順投爲入"者, 司射執八筭起而告賓黨爲投壺之法也. 順, 本也. 言矢有本末, 投矢於壺, 以矢本入者, 乃名爲入, 則爲之釋筭也. 若矢以末入, 則不名爲入, 亦不爲之釋筭也.

번역 ●經文: "順投爲入". ○사사(司射)가 8개의 산가지를 잡고 일어나서 빈객 무리에게 투호 시행하는 예법을 아뢰는 것이다. '순(順)'자는 줄기[本]를 뜻한다. 화살에는 줄기와 끝이 있으니, 병에 화살을 던져서 화살의 대가 들어가면 곧 '입(入)'이라고 부르며 점수로 계산한다. 만약 화살의 끝부분만 들어갔다면 입(入)이라고 부르지 않고, 또한 점수로 계산하지도 않는다.

孔疏 ●"比投不釋"者, 比, 頻也. 又賓主投壺法, 要更遞而投, 不得以前旣入喜悅, 不待後人投之而己頻投; 頻投, 雖入, 亦不爲之釋筭也.

번역 ●經文: "比投不釋". ○'비(比)'자는 빈번히[頻]라는 뜻이다. 빈객과 주인이 투호를 하는 예법에서는 번갈아가며 던져야 하니, 앞서 던진 것이 들어가서 그것을 기뻐하며 뒷사람이 던질 때까지 기다리지 않고 자신이 연속해서 던질 수 없다. 연속해서 던지게 되면 비록 들어갔더라도 또한 점수로 계산하지 않는다.

孔疏 ●"勝飮不勝"者, 又告云, 若投勝者, 則酌酒飮於不勝者也.

번역 ●經文: "勝飮不勝". ○재차 아뢰며, 만약 승리를 했다면 술을 따라서 승리를 하지 못한 자에게 마시도록 해야 한다고 말한 것이다.

孔疏 ●"正爵既行"者, 又說飮法也. 正爵, 謂勝飮不勝之爵也. 以其正禮, 故謂爲"正爵". 既行, 謂行爵竟也.

번역 ●經文: "正爵既行". ○또한 음주하는 예법을 설명한 말이다. '정작(正爵)'은 승리한 자가 승리를 하지 못한 자에게 마시도록 하는 술잔을 뜻한다. 예법을 올바르게 하기 때문에 '정작(正爵)'이라고 부른다. '기행(既行)'은 술잔 권하는 일을 끝냈다는 뜻이다.

孔疏 ●"請爲勝者立馬"者, 此謂行正爵畢, 而爲勝者立馬者, 則反取筭以爲馬, 表於勝數也. 必謂"筭"爲"馬"者, 馬是威武之用, 爲將帥所乘. 今投壺及射, 亦是習武, 而勝者自表堪爲將帥, 故云"馬"也.

번역 ●經文: "請爲勝者立馬". ○이 내용은 정작(正爵)을 권하는 일이 끝나면 승리한 자를 위해서 마(馬)를 세운다는 뜻이니, 반대로 승리를 하지 못한 자의 산가지를 가져다가 승리한 자의 마(馬)로 삼아서, 승리의 횟수를 표시한다. 그런데 기어코 '산(筭)'을 '마(馬)'라고 부른 것은 말은 위엄과 무용을 드러내는 일에 사용하는 동물이니, 장수가 수레에 멍에를 멜 때 사용된다. 투호와 활쏘기는 또한 무예를 익히는 일이고 승리한 자는 스스로 장수의 임무를 감당할 수 있음을 드러내기 때문에 '마(馬)'라고 부른 것이다.

孔疏 ●"一馬從二馬"者, 每一勝輒立一馬, 禮以三馬爲成. 若專三馬, 則爲一成. 但勝偶未必專頻得三, 若勝偶得二, 劣偶得一, 一既劣於二, 故致取劣偶之一, 以足勝偶之二爲三, 故云"一馬從二馬". 然定本無此一句.

번역 ●經文: "一馬從二馬". ○매번 1차례 승리를 할 때마다 1개의 마(馬)를 세우는데, 예법에서는 3개의 마(馬)를 세운 것을 완성된 것으로 여긴다. 만약 자기만의 힘으로 3개의 마(馬)를 세운다면 1성(成)이 된다. 다만 승리를 한 자는 자기만 연속해서 3개의 마(馬)를 세울 수 없을 때도 있으니, 만약 승리한 자가 2개의 마(馬)를 세웠고, 승리를 못한 자가 1개의 마(馬)를 세웠다면, 1개는 이미 2개보다 적기 때문에 승리를 하지 못한 자가 세운 1개의 마(馬)를 가져다가 승리한 자가 세운 2개의 마(馬)에 합쳐서 3개로 만든다. 그렇기 때문에 "1개의 마(馬)는 2개의 마(馬)에 따른다."라고 한 것이다. 그런데 『정본』에는 이 구문이 없다.

孔疏 ●"三馬旣立, 請慶多馬"者, 若頻得三成, 或取彼足爲三馬, 是其勝已成, 又酌酒慶賀於多馬之偶也.

번역 ●經文: "三馬旣立, 請慶多馬". ○만약 연속해서 3성(成)을 했거나 혹은 상대방의 마(馬)를 취해서 3개의 마(馬)를 완성하게 된다면, 이것은 승리가 이미 확정된 것이니, 또한 술을 따라서 많은 마(馬)를 세운 상대방에게 축하주를 권한다.

孔疏 ●"請主人亦如之"者, 司射請賓之黨爲每事, 並應曰諾, 竟而司射又請主人事, 事亦如賓, 而主人皆亦曰諾, 如賓也. 按鄕射, 司射請賓於西階上, 請主人於阼階上, 則此請賓·請主人, 皆亦就賓主之前也.

번역 ●經文: "請主人亦如之". ○사사(司射)가 빈객 무리에게 청하여 모든 사안을 치르게 되고, 모두 수긍을 하여 알았다고 하는데, 그 일이 끝나면 사사(司射)는 재차 주인에게도 그 사안에 대해서 청을 하니, 그 사안은 또한 빈객에 대해 말한 것과 같으므로, 주인도 모두 알았다고 하여 빈객과 동일하게 한다. 『의례』「향사례(鄕射禮)」편을 살펴보면, 사사가 서쪽 계단 위에서 빈객에게 청을 하고, 동쪽 계단 위에서 주인에게 청을 한다고 했으니, 투호를 할 때 빈객에게 청하고 주인에게 청할 때에도 모두 빈객과 주인이 위치한 곳 앞으로 나아가게 된다.

孔疏 ◎注"正爵"至"爲樂". ○正義曰: 此經正爵謂罰爵, 故下別云"三馬旣備, 請慶多馬". 今鄭注"或以罰, 或以慶", 則慶馬勝筭亦爲正爵者, 鄭通而解之, 罰·慶俱是正爵, 故下文云: "正爵旣行, 請徹馬." 彼謂慶爵, 亦稱正爵也. 按鄕射禮, 三耦先射, 賓主乃射, 以射禮重也. 此投壺不立三耦, 以投壺禮輕故也.

번역 ◎鄭注: "正爵"~"爲樂". ○이곳 경문에서 '정작(正爵)'이라고 한 말은 벌주로 내리는 술잔을 뜻한다. 그렇기 때문에 아래 문장에서는 별도로 "3개의 마(馬)를 모두 세우게 되면 많은 마(馬)를 세운 자에게 축하주 권하기를 청한다."라고 말한 것이다. 현재 정현의 주에서는 "간혹 벌주로 권하기도 하고 간혹 축하주로 권하기도 한다."라고 했는데, 마(馬)를 많이 세워 승리한 자에게 축하주를 권하는 것 또한 '정작(正爵)'이라고 하니, 정현은 통괄적으로 풀이하여, 벌주와 축하주를 모두 '정작(正爵)'이라고 한 것이다. 그렇기 때문에 아래문장에서 "정작을 시행했다면 마(馬) 치우기를 청한다."라고 말한 것이다. 이 문장에서 말한 것은 축하주를 뜻하는데, 이것을 또한 '정작(正爵)'이라고 부른 것이다. 『의례』「향사례(鄕射禮)」편을 살펴보면, 세 쌍이 먼저 활을 쏘고, 빈객과 주인이 뒤이어 활을 쏜다고 했는데,[1] 사례(射禮)는 중요한 예법이기 때문이다. 투호에서 세 쌍을 세우지 않는 것은 투호의 예법은 사례보다 덜 중요하기 때문이다.

集解 呂氏大臨曰: 矢本入, 則本末之序正; 左右拾投, 則賓主之儀答. 不如是, 則雖投不爲入, 雖入不釋算, 所以責審固, 詳節文也. 故射與投壺, 所以觀

1) 『의례』「향사례(鄕射禮)」: 三耦卒射. 賓·主人·大夫·衆賓繼射.

人之德, 必容體比於禮, 容節比於樂, 不尙於苟中也.

번역 경문의 "請賓曰"~"慶多馬"에 대하여. 여대림이 말하길, 화살의 대가 들어간 것을 점수로 계산한다면 본말에 따라 질서를 바르게 하는 것이며, 좌우에서 번갈아가며 던진다면 빈객과 주인이 의례에 따라 화답하는 것이다. 이처럼 하지 않는다면 비록 화살을 던지더라도 들어가지 않고 비록 들어가더라도 점수로 계산하지 않으니, 확고하게 하는 것을 책무로 여기고 예법에 따른 격식을 상세히 따르고자 해서이다. 그렇기 때문에 활쏘기와 투호는 사람의 덕을 살펴볼 수 있는 것이니, 반드시 용모와 행동거지가 예법에 맞아야 하고 용모와 절차가 음악에 맞아야 하니, 구차하게 적중시키는 것을 높이지 않는다.

集解 愚謂: 自"順投爲入"以下, 皆請賓之辭也. 矢以木爲之, 以本爲下, 以末爲上, 故以本投者謂之順. 罰爵·慶爵, 固皆謂之正爵, 然此云正爵, 乃專指罰爵而言. 鄭兼下文解之, 故云"或以罰, 或以慶"也. 馬, 所以表勝者也. 周禮大司馬註引漢田律云, "爭禽不審者, 罰以假馬", 賈疏謂"馬爲獲禽之籌." 陳用之云, "漢人格五之法, 有功馬·散馬, 皆刻馬象而植焉", 或投壺之馬亦如此與. 爲勝者立馬者, 司射爲勝者立馬以表之. 孔疏"勝者自表堪爲將帥", 非也.

번역 내가 생각하기에, '순투위입(順投爲入)'이라는 말로부터 그 이하의 문장은 모두 빈객에게 청하는 말에 해당한다. 화살은 나무로 만들게 되는데, 줄기를 밑으로 여기고 끝을 위로 여긴다. 그렇기 때문에 줄기부분을 잡고 던지는 것을 '순(順)'이라고 부른다. 벌주로 권하는 잔과 축하주로 권하는 잔은 모두 '정작(正爵)'이라고 부르게 되는데, 이곳에서 '정작(正爵)'이라고 한 말은 전적으로 벌주로 권하는 잔만을 가리켜서 한 말이다. 정현은 아래구문에서 함께 풀이를 했기 때문에 "어떤 경우에는 벌주로 권하고 어떤 경우에는 축하주로 권한다."라고 말한 것이다. '마(馬)'는 승리를 표시하는 도구이다. 『주례』「대사마(大司馬)」편에 대한 정현의 주에서는 『한전율』을 인용하여, "획득한 짐승을 다투어 자세히 살피지 않는 자라면 가마(假馬)를 줄이는 벌을 내린다."[2]라고 했고, 가공언[3]의 소에서는 "가마(假馬)는 짐승 획득한 수를 계산하는 산가지이다."라고 했다. 진용지[4]는 "한나라 때 시행된 격오(格五)라는 놀이기구의 방법에도 공마(功馬)와 산마(散馬)라는 것이 사용되었는데, 둘 모두 말의 모양으로 나무를 조각하고 세웠다."라고 했으니, 투호에 사용된 마(馬) 또한 이와 같았을 것이다. 승리한 자를 위해서 마(馬)를 세운다는 것은 사사(司射)가 승리한 자를 위해서 마(馬)를 세워 승리를 표시한다는 뜻이다. 공영달의 소에서는 "승리한 자가 스스로 장수의 임무를 감당할 수 있음을 드러낸다."라고 했는데, 잘못된 주장이다.

集解 右請賓.

번역 여기까지는 빈객에게 청하는 것을 뜻한다.

集解 右請主人.

번역 경문의 "請主人亦如之"에 대하여. 여기까지는 주인에게 청하는 것을 뜻한다.

---

2) 이 문장은 『주례』「하관(夏官)·대사마(大司馬)」편의 "遂以蒐田, 有司表貉, 誓民, 鼓, 遂圍禁, 火弊, 獻禽以祭社."라는 기록에 대한 정현의 주이다.
3) 가공언(賈公彦, ?~?) : 당(唐)나라 때의 유학자이다. 정현(鄭玄)을 존숭하였다. 예학(禮學)에 조예가 깊었다. 『주례소(周禮疏)』, 『의례소(儀禮疏)』 등의 저서를 남겼으며, 이 저서들은 『십삼경주소(十三經注疏)』에 포함되었다.
4) 진상도(陳祥道, A.D.1159~A.D.1223) : =장락진씨(長樂陳氏)·진씨(陳氏)·진용지(陳用之). 북송대(北宋代)의 유학자이다. 자(字)는 용지(用之)이다. 장락(長樂) 지역 출신으로, 1067년에 과거에 급제하여 태상박사(太常博士) 등을 지냈다. 왕안석(王安石)의 제자로, 그의 학문을 전파하는데 공헌하였다. 저서에는 『예서(禮書)』, 『논어전해(論語全解)』 등이 있다.

참고 원문비교

예기대전 · 투호 請賓曰, "順投爲入, 比投不釋, 勝飮不勝者. 正爵旣行, 請爲勝者立馬. 一馬從二馬, 三馬旣立, 請慶多馬." 請主人亦如之.

대대례기 · 투호 請於賓曰, "奏投壺之令曰, '順投爲入, 比投不釋算, 勝飮不勝. 正爵旣行, 請爲勝者立馬, 三馬旣立, 慶多馬.'" 請主人亦如之.

참고 『의례』「향사례(鄕射禮)」 기록

경문 大師不興, 許諾. 樂正退反位.

번역 태사는 일어나지 않은 채 허락을 한다. 악정(樂正)[5]은 물러나 자신의 자리로 되돌아온다.

경문 乃奏騶虞以射. 三耦卒射, 賓·主人·大夫·衆賓繼射, 釋獲如初. 卒射, 降.

번역 이에 악공이 「추우(騶虞)」의 악곡을 연주하여 그에 따라 활을 쏜다. 세 쌍이 활쏘기를 마치면 빈객·주인·대부·빈객 무리들이 연속하여 활을 쏘고, 점수를 계산하는 자는 처음 활을 쏘았을 때처럼 점수를 계산하고 활쏘기를 마치면 빈객 무리들은 내려온다.

---

5) 악정(樂正)은 음악을 담당했던 관리들의 우두머리를 뜻한다. 정(正)자는 우두머리를 뜻하는 장(長)자와 같다. 한편 『주례』에는 '악정'이라는 직책은 보이지 않으며, 대신 대사악(大司樂)이라는 직책이 있다. 한편 『의례』「향사례(鄕射禮)」편에는 "樂正先升, 北面立于其西."라는 기록이 있는데, 이에 대한 가공언(賈公彦)의 소(疏)에서는 "案周禮有大司樂, 樂師, 天子之官. 此樂正, 諸侯及士大夫之官."이라고 풀이했다. 즉 '악정'은 제후 및 대부(大夫)의 관리였고, 천자에게는 대신 '대사악'과 악사(樂師)라는 관리가 소속되어 있었다. 따라서 간혹 '악정'을 '대사악'과 같은 의미로 사용하기도 한다.

鄭注 皆應鼓與歌之節, 乃釋筭. 降者, 衆賓.

번역 모두 북소리와 시가의 절도에 따라 활을 쏘고, 그런 뒤에 곧 점수를 계산한다. 내려오는 자는 빈객 무리들이다.

賈疏 ●"大師"至"射降". ◎注"皆應"至"衆賓". ○釋曰: 云"樂正退反位"者, 反工南北面位也. 云"降者, 衆賓"者, 次番射時, 賓與主人·大夫卒射皆升堂, 此降者衆賓也.

번역 ●經文: "大師"~"射降". ◎鄭注: "皆應"~"衆賓". ○"악정은 물러나 자신의 자리로 되돌아온다."라고 했는데, 악공의 남쪽에서 북쪽을 바라보는 자리로 되돌아온다는 뜻이다. 정현이 "내려오는 자는 빈객 무리들이다."라고 했는데, 다음 순번에서 활을 쏠 때, 빈객·주인·대부는 활쏘기를 마치면 모두 당상으로 올라가니, 여기에서 내려간다고 하는 자들은 빈객 무리들이 된다.

참고 『시』「소남(召南)·추우(騶虞)」

彼茁者葭, (피줄자가) : 저 무성한 갈대에,
壹發五豝. (일발오파) : 한 번 화살을 쏘아서 다섯 마리의 암퇘지를 잡노라.
于嗟乎騶虞. (우차호추우) : 오호라! 이것이 추우로구나.

彼茁者蓬. (피줄자봉) : 저 무성한 쑥대에,
壹發五豵, (일발오종) : 한 번 화살을 쏘아서 다섯 새끼 돼지를 잡노라.
于嗟乎騶虞. (우차호추우) : 오호라! 이것이 추우로구나.

毛序 騶虞, 鵲巢之應也. 鵲巢之化行, 人倫旣正, 朝廷旣治, 天下純被文王之化, 則庶類蕃殖, 蒐田以時, 仁如騶虞, 則王道成也.

모서 「추우(騶虞)」편은 「작소(鵲巢)」편의 덕에 호응하여 나타난 것을 노래한 시이다. 「작소」편에서는 교화가 시행되어 인륜이 바르게 되고 조정이 다스려져서, 천하 사람들이 문왕의 교화를 크게 입게 되었다고 했으니, 만물이 번식하여 사냥을 농한기에 맞춰 시행하여, 그 인자함이 추우와 같다면, 천자의 도가 완성된 것이다.

참고 『시』「소남(召南)·작소(鵲巢)」

維鵲有巢, (유작유소) : 저 까치 둥지를 트는데,
維鳩居之. (유구거지) : 저 비둘기가 거기에 사는구나.
之子于歸, (지자우귀) : 저 부인이 시집을 옴에,
百兩御之. (백양어지) : 100대의 수레로 맞이하는구나.

維鵲有巢, (유작유소) : 저 까치 둥지를 트는데,
維鳩方之. (유구방지) : 저 비둘기가 차지하는구나.
之子于歸, (지자우귀) : 저 부인이 시집을 감에,
百兩將之. (백양장지) : 100대의 수레로 전송하는구나.

維鵲有巢, (유작유소) : 저 까치 둥지를 트는데,
維鳩盈之. (유구영지) : 저 비둘기가 가득하구나.
之子于歸, (지자우귀) : 저 부인이 시집을 가고 옴에,
百兩成之. (백양성지) : 100대의 수레로 예법을 완성하는구나.

毛序 鵲巢, 夫人之德也. 國君, 積行累功, 以致爵位, 夫人起家而居有之, 德如鳲鳩, 乃可以配焉.

모서 「작소(鵲巢)」편은 부인의 덕을 노래한 시이다. 제후가 행실과 공적을 쌓아 작위를 이루니, 부인이 집에서 일어나 그곳에 머물고 차지하니, 그 덕이 마치 비둘기와 같아 제후의 짝이 될 수 있다.

참고 『주례』「하관(夏官)·대사마(大司馬)」 기록

경문 遂以蒐田, 有司表貉, 誓民, 鼓, 遂圍禁, 火弊, 獻禽以祭社.

번역 이처럼 하여 봄사냥을 시행하여 유사(有司)는 표맥(表貉)[6]을 하고 대중들에게 경계지침을 알리고, 북을 울려서 평소 사냥을 금지했던 지역을 포위하고, 초목을 태운 뒤에 불을 그치며, 포획한 짐승을 바쳐 사(社)에게 제사를 지낸다.

鄭注 春田爲蒐. 有司, 大司徒也, 掌大田役治徒庶之政令. 表貉, 立表而貉祭也. 誓民, 誓以犯田法之罰也. 誓曰: "無干車, 無自後射, 立旌遂圍禁, 旌弊爭禽而不審者, 罰以假馬." 禁者, 虞衡守禽之厲禁也. 旣誓, 令鼓而圍之, 遂蒐田. 火弊, 火止也. 春田主用火, 因焚萊除陳草, 皆殺而火止. 獻猶致也, 屬也. 田止, 虞人植旌, 衆皆獻其所獲禽焉. 《詩》云: "言私其豵, 獻肩于公." 春田主祭社者, 土方施生也. 鄭司農云: "貉讀爲禡. 禡謂師祭也. 書亦或爲禡."

번역 봄에 실시하는 사냥을 '수(蒐)'[7]라고 한다. '유사(有司)'는 대사도

---

6) 표맥(表貉)은 외제(外祭)의 하나로, 제왕이 사냥이나 출정 등으로 밖으로 나갔을 때 지내는 제사이다. 제사를 지낼 곳에 간단히 제단을 설치하여, 표시를 하였기 때문에 '표(表)'자가 붙은 것이며, 군사들을 동원하였기 때문에, 군대를 출정할 때 지내는 제사 명칭인 '맥(貉)'자를 붙인 것이다. 『주례』「춘관(春官)·사사(肆師)」편에는 "凡四時之大甸獵祭表貉, 則爲位."라는 기록이 있고, 이에 대한 정현의 주에서는 "貉, 師祭也."라고 풀이했다. 또한 『주례』「하관(夏官)·대사마(大司馬)」편에는 "有司表貉."이라는 기록이 있는데, 이에 대한 정현의 주에서는 "表貉, 立表而貉祭也."라고 풀이했다.

7) 수(蒐)는 수전(蒐田)이라고도 부른다. 봄에 시행하는 사냥을 뜻하며, 또한 사냥 전체를 범칭하는 용어로도 사용되었다. '수'자는 "찾는다[索]."는 뜻으로, 사냥을 할 때 새끼를 잉태하지 않은 동물을 가려서 잡기 때문에 이러한 명칭이 붙었다.

(大司徒)[8]이니, 대규모 사냥이나 부역에 있어서 동원되는 대중들을 다스리는 정령을 담당한다. '표맥(表貉)'은 표목을 세워서 맥(貉)제사를 지낸다는 뜻이다. '서민(誓民)'은 사냥의 규범을 어겼을 때 내리는 형벌로 경계사항을 알린다는 뜻이다. 경계를 시키며 "다른 수레를 침범하지 말아야 하며 대열을 따르지 않고 제멋대로 뒤에서 활을 쏘아서는 안 되며, 깃발을 세운 뒤에야 평소 사냥을 금지했던 지역을 포위하니, 깃발을 엎어트렸는데도 짐승 포획하는 일을 다투며 주위를 살피지 않는 자에 대해서는 가마(假馬)를 제하는 벌을 주겠다."라고 알린다. '금(禁)'이라는 것은 우형(虞衡)[9]이 짐승을 보호하기 위해 사냥을 금지했던 곳이다. 경계사항을 알린 뒤라면 북을 쳐서 그곳을 에워싸게 하고, 사냥을 시작한다. '화폐(火弊)'는 불을 껐다는 뜻이다. 봄사냥에서는 불 사용하는 것을 위주로 하는데, 이를 통해 명아주를 태우고 잡초들을 제거하며 이들이 모두 소진되었다면 불을 끈다. '헌(獻)'자는 "보내다[致]."는 뜻이며, "모으다[屬]."는 뜻이다. 사냥이 끝나면 우인(虞人)은 깃발을 세우는데, 사냥에 동원되었던 자들은 모두 자신이 포획한 짐승을 바친다. 『시』에서는 "새끼 돼지는 자기가 갖고 세 살 된 돼지는 공에게 바치느니라."[10]라고 했다. 봄사냥에서 사(社)에 대한 제사를 위주로 하는 것은 땅이 이제 막 만물을 생겨나게 하기 때문이다. 정사농[11]은 "'맥

---

8) 사도(司徒)는 대사도(大司徒)라고도 부른다. 본래 주(周)나라 때의 관리로, 국가의 토지 및 백성들에 대한 교화(敎化)를 담당했다. 전설상으로는 소호(少昊) 시대 때부터 설치되었다고 전해진다. 주나라의 육경(六卿) 중 하나였으며, 전한(前漢) 애제(哀帝) 원수(元壽) 2년(B.C. 1)에는 승상(丞相)의 관직명을 고쳐서, 대사도(大司徒)라고 불렀고, 대사마(大司馬), 대사공(大司空)과 함께 삼공(三公)의 반열에 있었다. 후한(後漢) 때에는 다시 '사도'로 명칭을 고쳤고, 그 이후로는 이 명칭을 계속 사용하다가 명(明)나라 때 폐지되었다. 명나라 이후로는 호부상서(戶部尙書)를 '대사도'라고 불렀다.

9) 우형(虞衡)은 고대에 산림과 연못 및 하천을 담당했던 관리이다. 산과 못을 담당했던 자를 '우(虞)'라고 부르고, 하천과 숲을 관리했던 자를 '형(衡)'이라고 부르며, 또한 이 둘을 통괄하여 '우(虞)'라고도 부른다.

10) 『시』「빈풍(豳風)·칠월(七月)」: 四月秀葽, 五月鳴蜩. 八月其穫, 十月隕蘀. 一之日于貉, 取彼狐狸, 爲公子裘. 二之日其同, 載纘武功, 言私其豵, 獻豜于公.

11) 정중(鄭衆, ?~A.D.83) : =정사농(鄭司農). 후한(後漢) 때의 경학자이다. 자(字)는 중사(仲師)이다. 부친은 정흥(鄭興)이다. 부친에게 『춘추좌씨전(春秋左氏傳)』

(貉)'자는 마(禡)자로 풀이한다. '마(禡)'[12]는 군대에서 지내는 제사를 뜻한다. 이 글자를 또한 '마(禡)'자로 기록하기도 한다."라고 했다.

賈疏 ●"遂以"至"祭社". ○釋曰: 按下大閱禮"遂以狩田"以下云"以旌爲左右和之門, 群吏各帥其車徒以敍和出, 左右陳車徒, 有司平之", "旣陳, 乃設驅逆之車, 有司表貉于陳前". 此亦當如彼, 但春非大備, 故亦略言也. 言"誓民"者, 卽下大閱禮"群吏聽誓於陣前", 鄭引月令"司徒北面誓之", 是也. 云"鼓"者, 卽下文"中軍以鼙令鼓, 鼓人皆三鼓"已下是也. 云"遂圍禁"者, 旣誓, 令鼓而圍之. 云"火弊"者, 謂田止也. 云"獻禽以祭社"者, 此因田獵而祭, 非月令仲春祭社也.

번역 ●經文: "遂以"~"祭社". ○아래문장에 나온 대규모 열병식의 예법을 살펴보면 "이처럼 하여 수전(狩田)[13]을 시행한다."라고 했고, 그 뒤에서는 "깃발로 좌우측의 군문(軍門)을 삼고 뭇 관리들은 각각 자기 휘하의 수레와 병졸들을 인솔하여 군문을 차례대로 빠져나가는데, 좌우측에 수레와 병졸을 도열하며 유사가 정렬시킨다."라고 했고,[14] "대오가 정렬하면

의 학문을 전수받았다. 또한 그는 대사농(大司農) 등의 관직을 역임하였기 때문에, '정사농'이라고도 불렸다. 한편 정흥과 그의 학문은 정현(鄭玄)에게 많은 영향을 주었기 때문에, 후대에서는 정현을 후정(後鄭)이라고 불렀고, 정흥과 그를 선정(先鄭)이라고도 불렀다. 저서로는 『춘추조례(春秋條例)』, 『주례해고(周禮解詁)』 등을 지었다고 하지만, 현재는 전해지지 않았다.

12) 마(禡)는 군대를 출병할 때 지내는 제사이다. '마'제사와 관련된 예법은 망실되어, 자세한 내용을 알 수 없다. 다만 정벌한 지역에서 지내는 제사로, 병사들을 위해 기도하는 것이 주된 목적이었다. 『예기』「왕제(王制)」편에는 "天子將出征, 類乎上帝, 宜乎社, 造乎禰, 禡於所征之地, 受命於祖, 受成於學."이라는 기록이 있고, 이 문장에 대한 정현의 주에서는 "禡, 師祭也, 爲兵禱, 其禮亦亡."이라고 풀이했다.

13) 수(狩)는 수전(狩田)이라고도 부른다. 겨울에 시행하는 사냥을 뜻한다. '수'자는 포위한다는 뜻이다. 겨울에는 만물이 완성되는 시기이므로, 겨울철 사냥에서는 포위해서 동물을 취하며, 잉태한 동물 등을 가리는 절차가 없게 된다.

14) 『주례』「하관(夏官)·대사마(大司馬)」: 遂以狩田, 以旌爲左右和之門, 群吏各帥其車徒以敍和出, 左右陳車徒, 有司平之. 旗居卒間以分地, 前後有屯百步, 有司巡其前後. 險野, 人爲主; 易野, 車爲主.

짐승을 몰고 유인하는 수레를 정하고, 유사가 대오 앞에서 표맥(表貉)을 한다."[15]라고 했다. 여기에서 말한 절차 또한 마땅히 이처럼 해야 하지만 봄에 시행하는 사냥은 성대하게 갖출 수 없기 때문에 간략히 언급한 것이다. '서민(誓民)'이라고 했는데 이것은 아래 대규모 열병식의 예법에서 "뭇 관리들은 대오 앞에서 경계사항을 듣는다."[16]라고 한 말과 정현이 『예기』「월령(月令)」편을 인용하여 "사도가 북쪽을 바라보며 경계사항을 알린다."[17]라고 한 말에 해당한다. '고(鼓)'라고 했는데 아래문장에서 "중군의 장수가 비(鼙)로 북을 치도록 시키면 북을 치는 자들은 모두 세 차례 북을 친다."라고 한 말로부터 그 이하의 내용이 여기에 해당한다.[18] '수위금(遂圍禁)'이라고 했는데, 경계사항 알리는 일이 끝나면 북을 쳐서 포위하도록 만든다는 뜻이다. '화폐(火弊)'는 사냥을 끝낸다는 뜻이다. "포획한 짐승을 바쳐 사(社)에게 제사를 지낸다."라고 했는데, 이것은 사냥을 시행한 것에 따라서 제사를 지낸 것이니 「월령」편에서 중춘에 사(社)에게 제사를 지낸다[19]고 했을 때의 제사가 아니다.

賈疏 ◎注"春田"至"爲禡". ○釋曰: 云"春田爲蒐"者, 蒐, 搜也, 春時鳥獸孚乳, 搜擇取不孕任者, 故以蒐爲名. 云"有司, 大司徒也"者, 卽大司徒職云"大田役治其徒庶之政令", 故知有司是大司徒也. 云"表貉, 立表而貉祭也"者, 此卽詩及爾雅云"類也"·"禡也"·"師祭", 是也. 云"誓民, 誓以犯田法之罰也"者, 當司徒北面誓之時, 小子斬牲, 以左右巡陳也. 云"誓曰無干車無自後射"者, 此據漢田律而言. 無干車, 謂無干犯他車. 無自後射, 象戰陳不逐奔走.

---

15) 『주례』「하관(夏官)·대사마(大司馬)」: 旣陳, 乃設驅逆之車, 有司表貉于陳前.
16) 『주례』「하관(夏官)·대사마(大司馬)」: 群吏聽誓于陳前, 斬牲以左右徇陳, 曰: "不用命者斬之."
17) 『예기』「월령(月令)·계추(季秋)」【215c】: 命僕及七騶, 咸駕, 載旌旐, 授車以級, 整設于屛外, 司徒搢扑, 北面誓之.
18) 『주례』「하관(夏官)·대사마(大司馬)」: 中軍以鼙令鼓, 鼓人皆三鼓, 司馬振鐸, 群吏作旗, 車徒皆作; 鼓行, 鳴鐲, 車徒皆行, 及表乃止; 三鼓, 摝鐸, 群吏弊旗, 車徒皆坐.
19) 『예기』「월령(月令)·중춘(仲春)」【193c】: 擇元日, 命民社.

又一解云: "前人已射中禽, 後人不得復射." 彼又云"無面傷"之等, 象降者不逆擊之. 云"立旌遂圍禁"者, 旌, 則下文大閱禮云"旗居卒間"者, 是也. 云"旌弊"者, 弊, 仆也, 田止旌則仆. 云"爭禽而不審者, 罰以假馬"者, 謂獲禽所算之籌. 罰者, 謂效功時爭禽不審, 卽罰去其籌. 云"禁者, 虞衡守禽之厲禁也"者, 按山虞皆云"使地之民, 守其厲禁", 謂遮厲之禁, 不得非時入也. 若然, 按地官・川衡, 小田獵之所, 無厲禁之事. 言"衡"者, 川林或有與山澤連者, 則亦有厲禁之事, 故連言之也.

번역 ◎鄭注: "春田"~"爲禡". ○정현이 "봄에 실시하는 사냥을 '수(蒐)'라고 한다."라고 했는데, '수(蒐)'자는 "고르다[搜]."는 뜻이니 봄에는 새나 짐승이 알을 품거나 새끼를 잉태하였으므로 알을 품거나 새끼를 잉태하지 않은 것을 가려서 사냥한다. 그렇기 때문에 '수(蒐)'자로 사냥의 명칭을 삼았다. 정현이 "'유사(有司)'는 대사도(大司徒)이다."라고 했는데, 『주례』「대사도(大司徒)」편의 직무 기록에서 "대규모 사냥이나 부역에 있어서 동원되는 대중들을 다스리는 정령을 담당한다."[20]라고 한 말에 해당한다. 그렇기 때문에 여기에서 말한 유사가 대사도에 해당함을 알 수 있다. 정현이 "'표맥(表貉)'은 표목을 세워서 맥(貉)제사를 지낸다는 뜻이다."라고 했는데, 『시』[21] 및 『이아』[22]에서 "유(類)제사를 지낸다."라고 말하고 "마(禡)제사를 지낸다."라고 말하며 "사제(師祭)를 지낸다."라고 말한 것에 해당한다. 정현이 "'서민(誓民)'은 사냥의 규범을 어겼을 때 내리는 형벌로 경계사항을 알린다는 뜻이다."라고 했는데, 사도가 북쪽을 바라보며 경계사항을 알릴 때 아전들이 희생물을 베어 이를 통해 좌우로 대열을 순시하는 절차에 해당한다. 정현이 "경계를 시키며 '다른 수레를 침범하지 말아야 하며 대열을 따르지 않고 제멋대로 뒤에서 활을 쏘아서는 안 된다.'"라고 했는데, 이것은 『한전

---

20) 『주례』「지관(地官)・대사도(大司徒)」: 大軍旅, 大田役, 以旗致萬民, 而治其徒庶之政令.

21) 『시』「대아(大雅)・황의(皇矣)」: 臨衝閑閑, 崇墉言言. 執訊連連, 攸馘安安. <u>是類是禡</u>, 是致是附. 四方以無侮. 臨衝茀茀, 崇墉仡仡. 是伐是肆, 是絶是忽. 四方以無拂.

22) 『이아』「석천(釋天)」: "是禷是禡", 師祭也.

율』에 근거해서 한 말이다. '무간거(無干車)'는 다른 수레를 침범해서는 안 된다는 뜻이다. '무자후사(無自後射)'는 전쟁의 대열에서 대열을 지키며 적을 쫓아 급히 달려 나가지 않는 것을 상징한다. 또한 다른 해석은 "앞 사람이 이미 화살을 쏘아 짐승을 명중시켰다면 뒤에 있는 사람은 다시 화살을 맞은 짐승에게 활을 쏠 수 없다는 뜻이다."라고 풀이한다. 이처럼 해석하는 자들은 또한 "얼굴을 다치게 하지 않는다."라는 등의 풀이를 하는데, 항복한 자를 맞받아치지 않는다는 것을 상징한다. 정현이 "깃발을 세운 뒤에야 평소 사냥을 금지했던 지역을 포위한다."라고 했는데, 깃발은 아래 대규모 열병식의 예법을 설명할 때 "깃발을 병졸 사이에 둔다."라고 한 것에 해당한다. 정현이 "깃발을 엎어트리다."라고 했는데, '폐(弊)'자는 "엎어지다[仆]."는 뜻이니, 사냥이 끝나면 깃발을 엎어트리게 된다. 정현이 "짐승 포획하는 일을 다투며 주위를 살피지 않는 자에 대해서는 가마(假馬)를 제하는 벌을 주겠다."라고 했는데, '가마(假馬)'는 포획한 짐승을 계산하는 산가지이다. 벌이라는 것은 공과를 살필 때 짐승을 다투어 주위를 살피지 않았던 자라면 포획한 짐승의 수를 나타내는 산가지를 벌로 제한다는 뜻이다. 정현이 "'금(禁)'이라는 것은 우형(虞衡)이 짐승을 보호하기 위해 사냥을 금지했던 곳이다."라고 했는데, 『주례』「산우(山虞)」편의 직무 기록에서는 모두 "그 지역의 백성들로 하여금 금령이 내려진 지역을 지키도록 한다."라고 했으니, 금령이 내려진 사냥 금지 지역은 해당 시기가 아니라면 들어갈 수 없다는 뜻이다. 만약 그렇다면 『주례』「지관(地官)·천형(川衡)」편을 살펴보면 규모가 작은 사냥이 시행되는 장소에는 금령을 내려 사냥을 금지하는 일이 없다고 했다. 그런데도 '형(衡)'이라고 말한 이유는 하천과 숲에는 간혹 산과 못이 연결되어 있는 곳도 있으니 여기에는 금령을 내려 사냥을 금지하는 일이 있게 된다. 그렇기 때문에 '우(虞)'자에 이어 '형(衡)'자도 함께 연이어 언급한 것이다.

그림 5-1 ▣ 비(鞞: =鼙)

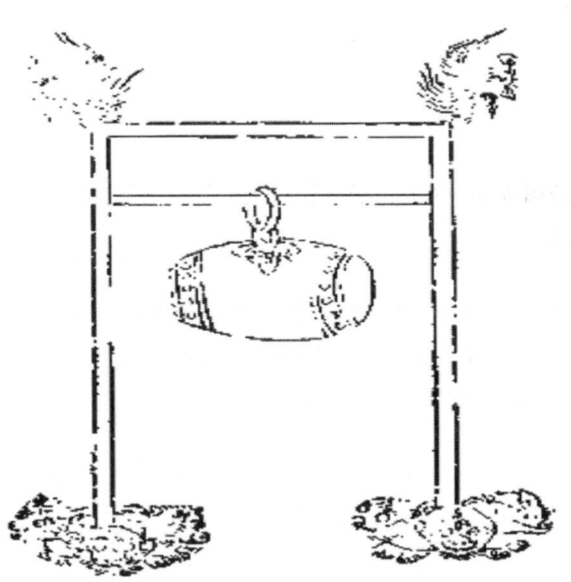

※ 출처: 『삼재도회(三才圖會)』「기용(器用)」 3권

• 제6절 •

음악을 연주하는 절차

【677a】

命弦者曰, "請奏貍首, 間若一." 大師曰, "諾."

직역 弦者에게 命하여 曰, "貍首를 奏하여, 間이 一과 若하기를 請합니다." 大師가 曰, "諾이라."

의역 사사(司射)는 악기를 연주하는 자에게 명령을 전하며, "이수(貍首)라는 시가를 연주하며, 간격을 일정하게 하기를 청합니다."라고 하면, 악관의 수장인 태사(太師)는 "알았습니다."라고 말한다.

集說 司射命樂工奏詩章以爲投壺之節. 貍首, 詩篇名也, 今亡. 間若一者, 詩樂作止, 所間疏數之節, 均平如一也. 大師, 樂官之長也.

번역 사사(司射)는 악공에게 명령을 하여 『시』의 악장을 연주해서 투호를 시행하는 절차로 삼도록 한다. '이수(貍首)'는 『시』의 편명인데, 현재는 망실되어 전해지지 않는다. '간약일(間若一)'이라는 말은 『시』에 따라 음악을 연주하고 그침에 있어, 사이마다 드문드문하거나 자주하는 절차를 균평하게 해서 한결같이 한다는 뜻이다. '태사(太師)'는 악관의 수장이다.

大全 藍田呂氏曰: 貍首之詩, 言賓主以禮相會也, 猶瓠葉兎首不敢以微薄廢禮而忘驩也. 其詩曰貍首之班然, 執女手之卷然, 賓主之歡, 於是乎交, 非特諸侯之事, 故卿大夫士所以亦得用也.

번역 남전여씨가 말하길, 이수(貍首)라는 시는 빈객과 주인이 예법에 따라 서로 회합하는 일을 노래한 시인데, 박의 잎이나 토끼머리처럼 감히 미미하다고 하여 예법을 폐지하거나 우호 나누는 것을 잊지 않았다는 뜻과 같다.[1] 그 시에서는 "너구리의 머리처럼 아름답구나, 나무의 결이 여인의 손을 잡은 것처럼 매끄럽구나."[2]라고 했는데, 빈객과 주인이 나누는 우호는 이리하여 맺어지게 되며, 단지 제후에 대한 사안만이 아니기 때문에 경·대부·사 또한 사용할 수 있는 것이다.

大全 嚴陵方氏曰: 以弦歌貍首, 故命弦者奏之. 間者, 樂之節, 欲其終始相協, 故曰若一.

번역 엄릉방씨가 말하길, 현악기로 이수(貍首)라는 시를 연주하며 노래를 부르기 때문에 현악기를 담당하는 자에게 명령하여 연주하도록 시킨다. '간(間)'은 음악의 악절을 뜻하니, 시작과 끝이 서로 합치되도록 하고자 했기 때문에 "한결같다."라고 했다.

鄭注 弦, 鼓瑟者也. 貍首, 詩篇名也, 今逸. 射義所云"詩曰曾孫侯氏", 是也. 間若一者, 投壺當以爲志取節焉.

번역 '현(弦)'은 비파를 연주하는 자이다. '이수(貍首)'는 『시』의 편명인데, 지금은 일실되었다. 『예기』「사의(射義)」편에서 "그 시에서는 '증손후씨(曾孫侯氏)여'라고 했다."라고 한 시가 바로 이 시를 뜻한다.[3] '간약일(間若

---

1) 이것은 『시』「소아(小雅)·호엽(瓠葉)」편의 내용을 근거로 한 기록이다.

2) 『예기』「단궁하(檀弓下)」【138d】: 孔子之故人曰原壤, 其母死, 夫子助之沐槨. 原壤登木曰: "久矣予之不託於音也." 歌曰: "貍首之斑然, 執女手之卷然." 夫子爲弗聞也者而過之. 從者曰: "子未可以已乎?" 夫子曰: "丘聞之, 親者毋失其爲親也, 故者毋失其爲故也."

3) 『예기』「사의(射義)」【707d】: 故詩曰, "曾孫侯氏, 四正具擧. 大夫君子, 凡以庶士. 小大莫處, 御于君所. 以燕以射, 則燕則譽." 言君臣相與, 盡志於射以習禮樂, 則安則譽也. 是以天子制之, 而諸侯務焉. 此天子之所以養諸侯而兵不用, 諸侯自爲正之具也.

一)'은 투호를 할 때에는 마땅히 이것을 뜻으로 여겨 절도로 삼아야 한다는 뜻이다.

釋文 貍, 吏持反. 間, 間厠之間, 注同. 大音泰.

번역 '貍'자는 '吏(리)'자와 '持(지)'자의 반절음이다. '間'자는 '간측(間厠)'이라고 할 때의 '間'자로, 정현의 주에 나오는 글자도 그 음이 이와 같다. '大'자의 음은 '泰(태)'이다.

孔疏 ●"命弦"至"曰諾". ○正義曰: 此一經明司射命工作樂節投壺之儀.

번역 ●經文: "命弦"~"曰諾". ○이곳 경문은 사사(司射)가 악공에게 명령을 내려서 음악을 연주하여 투호의 의례에 절도를 맞춘다는 내용을 나타내고 있다.

孔疏 ●"命弦者曰: 請奏貍首"者, 謂司射命遣鼓瑟之弦者, 請奏貍首之篇.

번역 ●經文: "命弦者曰: 請奏貍首". ○사사(司射)가 비파를 연주하는 현악기 악사에게 명령을 전달하여, 이수(貍首)의 시를 연주하도록 청한다는 뜻이다.

孔疏 ●"間若一"者, 謂前後樂節中間疏數如似一也.

번역 ●經文: "間若一". ○전후 악절의 사이에 대해 드문드문하거나 자주하는 절차를 한결같이 한다는 뜻이다

孔疏 ●"大師曰: 諾"者, 大師應此司射曰諾. 諾, 承領之辭也.

번역 ●經文: "大師曰: 諾". ○태사는 사사(司射)가 요청한 것에 응낙하여, '낙(諾)'이라고 말한 것이다. '낙(諾)'은 명령에 따른다는 말이다.

孔疏 ◎注"弦鼓"至"節焉". ○正義曰: 知"鼓瑟"者, 鄭約鄉射禮用瑟也. 按下有魯鼓·薛鼓, 節亦有鼓, 以弦爲重, 故特云"命弦者". 云"貍首, 詩篇名也"者, 以與射義騶虞·采蘋, 相類, 故知詩篇名也. 旣非諸侯投壺而奏貍首者, 義取燕飮之儀, 猶如鄉射奏騶虞, 不計人之尊卑. 云"投壺當以爲志取節焉"者, 解所以間若一, 投壺者當聽之以爲志, 取投合於樂節, 故須中間若一也. 按鄉射三番, 初一番耦射不釋筭, 第二番釋筭未作樂, 第三番乃用樂. 此投壺發初則用樂者, 以投壺禮輕, 主於歡樂故也.

번역 ◎鄭注: "弦鼓"~"節焉". ○정현이 "비파를 연주한다."라고 했는데, 이러한 사실을 알 수 있었던 이유는 정현은 『의례』「향사례(鄉射禮)」편의 기록을 요약하여, 비파를 연주한다는 사실을 알았기 때문이다. 아래문장을 살펴보면 노고(魯鼓)와 설고(薛鼓)라는 악기가 등장하므로, 절차를 맞출 때에는 또한 북을 사용했다는 사실을 알 수 있는데, 현악기를 중요하게 여기기 때문에 특별히 "현악기를 연주하는 자에게 명령한다."라고 말한 것이다. 정현이 "'이수(貍首)'는 『시』의 편명이다."라고 했는데, 이것은 『예기』「사의(射義)」편에 나오는 '추우(騶虞)'나 '채빈(采蘋)'의 시가와 유사하다.[4] 그렇기 때문에 『시』의 편명임을 알 수 있다. 이미 제후가 아닌데도 투호를 하며 이수라는 시가를 연주하였는데, 그 뜻은 연회를 하며 음주를 할 때 격식에 따른 행동거지를 취한 것이니, 마치 향사례를 할 때 추우라는 시가를 연주하며, 신분의 등급을 따지지 않았던 것과 같다. 정현이 "투호를 할 때에는 마땅히 이것을 뜻으로 여겨 절도로 삼아야 한다는 뜻이다."라고 했는데, '간약일(間若一)'해야 하는 의미를 풀이한 것이니, 투호를 하는 자들은 마땅히 그 소리를 듣고 자신의 뜻으로 삼아서, 화살을 던질 때 음악의 악절에 맞게끔 해야 한다. 그렇기 때문에 사이마다 한결같이 해야 할 필요가 있다. 「향사례」편을 살펴보면 세 차례 번갈아가며 활을 쏘는데, 첫 번째 화살을 쏠 때 짝이 되어

4) 『예기』「사의(射義)」【706a~b】: 其節: 天子以騶虞爲節, 諸侯以貍首爲節, 卿大夫以采蘋爲節, 士以采蘩爲節. 騶虞者, 樂官備也; 貍首者, 樂會時也; 采蘋者, 樂循法也; 采蘩者, 樂不失職也. 是故天子以備官爲節, 諸侯以時會天子爲節, 卿大夫以循法爲節, 士以不失職爲節. 故明乎其節之志以不失其事, 則功成而德行立; 德行立, 則無暴亂之禍矣. 功成則國安, 故曰射者, 所以觀盛德也.

쏘는 사람은 산가지를 셈하지 않고, 두 번째 화살을 쏠 때 산가지를 셈하지만 아직까지 음악을 연주하지 않으며, 세 번째 화살을 쏠 때가 되어서야 음악을 연주한다. 이곳에서 투호를 할 때 첫 번째 화살을 던지게 될 때 곧바로 음악을 연주한다고 한 이유는 투호의 예법은 상대적으로 덜 중요하고, 서로 우호를 나누며 즐거움을 나누는 것을 위주로 하기 때문이다.

集解 今按: 間字, 孔疏讀中間之間, 釋文讀爲間厠之間, 釋文爲長.

번역 현재 살펴보니, '間'자를 공영달의 소에서는 '중간(中間)'이라고 할 때의 '間'자로 읽었고, 『석문』에서는 '간측(間厠)'이라고 할 때의 '間'자로 읽었는데, 『석문』의 주장이 더 낫다.

集解 愚謂: 命弦者, 亦司射也. 鄕射禮"樂正命大師", 此無樂正, 故司射命弦者也. 弦者, 樂工, 鼓瑟以爲投壺之節者也. 大師, 工之長也. 鄕射禮"工四人", 投壺禮輕, 蓋歌者弦者各一人也. 樂尊人聲, 則歌者當爲大師, 此不命大師而命弦者, 大師尊也. 鄕射禮直命大師, 鄕射禮重也. 命弦者而大師曰諾, 統於其長也. 鄕射禮曰"大師則爲之洗", 則此或亦不必有大師矣. 無大師, 則當命歌者, 而歌者曰諾與. 奏貍首者, 歌貍首之詩, 而奏瑟以倚其聲也. 周禮樂師, "王以騶虞爲節, 諸侯以貍首爲節, 大夫以采蘋爲節, 士以采蘩爲節." 此大夫士投壺, 乃奏貍首者, 樂師所言, 特謂大射之樂節, 鄕射歌騶虞及采蘋, 皆五終, 是餘禮用射節, 與大射異, 故此投壺禮得奏貍首也. 鄕射歌五終, 則五節也, 投壺蓋三終與. 間讀爲離間之間, 言每終相離間當如一也.

번역 내가 생각하기에, "현악기를 연주하는 자에게 명령한다."라고 했는데, 이 또한 사사(司射)가 명령하는 것이다. 『의례』「향사례(鄕射禮)」편에서는 "악정(樂正)이 태사(太師)에게 명령한다."[5]라고 했는데, 투호에는 악정이 없기 때문에 사사가 현악기를 연주하는 자에게 명령하는 것이다. '현자(弦者)'는 악공에 해당하니, 비파를 연주하여 투호의 진행에 절도를 맞추

---

5) 『의례』「향사례(鄕射禮)」: 樂正東面命大師曰, "奏騶虞, 間若一."

는 자이다. '태사(太師)'는 악공의 수장이다. 「향사례」편에서는 "악공은 4명이다."[6]라고 했는데, 투호의 의례는 상대적으로 덜 중요하니, 아마도 노래를 부르는 자와 현악기를 연주하는 자는 각각 1명씩이었을 것이다. 음악에 있어서는 사람의 목소리를 존귀하게 여기니, 노래를 부르는 자가 마땅히 태사의 역할을 맡게 된다. 이곳에서 태사에게 명령을 하지 않고 현악기를 연주하는 자에게 명령을 내린 것은 태사는 존귀하기 때문이다. 「향사례」편에서는 직접적으로 태사에게 명령한다고 했는데, 향사례의 의례가 중요하기 때문이다. 현악기를 연주하는 자에게 명령을 내렸는데, 태사가 알았다고 대답한 것은 음악을 연주하는 일은 악공들의 수장이 통솔하기 때문이다. 「향사례」편에서 "태사에게 술잔을 하사한다면 그를 위해서 술잔을 씻는다."[7]라고 했다면, 투호를 할 때에는 또한 태사가 반드시 있었던 것만은 아니다. 태사가 없다면 마땅히 노래를 부르는 자에게 명령을 하고, 노래를 부르는 자가 알았다고 대답을 했을 것이다. "이수(貍首)를 연주한다."라고 했는데, 이수라는 시가를 노래하고, 비파를 연주하여 노래에 반주를 해주는 것이다. 『주례』「악사(樂師)」편에서는 "천자는 추우(騶虞)라는 시가로 절차를 맞추고, 제후는 이수라는 시가로 절차를 맞추며, 대부는 채빈(采蘋)이라는 시가로 절차를 맞추고, 사는 채번(采蘩)이라는 시가로 절차를 맞춘다."[8]라고 했다. 이곳에서는 대부와 사가 투호를 하게 되면 이수라는 시가를 연주한다고 했는데, 「악사」편에서 언급한 내용은 단지 대사례(大射禮[9])를 시

6) 『의례』「향사례(鄕射禮)」: 工四人, 二瑟, 瑟先. 相者皆左何瑟, 面鼓, 執越, 內弦, 右手相.

7) 『의례』「향사례(鄕射禮)」: 主人取爵于上篚獻工. 大師則爲之洗.

8) 『주례』「춘관(春官)·악사(樂師)」: 凡射, 王以騶虞爲節, 諸侯以貍首爲節, 大夫以采蘋爲節, 士以采蘩爲節.

9) 대사례(大射禮)는 제사를 지낼 때, 제사를 돕는 자들을 채택하기 위해 시행하는 활쏘기 대회이다. 천자의 경우에는 '교외 및 종묘[郊廟]'에서 제사를 지낼 때, 제후 및 군신(群臣)들과 미리 활쏘기를 하여, 적중함이 많은 자를 채택하고, 채택된 자로 하여금 천자가 주관하는 제사에 참여하도록 하는 의례(儀禮)이다. 『주례』「천관(天官)·사구(司裘)」편에는 "王大射, 則共虎侯, 熊侯, 豹侯, 設其鵠."이라는 기록이 있는데, 이에 대한 정현의 주에서는 "大射者, 爲祭祀射. 王將有郊廟之事, 以射擇諸侯及群臣與邦國所貢之士可以與祭者. …… 而中多者得與於祭."라고 풀이하였다. 한편 각 계급에 따라 '대사례'의 예법에는 차

행할 때 음악을 연주하여 절차를 맞춘다는 뜻이며, 향사례에서 추우 및 채빈을 노래할 때에는 모두 다섯 악장을 연주하게 되며, 나머지 예법은 사례(射禮)의 규범에 따르니, 대사례와 차이를 보인다. 그렇기 때문에 이곳에서 투호를 한다고 했을 때 그 예법에서 이수라는 시가를 연주할 수 있는 것이다. 향사례에서 다섯 악곡을 노래한다고 했다면 다섯 악절이 되니, 투호에서는 아마도 세 악곡을 노래했을 것이다. 간(間)자는 "틈이 벌어진다."라고 할 때의 '간(間)'자로 풀이하니, 매 악곡마다 서로의 간격은 마땅히 한결같아야만 한다는 뜻이다.

集解 右命作樂.

번역 여기까지는 음악 연주하는 일을 뜻한다.

참고 원문비교

예기대전 · 투호 命弦者曰, "請奏貍首, 間若一." 大師曰, "諾."

대대례기 · 투호 命弦者曰: "請奏貍首, [閒]若一." [太]師曰: "諾".

참고 『예기』「단궁하(檀弓下)」 기록

경문-138d 孔子之故人曰原壤, 其母死, 夫子助之沐槨. 原壤登木曰: "久矣予之不託於音也." 歌曰: "貍首之斑然, 執女手之卷然." 夫子爲弗聞也者而過

등이 있었는데, 예를 들어 천자가 시행하는 '대사례'에서는 표적으로 호후(虎侯), 웅후(熊侯), 표후(豹侯)가 사용되었고, 표적지에는 곡(鵠)을 설치했다. 그리고 제후가 시행하는 '대사례'에서는 웅후(熊侯), 표후(豹侯)가 사용되었고, 표적지에 곡(鵠)을 설치했다. 경(卿)과 대부(大夫)의 경우에는 미후(麋侯)를 사용하였고, 표적지에 곡(鵠)을 설치했다.

之. 從者曰: "子未可以已乎?" 夫子曰: "丘聞之, 親者毋失其爲親也, 故者毋失其爲故也."

번역 공자의 오래된 친구 중에 원양(原壤)이라는 자가 있었다. 그의 모친이 돌아가셨을 때 공자는 그를 도와서 곽(槨)을 만들고 있었다. 원양이 다듬어둔 나무 위에 걸터앉아서, "오래되었구나! 내가 노래를 부르지 못한지가." 라고 말하고는 곧 노래를 부르며, "나무의 무늬가 너구리의 머리처럼 아름답구나, 나무의 결이 여인의 손을 잡은 것처럼 매끄럽구나."라고 했다. 공자는 그가 노래 부르는 것을 들었음에도 못들은 척하고 지나쳤다. 그러자 공자를 따르던 제자가 "선생님께서는 저처럼 예의 없이 구는 것을 보았으니, 그 자와 절교를 해야 하는 것이 아닙니까?"라고 물어보았다. 공자는 "내가 듣기로 친족에 있어서는 설령 그가 비례를 저질렀다 하더라도, 친족으로 맺어진 정을 버릴 수가 없다고 했고, 오래된 친구에 있어서는 설령 그가 비례를 저질렀다 하더라도, 그와의 오래된 정을 버릴 수가 없다고 했다."라고 대답했다.

孔疏 ●"曰: 貍首之班然"者, 言斲槨材文采, 似貍之首.

번역 ●經文: "曰: 貍首之班然". ○곽(槨)을 만들기 위해 다듬은 목재의 무늬가 마치 너구리의 머리처럼 화려하다는 뜻이다.

大全 劉氏曰: 如貍首之斑, 言木文之華也.

번역 유씨[10]가 말하길, 너구리의 머리처럼 무늬가 있다는 말은 나무의 무늬가 화려하다는 뜻이다.

---

10) 장락유씨(長樂劉氏, A.D.1017~A.D.1086) : =유씨(劉氏)・유이(劉彝)・유집중(劉執中). 북송(北宋) 때의 성리학자이다. 자(字)는 집중(執中)이다. 복주(福州) 출신이며, 어려서 호원(胡瑗)에게서 학문을 배웠다. 『정속방(正俗方)』, 『주역주(周易注)』를 지었으나 현존하지 않는다. 『칠경중의(七經中議)』, 『명선집(明善集)』, 『거이집(居易集)』 등이 남아 있다.

참고 『예기』「악기(樂記)」 기록

경문-484d 散軍而郊射, 左射貍首, 右射騶虞, 而貫革之射息也. 裨冕搢笏, 而虎賁之士說劒也. 祀乎明堂, 而民知孝. 朝覲, 然後諸侯知所以臣. 耕藉, 然後諸侯知所以敬. 五者天下之大教也.

번역 공자가 계속해서 말해주길, "군대를 해산하고 교외의 학교에서 활쏘기를 익힘에, 동학(東學)에서 활쏘기를 할 때에는 이수(貍首)의 시가에 절도를 맞추고, 서학(西學)에서 활쏘기를 할 때에는 추우(騶虞)의 시가에 절도를 맞춰서, 갑옷을 뚫는 군대에서의 활쏘기는 그치게 되었습니다. 또 비면(裨冕)을 착용하고 홀을 꼽아서, 용맹한 군사들은 허리에 차고 있던 칼을 풀어놓게 되었습니다. 명당(明堂)에서 제사를 지내서, 백성들은 효를 알게 되었습니다. 조근(朝覲)[11]의 의례를 시행하니, 그런 뒤에야 제후들은 자신들이 신하로써 시행해야 할 것들을 알았습니다. 천자가 경작을 시행하니, 그런 뒤에야 제후들이 공경을 실천해야 할 것들을 알았습니다. 이 다섯 가지는 천하의 큰 가르침입니다."라고 했다.

鄭注 郊射, 爲射宮於郊也. 左, 東學也. 右, 西學也. 貍首・騶虞, 所以歌爲節也. 貫革, 射穿甲革也. 裨冕, 衣裨衣而冠冕也. 裨衣, 袞之屬也. 搢, 猶揷也. 賁, 憤怒也. 文王之廟爲明堂制. 耕藉, 藉田也.

번역 '교사(郊射)'는 교외에 사궁(射宮)[12]을 지었다는 뜻이다. '좌(左)'

---

11) 조근(朝覲)은 군주가 신하를 만나보는 예법(禮法)을 뜻한다. 군주가 신하를 만나보는 예법에는 조(朝), 근(覲), 종(宗), 우(遇), 회(會), 동(同) 등이 있었는데, 이것을 총칭하여 '조근'으로 부르기도 한다. 한편 '조근'은 신하가 군주를 찾아뵙는 예법을 뜻하기도 한다. 고대에는 제후가 천자를 찾아뵐 때, 각 계절별로 그 명칭을 다르게 불렀다. 봄에 찾아뵙는 것을 조(朝)라고 부르며, 여름에 찾아뵙는 것을 종(宗)이라고 부르고, 가을에 찾아뵙는 것을 근(覲)이라고 부르며, 겨울에 찾아뵙는 것을 우(遇)라고 부른다. '조근'은 이러한 예법들을 총칭하는 말이다.

12) 사궁(射宮)은 천자가 대사례(大射禮)를 시행하던 장소이며, 또한 이곳에서 사

자는 동학(東學)[13]을 뜻한다. '우(右)'자는 서학(西學)을 뜻한다. 이수(貍首)와 추우(騶虞)는 노래로 불러서 절도를 맞추는 것이다. '관혁(貫革)'은 활을 쏘아 갑옷을 꿰뚫는다는 뜻이다. '비면(裨冕)'[14]은 비의(裨衣)를 착용하고 면류관을 쓴다는 뜻이다. '비의(裨衣)'는 곤복(袞服) 등의 부류이다. '진(搢)'자는 "꼽다[揷]."는 뜻이다. '분(賁)'자는 사납고 거칠다는 뜻이다. 문왕에 대한 묘(廟)는 명당(明堂)[15]의 제도에 따라 만들었다. '경적(耕藉)'은 적전(藉田)[16]을 뜻한다.

孔疏 ●"左射貍首"者, 左, 東學也, 亦在於東郊. 貍首, 諸侯之所射詩也. 周立虞庠之學於西郊, 故知使諸侯習射於東學, 歌貍首詩也. 所以歌貍首者, 皇氏以爲舊解云: "貍之取物, 則伏下其頭, 然後必得, 言射亦必中, 如貍之取物矣." 鄭注大射云: "貍首, 逸詩. 貍之言不來也, 其詩有射諸侯首不朝者之言,

---

(士)들을 시험하기도 했다. 『춘추곡량전』「소공(昭公) 8년」편에는 "以習射於射宮."이라는 기록이 있고, 『예기』「사의(射義)」편에는 "諸侯歲獻貢士於天子, 天子試之於射宮."이라는 기록이 있다.

13) 동학(東學)은 주나라 때 왕성의 동쪽에 설치된 대학(大學)을 뜻한다.

14) 비면(裨冕)은 비의(裨衣)를 입고 면류관[冕]을 착용하는 것이다. 제후 및 경(卿), 대부(大夫) 등이 조회를 하거나 제사를 지낼 때 착용하는 면복(冕服)을 통칭하는 말이다. 또한 곤면(袞冕)이나 가장 상등의 면복과 상대되는 용어로도 사용되었다. '비의'의 '비(裨)'자는 '비(埤)'자의 뜻으로 낮다는 의미이다. 예를 들어 천자의 육복(六服) 중에서 대구(大裘)가 가장 상등의 복장이 되는데, 나머지 5종류의 복장은 '비의'가 된다. 『의례』「근례(覲禮)」편에는 "侯氏裨冕, 釋幣于禰."라는 기록이 있고, 이에 대한 정현의 주에서는 "裨冕者, 衣裨衣而冠冕也. 裨之爲言埤也. 天子六服, 大裘爲上, 其餘爲裨, 以事尊卑服之, 而諸侯亦服焉."이라고 풀이했다.

15) 명당(明堂)은 일반적으로 고대 제왕이 정교(政教)를 베풀던 장소를 지칭하는 용어로 사용되었다. 이곳에서는 조회(朝會), 제사(祭祀), 경상(慶賞), 선사(選士), 양로(養老), 교학(教學) 등의 국가 주요 업무가 시행되었다. 『맹자』「양혜왕하(梁惠王下)」편에는 "夫明堂者, 王者之堂也."라는 용례가 있고, 『옥태신영(玉台新詠)』「목난사(木蘭辭)」편에도 "歸來見天子, 天子坐明堂."이라는 용례가 있다. '명당'의 규모나 제도는 시대마다 다르다. 또한 '명당'이라는 건물군 중에서 남쪽의 실(室)을 가리키는 용어로도 사용되었다.

16) 적전(藉田)은 적전(籍田)이라고도 부른다. 천자와 제후가 백성들을 동원해서 경작하는 땅이다. 처음 농사일을 시작할 때, 천자와 제후는 이곳에서 직접 경작에 참여함으로써, 농업을 중시한다는 뜻을 보이게 된다.

因以名篇." 不取於貍之伏物. 而皇氏所說違鄭注, 其義非也.

번역 ●經文: "左射貍首". ○'좌(左)'자는 동학(東學)을 뜻하니, 이 또한 동쪽 교외에 있다. '이수(貍首)'는 제후들이 활을 쏘며 노래하는 시가이다. 주나라 때에는 서쪽 교외에 우(虞) 때의 학교인 상(庠)을 세웠다. 그렇기 때문에 제후들로 하여금 동학에서 활쏘기를 익히게 하며, 이수의 시가를 노래로 부르도록 했음을 알 수 있다. 이수의 시가를 노래로 불렀던 이유에 대해서 황간은 옛 주석에 따라 "살쾡이가 먹이를 취할 때에는 머리를 숙인 뒤에 반드시 취했으니, 이것은 활쏘기에서도 또한 반드시 적중을 시키는 것이 살쾡이가 먹이를 취하는 것과 같음을 의미한다."라고 해석했다. 『의례』「대사(大射)」편에 대한 정현의 주에서는 "이수는 일실된 시이다. '이(貍)'자는 찾아오지 않는다는 뜻으로, 그 시가에는 '조회에 찾아오지 않은 제후의 머리를 쏜다.'는 구절이 있기 때문에, 그에 따라 편명으로 정한 것이다."[17]라고 했다. 즉 이 해석은 살쾡이가 머리를 숙이고서 먹이를 취한다는 뜻을 취하지 않고 있다. 따라서 황간의 주장은 정현의 주석에 위배되니, 그 의미가 잘못되었다.

孔疏 ●"右射騶虞"者, 右是西學, 在西郊也. 騶虞, 天子於西學中習射也. 騶虞, 白虎黑文, 義應之獸也, 故知唯天子射歌之詩. 其騶虞篇云: "彼茁者葭, 一發五豝." 鄭注射義云: "一發五豝, 喩得賢者多也."

번역 ●經文: "右射騶虞". ○'우(右)'는 서학(西學)으로 서쪽 교외에 있었다. '추우(騶虞)'는 천자가 서학에서 활쏘기를 연습할 때 사용한 시가이다. 추우는 백색의 호랑이로 검은색 무늬가 있었던 것이니, 의로움에 따라 감응해서 나타나는 전설 속의 동물이다. 그렇기 때문에 오직 천자만이 활쏘기를 할 때 노래로 불렀던 시가임을 알 수 있다. 「추우」편에서는 "저 무성한 갈대에, 한 번 화살을 쏘아서 다섯 마리의 암퇘지를 잡노라."[18]라고

---

17) 이 문장은 『의례』「대사(大射)」편의 "上射揖. 司射退反位. 樂正命大師曰, '奏貍首, 間若一.'"이라는 기록에 대한 정현의 주이다.

18) 『시』「소남(召南)·추우(騶虞)」: 彼茁者葭. 壹發五豝, 于嗟乎騶虞.

되어 있다. 『예기』「사의(射義)」편에 대한 정현의 주에서는 "한 번 화살을 쏘아서 다섯 마리의 암퇘지를 잡는 것은 현명한 자를 많이 얻는다는 것을 비유한 말이다."[19]라고 했다.

大全 金華應氏曰: 貍首騶虞之節, 雖有天子諸侯之異, 竊意因學而分左右, 非分學而射也. 若分之而天子諸侯各射一處, 則非所以辨尊卑矣. 騶虞, 仁而不殺, 天子包容徧覆之象. 貍首, 義而善搏, 諸侯奔走赴功之象. 故射各以其詩爲節也.

번역 금화응씨가 말하길, 이수(貍首)와 추우(騶虞)의 시가로 절도를 맞춘다고 했는데, 비록 천자와 제후에게 적용되는 예법에는 차이가 있지만, 내가 생각하기에 시행되는 학교에 따라서 좌우로 구분을 했던 것이지, 학교를 구분하고서 활쏘기를 했던 것은 아니다. 만약 구분을 하여 천자나 제후가 각각 그 중 한 장소에서만 활쏘기를 했다면, 이것은 신분의 귀천에 따른 변별이 아니다. '추우(騶虞)'는 인자하여 죽이지 못한다는 뜻으로, 천자가 포용하고 두루 덮어주는 것을 상징한다. '이수(貍首)'는 의로워서 잘 화합한다는 뜻으로, 제후가 분주히 공을 세우는데 노력하는 것을 상징한다. 그렇기 때문에 활쏘기를 할 때에는 각각 해당하는 시에 따라서 절도를 맞춘다.

참고 『예기』「사의(射義)」 기록

경문-706A~b 其節: 天子以騶虞爲節, 諸侯以貍首爲節, 卿大夫以采蘋爲節, 士以采蘩爲節. 騶虞者, 樂官備也; 貍首者, 樂會時也; 采蘋者, 樂循法也;

19) 이 문장은 『예기』「사의(射義)」편의 "其節, 天子以騶虞爲節, 諸侯以貍首爲節, 卿大夫以采蘋爲節, 士以采繁爲節, 騶虞者樂官備也. 貍首者, 樂會時也. 采蘋者, 樂循法也. 采繁者, 樂不失職也, 是故天子以備官爲節, 諸侯以時會天子爲節, 卿大夫以循法爲節, 士以不失職爲節, 故明乎其節之志, 以不失其事, 則功成而德行立. 德行立則無暴亂之禍矣, 功成則國安. 故曰, '射者, 所以觀盛德也.'"라는 기록에 대한 정현의 주이다.

采蘩者, 樂不失職也. 是故天子以備官爲節, 諸侯以時會天子爲節, 卿大夫以循法爲節, 士以不失職爲節. 故明乎其節之志以不失其事, 則功成而德行立; 德行立, 則無暴亂之禍矣. 功成則國安, 故曰射者, 所以觀盛德也.

번역 절도에 대해서 설명해보자면, 천자는 추우(騶虞)라는 악곡으로 절도를 삼고, 제후는 이수(貍首)라는 악곡으로 절도를 삼으며, 경과 대부는 채빈(采蘋)이라는 악곡으로 절도를 삼고, 사는 채번(采蘩)이라는 악곡으로 절도를 삼는다. '추우(騶虞)'라는 것은 관리가 모두 갖춰진 사실에 대해 기뻐한다는 뜻이고, '이수(貍首)'는 때에 따라 조회를 하는 것에 대해 기뻐한다는 뜻이며, '채빈(采蘋)'은 법에 따르는 것에 대해 기뻐한다는 뜻이고, '채번(采蘩)'은 직무를 잃지 않는 것에 대해 기뻐한다는 뜻이다. 이러한 까닭으로 천자는 관리를 모두 갖춘다는 뜻을 절도로 삼는 것이고, 제후는 때에 따라 천자에게 조회하는 뜻을 절도로 삼는 것이며, 경과 대부는 법에 따른다는 뜻을 절도로 삼는 것이고, 사는 직무를 잃지 않는다는 뜻을 절도로 삼는 것이다. 그래서 절도의 뜻에 해박하여 그 사안을 놓치지 않는다면, 공적이 완성되고 덕행이 성립되며, 덕행이 성립되면 난폭하고 혼란스러운 재앙이 없게 된다. 또 공적이 완성되면 나라가 편안해진다. 그렇기 때문에 "활쏘기는 융성한 덕을 관찰하는 방법이다."라고 말한 것이다.

鄭注 騶虞·采蘋·采蘩, 毛詩篇名. 貍首逸, 下云"曾孫侯氏", 是也. "樂官備"者, 謂騶虞曰"壹發五豝", 喩得賢者多也. "于嗟乎騶虞", 歎仁人也. "樂會時"者, 謂貍首曰"小大莫處, 御于君所". "樂循法"者, 謂采蘋曰"于以采蘋, 南澗之濱". 循澗以采蘋, 喩循法度以成君事也. "樂不失職"者, 謂采蘩曰"被之僮僮, 夙夜在公."

번역 추우(騶虞)·채빈(采蘋)·채번(采蘩)은 『모시』의 편명이다. 이수(貍首)라는 시는 일실되었는데, 아래문장에서 '증손후씨(曾孫侯氏)'라고 노래한 말이 바로 이 시에 해당한다. "관리가 모두 갖춰진 것을 즐거워한다."라는 말은 '추우(騶虞)'라는 시에서 "한 차례 활을 쏘아서 다섯 마리의 암퇘지를 잡는다."[20]라고 한 말을 가리키니, 곧 현명한 자를 많이 얻었다는 내용을 비유한 것이다. "오호라! 이것이 추우(騶虞)로다."[21]라고 한 말은 인(仁)한 자에 대해서 감탄했다는 뜻이다. "때에 따라 모이는 것을 즐거워한다."라고 한 말은 '이수(貍首)'라는 시에서 "대소 관료를 막론하고 자신의 직무에 매달리지 않고, 군주가 있는 장소에서 시중을 든다."[22]라고 한 말을 가리킨다. "법에 따름을 즐거워한다."라고 한 말은 '채빈(采蘋)'이라는 시에서 "남쪽 시냇가에서 빈(蘋)을 뜯는다."[23]라고 한 말을 가리킨다. 시내를 따라서 빈(蘋)을 뜯는다는 것은 곧 법도에 따라서 군주의 일을 성사시킨다는 사실을 비유한다. "직무를 잃지 않음을 즐거워한다."라고 한 말은 '채번(采蘩)'이라는 시에서 "머리꾸밈을 공경스럽게 하여, 새벽부터 밤늦게까지 군주가 있는 곳에 있도다."[24]라고 한 말을 가리킨다.

孔疏 ●"天子以騶虞爲節"者, 歌騶虞之詩, 射人云"騶虞九節".

번역 ●經文: "天子以騶虞爲節". ○'추우(騶虞)'라는 시를 노래한다는 뜻이니, 『주례』「사인(射人)」편에서는 "추우(騶虞)는 9절(節)이다."[25]라고 했다.

孔疏 ●"諸侯以貍首爲節"者, 謂歌貍首也. 射人云: "貍首七節".

번역 ●經文: "諸侯以貍首爲節". ○이수(貍首)라는 시를 노래한다는 뜻이니, 『주례』「사인(射人)」편에서는 "이수(貍首)는 7절(節)이다."[26]라고

---

20) 『시』「소남(召南)·추우(騶虞)」: 彼茁者葭. 壹發五豝, 于嗟乎騶虞.
21) 『시』「소남(召南)·추우(騶虞)」: 彼茁者葭. 壹發五豝, 于嗟乎騶虞.
22) 『예기』「사의(射義)」【707d】: 故詩曰, "曾孫侯氏, 四正具擧. 大夫君子, 凡以庶士, 小大莫處, 御于君所. 以燕以射, 則燕則譽."
23) 『시』「소남(召南)·채빈(采蘋)」: 于以采蘋, 南澗之濱. 于以采藻, 于彼行潦.
24) 『시』「소남(召南)·채번(采蘩)」: 被之僮僮, 夙夜在公. 被之祁祁, 薄言還歸.
25) 『주례』「하관(夏官)·사인(射人)」: 王以六耦射三侯, 三獲三容, 樂以騶虞, 九節五正.
26) 『주례』「하관(夏官)·사인(射人)」: 諸侯以四耦射二侯, 二獲二容, 樂以貍首, 七節三正.

했다.

孔疏 ●"卿大夫以采蘋爲節, 士以采蘩爲節"者, 射人云: "皆五節." 按《鄕射》注云: "五節, 歌五終. 四節四拾. 其一節先以聽也." 若然, 則九節者, 五節先以聽, 七節者, 三節先以聽, 皆以四節應乘矢拾發也.

번역 ●經文: "卿大夫以采蘋爲節, 士以采蘩爲節". ○『주례』「사인(射人)」편에서는 "모두 5절(節)이다."[27]라고 했다. 『의례』「향사례(鄕射禮)」편에 대한 정현의 주를 살펴보면, "5절(節)은 다섯 악장을 노래 부른다는 뜻이다. 4절(節)에 맞춰 4발을 쏜다. 그 중 1절(節)은 우선적으로 듣기만 한다."[28]라고 했다. 만약 이처럼 했다면, 9절(節)의 경우에는 5절(節)을 우선적으로 듣기만 하고, 7절(節)의 경우에는 3절(節)을 우선적으로 듣기만 하니, 모든 경우에 있어서 4절(節)에 맞춰 올라가서 화살을 쏘는 것이다.

孔疏 ●"騶虞者, 樂官備也"者, 謂射一發而得五豝, 喩得賢人多, 賢人多, 則"官備也".

번역 ●經文: "騶虞者, 樂官備也". ○화살 1발을 쏘아서 다섯 마리의 암퇘지를 얻었다는 뜻이니, 현명한 자를 많이 얻었다는 사실을 비유하며, 현명한 자가 많다면, 곧 "관직을 모두 갖추다."는 뜻이 된다.

孔疏 ●"貍首者, 樂會時也"者, 諸侯不來朝, 射其首, 是樂會及盟也.

번역 ●經文: "貍首者, 樂會時也". ○제후들이 찾아와서 조회를 하지 않다면, 그 머리를 쏘게 되니, 이것은 조회 및 회맹을 즐거워한다는 뜻이 된다.

---

27) 『주례』「하관(夏官)·사인(射人)」: 孤卿大夫以三耦射一侯, 一獲一容, 樂以采蘋, 五節二正; 士以三耦射豻侯, 一獲一容, 樂以采蘩, 五節二正.

28) 이 문장은 『의례』「향사례(鄕射禮)」편의 "司射遂適階間, 堂下北面命曰: 不鼓不釋."이라는 기록에 대한 정현의 주이다.

孔疏 ●"采蘋者, 樂循法也", "于以采蘋, 南澗之濱", 循澗以采蘋, 喩循法度以成君事.

번역 ●經文: "采蘋者, 樂循法也". ○"남쪽 시냇가에서 빈(蘋)을 뜯는다."[29]라고 했는데, 시내를 따라서 빈(蘋)을 뜯는다는 것은 곧 법도에 따라서 군주의 일을 성사시킨다는 사실을 비유한다.

孔疏 ●"采蘩者, 樂不失職也", 謂采蘩曰"被之僮僮, 夙夜在公", 是其不失職也.

번역 ●經文: "采蘩者, 樂不失職也". ○'채번(采蘩)'이라는 시에서 "머리 꾸밈을 공경스럽게 하여, 새벽부터 밤늦게까지 군주가 있는 곳에 있도다."[30]라고 한 말을 뜻하니, 이것은 직무를 잃지 않았다는 의미이다.

참고 『예기』「사의(射義)」 기록

경문-707d 故詩曰: "曾孫侯氏, 四正具擧. 大夫君子, 凡以庶士. 小大莫處, 御于君所. 以燕以射, 則燕則譽." 言君臣相與, 盡志於射以習禮樂, 則安則譽也. 是以天子制之, 而諸侯務焉. 此天子之所以養諸侯而兵不用, 諸侯自爲正之具也.

번역 이러한 까닭으로 『시』에서는 "증손후씨(曾孫侯氏)여, 사정(四正)을 모두 거행하는구나. 대부인 군자여, 모든 서사(庶士)들까지 참여하여, 대소 관료를 막론하고 자신의 직무에 매달리지 않고, 군주가 계신 곳에서 군주를 모시는구나. 연례(燕禮)를 시행한 뒤에 사례(射禮)를 실시하니, 편안하고 영예롭게 된다."라고 했다. 즉 이 말은 군주와 신하가 서로 참여하

---

29) 『시』「소남(召南)·채빈(采蘋)」: <u>于以采蘋, 南澗之濱</u>. 于以采藻, 于彼行潦.
30) 『시』「소남(召南)·채번(采蘩)」: <u>被之僮僮, 夙夜在公</u>. 被之祁祁, 薄言還歸.

여, 활쏘기에 그 뜻을 다하여 예악(禮樂)을 익히게 된다면, 모두가 편안하게 되고 영예를 얻게 된다는 뜻이다. 이러한 까닭으로 천자는 이러한 예법을 제정한 것이고, 제후는 힘써 실천했던 것이다. 이것이 바로 천자가 제후를 보살피면서 병장기를 사용하지 않았던 이유이며, 또한 제후들이 제 스스로 올바르게 되었던 도구이기도 하다.

鄭注 此"曾孫"之詩, 諸侯之射節也. 四正, 正爵四行也. 四行者, 獻賓·獻公·獻卿·獻大夫, 乃後樂作而射也. 莫處, 無安居其官次者也. 御, 猶侍也. "以燕以射", 先行燕禮乃射也. "則燕則譽", 言國安則有名譽. 譽或爲"與".

번역 이곳에서 '증손(曾孫)'이라고 한 시는 제후들이 활쏘기를 할 때 절도로 삼는 악곡이다. '사정(四正)'은 정식 의례에 쓰이는 술잔을 4차례 사용한다는 뜻이다. 4차례 사용한다는 것은 빈객에게 따라주고, 군주에게 따라주며, 경에게 따라주고, 대부에게 따라주는 것이니, 이처럼 한 이후에야 음악을 연주하고 활쏘기를 시행한다. '막처(莫處)'는 그 관부가 있는 곳에서 편안하게 머물고 있는 자가 없다는 뜻이다. '어(御)'자는 "시중든다[侍]."는 뜻이다. '이연이사(以燕以射)'는 먼저 연례(燕禮)를 시행한 뒤에 사례(射禮)를 시행하는 것이다. '즉연즉예(則燕則譽)'는 국가가 안정되어 영예를 얻는다는 뜻이다. '예(譽)'자를 다른 판본에서는 '여(與)'자로 기록하기도 한다.

孔疏 ●"故詩曰: 曾孫侯氏, 四正具擧. 大夫君子, 凡以庶士, 小大莫處, 御于君所"至"具也". ○正義曰: 上經說諸侯君臣之射, 此明諸侯之射所歌樂章節者, 此貍首之詩也, 所以論燕射, "則燕則譽", 故君臣相與盡志於射也. 此詩名貍首, 而發首云"曾孫侯氏"者, 但此篇之中有"貍首"之字, 在於篇中撮取"貍首"之字以爲篇首之目. 謂若騶虞之詩, 其字雖在篇內, 而名"騶虞"矣. "曾孫侯氏"者, 謂諸侯也. 此諸侯出於王, 是王之曾孫也, 故云"曾孫侯氏"矣, 若左傳云"曾孫蒯聵"之類, 是也.

번역 ●經文: "故詩曰: 曾孫侯氏, 四正具擧. 大夫君子, 凡以庶士, 小大莫

處, 御于君所"~"具也". ○앞 경문에서는 제후국에서 군주와 신하가 시행하는 사례(射禮)에 대해서 설명하였고, 이곳 경문에서는 제후들이 사례를 시행할 때, 절도를 맞추며 노래 부르는 악장에 대해서 나타내고 있으니, 이것이 바로 '이수(貍首)'라는 시이며, 연사례(燕射禮)를 논의하였으므로, "편안하게 되고, 영예롭게 된다."라고 한 것이다. 그래서 군주와 신하는 서로 참여하여, 활쏘기에 대해서 뜻을 다하는 것이다. 이 시의 이름은 '이수(貍首)'인데, 첫 구문에서 '증손후씨(曾孫侯氏)'라고 해서 관련성이 없어 보인다. 그러나 이편의 내용 중에는 '이수(貍首)'라는 글자가 나오며, 편의 내용 중에 나오는 '이수(貍首)'라는 글자를 편의 제목으로 삼은 것이다. 이것은 마치 '추우(騶虞)'라는 시에 있어서도, '추우(騶虞)'라는 글자가 비록 편의 내용 중에 나오지만, 편명을 '추우(騶虞)'라고 정한 경우와 같다. '증손후씨(曾孫侯氏)'라는 말은 '제후(諸侯)'를 뜻한다. 이 말은 제후들이 천자로부터 나왔으므로, 곧 천자의 증손자가 된다는 뜻이다. 그렇기 때문에 '증손후씨(曾孫侯氏)'라고 부른 것이니, 마치 『좌전』에서 '증손(曾孫)인 괴외(蒯聵)'라고 불렀던 부류와 같다.

孔疏 ●"四正具擧"者, 將射之時, 先行燕禮. 其燕之時, 四度正爵, 悉皆擧徧, 謂獻賓・獻君・獻卿・獻大夫, 四獻旣畢乃後射, 故云"具擧".

번역 ●經文: "四正具擧". ○활쏘기를 시행하려고 할 때, 먼저 연례(燕禮)를 시행한다. 연례를 시행할 때 정식 의례에서 사용하는 술잔을 4차례 따르게 되는데, 이처럼 시행하여 모두에게 두루 돌아가게 되니, 빈객에게 따라주고, 군주에게 따라주며, 경에게 따라주고, 대부에게 따라준다는 의미로, 이처럼 4차례 술잔 따라주는 일이 모두 끝난 뒤에야 활쏘기를 시작한다. 그렇기 때문에 "모두 술잔을 든다[具擧]."라고 말한 것이다.

孔疏 ●"大夫君子, 凡以庶士"者, 言爲燕之時, 大夫君子及庶衆士等.

번역 ●經文: "大夫君子, 凡以庶士". ○연례(燕禮)를 시행할 때 참여하는 대부인 군자들과 여러 사 등을 가리킨다.

孔疏 ●"小大莫處, 御于君所"者, 言大夫士等小之與大, 無有處於職司而不來者, 皆御侍于君之處所也.

번역 ●經文: "小大莫處, 御于君所". ○대부 및 사 등처럼 소신과 대신들이 자신의 직무를 담당하는 곳에 있으며 참여하지 않는 자가 없으니, 모두들 군주가 머물고 있는 장소에서 시중을 든다는 뜻이다.

孔疏 ●"以燕以射"者, 謂先行燕禮, 而後射也.

번역 ●經文: "以燕以射". ○먼저 연례(燕禮)를 시행하고, 그 이후에 사례(射禮)를 시행한다는 뜻이다.

孔疏 ●"則燕則譽"者, 燕, 安也. 旣君臣歡樂, 用是燕安而有聲譽也.

번역 ●經文: "則燕則譽". ○'연(燕)'자는 "편안하다[安]."는 뜻이다. 이미 군주와 신하가 즐거워하고 있으니, 이를 통해서 편안하게 여기며, 명예를 얻는다는 뜻이다.

孔疏 ◎注"此曾"至"名譽". ○正義曰: 以諸侯射以貍首之篇, 謂今詩文無貍首之篇. 今射義有載"曾孫"之詩, 故知是貍首也. 云"正爵四行, 獻賓·獻公·獻卿·獻大夫"者, 大射禮文. 云"乃後樂作而射也"者, 按大射禮, 獻大夫之後, 乃後工入, 樂作而後射, 此謂大射也. 若燕射則說屨升堂, 坐之後乃射矣, 故燕禮說屨升堂, 獻士畢, "若射, 則大射正爲司射, 如鄕射之禮", 是也.

번역 ◎鄭注: "此曾"~"名譽". ○제후들은 사례(射禮)를 하며, '이수(貍首)'라는 편을 사용하여 절도로 삼는데, 현재의 『시』에는 '이수(貍首)'라는 편이 없다는 뜻이다. 그런데 현재 이곳 「사의」편에 '증손(曾孫)'이라는 시가 수록되어 있기 때문에, 이 내용이 '이수(貍首)'라는 시에 해당한다는 사실을 알 수 있다. 정현이 "정식 의례에 쓰이는 술잔을 4차례 사용한다는 뜻이다. 4차례 사용한다는 것은 빈객에게 따라주고, 군주에게 따라주며, 경에게 따라주고, 대부에게 따라주는 것이다."라고 했는데, 이것은 『의례』「대사(大射)」편에 나오는 문장이다. 정현이 "이후에 음악을 연주하고 활쏘기를 시행한다."라고 했는데, 「대사」편을 살펴보면, 대부에게 술잔을 따라준 이후에 곧 악공(樂工)을 들이고, 음악을 연주한 이후에 활쏘기를 한다고 했으니, 이러한 절차들은 곧 대사례(大射禮)를 가리킨다. 만약 연사례(燕射禮)라고 한다면, 신발을 벗고서 당에 오르게 되고, 자리에 앉은 뒤에야 곧 활쏘기를 시행한다. 그렇기 때문에 『의례』「연례(燕禮)」편에서 신발을 벗고 당에 올라가며, 사에게 술을 따라주는 일이 끝나면, "만약 활쏘기를 한다면, 대사정(大射正)을 사사(司射)로 삼으니, 향사례(鄕射禮)처럼 한다."[31]라고 한 말이 바로 이러한 사실을 나타낸다.

참고 『시』「소아(小雅)·호엽(瓠葉)」

幡幡瓠葉, (번번호엽) : 저 나부끼는 박잎이여,
采之亨之. (채지형지) : 잎을 따서 익히도다.
君子有酒, (군자유주) : 군자에게 술이 있거든,
酌言嘗之. (작언상지) : 술을 따라 맛보도다.

有兔斯首, (유토사수) : 토끼의 저 흰 대가리를,
炮之燔之. (포지번지) : 털을 그슬리고 불에 굽도다.
君子有酒, (군자유주) : 군자에게 술이 있거든,
酌言獻之. (작언헌지) : 술을 따라 바치도다.

有兔斯首, (유토사수) : 토끼의 저 흰 대가리를,
燔之炙之. (번지자지) : 불에 굽고 산적으로 만들도다.
君子有酒, (군자유주) : 군자에게 술이 있거든,
酌言酢之. (작언초지) : 술을 따라 권하도다.

---

31) 『의례』「연례(燕禮)」: 若射, 則大射正爲司射, 如鄕射之禮.

有免斯首, (유토사수) : 토끼의 저 흰 대가리를,
燔之炮之. (번지포지) : 불에 굽고 그슬리도다.
君子有酒, (군자유주) : 군자에게 술이 있거든,
酌言酬之. (작언수지) : 술을 따라 다시 권하도다.

毛序 瓠葉, 大夫刺幽王也. 上棄禮而不能行, 雖有牲牢饔餼, 不肯用也. 故思古之人不以微薄廢禮焉.

모서 「호엽(瓠葉)」편은 대부가 유왕을 풍자한 시이다. 윗사람이 예를 버리고 시행할 수 없어서, 비록 희생물과 옹희(饔餼)[32]가 있지만 기꺼이 사용하려 하지 않는다. 그렇기 때문에 옛 사람들이 미천하고 하찮다고 하여 예를 폐지하지 않았음을 떠올린 것이다.

참고 『시』「소남(召南)·채빈(采蘋)」

于以采蘋, (우이채빈) : 어디에서 큰 쑥을 따는가,
南澗之濱. (남간지빈) : 저 남쪽 골짜기 물가에서 따도다.
于以采藻, (우이채조) : 어디에서 마름을 따는가,
于彼行潦. (우피행료) : 저 흐르는 물에서 따도다.

于以盛之, (우이성지) : 어디에 담는가,
維筐及筥. (유광급거) : 네모나고 둥근 광주리에 담도다.
于以湘之, (우이상지) : 어디에 삶는가,
維錡及釜. (유기급부) : 세 발 달린 가마솥과 가마솥에 삶도다.

---

32) 옹희(饔餼)는 빈객(賓客)과 상견례(相見禮)를 하고 나서 성대하게 음식을 마련해 접대하는 것을 뜻한다. 『주례』「추관(秋官)·사의(司儀)」편에는 "致飧如致積之禮."라는 기록이 있는데, 이에 대한 정현의 주에서는 "小禮曰飧, 大禮曰饔餼."라고 풀이하였다. 즉 '옹희'와 '손'은 모두 빈객 등을 접대하는 예법들인데, '옹희'는 성대한 예법에 해당하여, '손'보다도 융숭하게 대접하는 것이다.

于以奠之, (우이전지) : 어디에 차려내는가,
宗室牖下. (종실유하) : 대종(大宗)의 종묘 들창 아래에 차려내도다.
誰其尸之, (수기시지) : 누가 주관하는가,
有齊季女. (유제계녀) : 저 공경스러운 소녀로다.

毛序 采蘋, 大夫妻能循法度也, 能循法度, 則可以承先祖共祭祀矣.

모서 「채빈(采蘋)」편은 대부의 아내가 법도를 잘 따를 수 있음을 읊은 시이니, 법도를 잘 따를 수 있다면 선조를 받들어 제사를 치를 수 있다.

참고 『의례』「향사례(鄕射禮)」 기록

경문 上射揖. 司射退反位. 樂正東面命大師, 曰: "奏騶虞, 間若一."

번역 상사(上射)가 읍을 한다. 사사(司射)는 물러나 자신의 자리로 돌아간다. 악정(樂正)은 동쪽을 바라보며 태사(太師)에게 명령하길, "'추우(騶虞)'의 시가를 연주하되 악절의 간격은 동일하게 하라."라고 한다.

鄭注 東面者, 進還鄕大師也. 騶虞, 國風·召南之詩篇也. 射義曰: "騶虞者, 樂官備也." 其詩有"一發五豝·五豵, 于嗟騶虞"之言, 樂得賢者衆多, 嘆思至仁之人以充其官, 此天子之射節也. 而用之者, 方有樂賢之志, 取其宜也. 其他賓客·鄕大夫則歌采蘋. "間若一"者, 重節.

번역 동쪽을 바라보는 것은 나아가 몸을 돌려 태사를 향하는 것이다. '추우(騶虞)'는 『시』「국풍(國風)·소남(召南)」편의 시이다. 『예기』「사의(射義)」편에서는 "추우(騶虞)'라는 것은 관리가 모두 갖춰진 사실에 대해 기뻐한다는 뜻이다."라고 했다. 그 시에서는 "한 번 화살을 쏘아서 다섯 마리의 암퇘지와 다섯 새끼 돼지를 잡으니, 오호라! 이것이 추우로구나."라는 말이 있는데, 현자를 많이 얻게 됨을 즐거워한 것이며, 지극히 인자한 사람으로 해당 관직을 채우게 된 것을 감탄한 것이니, 이것은 천자가 활쏘기를 할 때 절차로 삼는 악곡이다. 그런데도 이 시가를 사용한 것은 향사례에는 현명한 자를 기뻐한다는 뜻이 있으므로, 해당하는 시가를 택한 것이다. 다른 빈객 및 향대부의 경우라면 '채빈(采蘋)'이라는 시가를 연주한다. "악절의 간격은 동일하게 하라."는 말은 악절을 중시하기 때문이다.

賈疏 ●"上節"至"若一". ◎注"東面"至"重節". ○釋曰: 云"東面者, 進還鄉大師也"者, 以其大師西面, 樂正北面, 明知進身鄉大師乃命之. 云"此天子之射節也"者, 周禮·射人而知. 云"取其宜也"者, 騶虞喩得賢者多, 此鄉射亦樂賢, 故云取其宜也. 云"其他賓客·鄉大夫則歌采蘋"者, 采蘋是鄉大夫樂節, 其他謂賓射與燕射, 若州長他賓客自奏采蘩. 若然, 此篇有鄉大夫·州長射法, 則同用騶虞, 以其同有樂賢之志也. 云"間若一者, 重節"者, 間若一謂五節之間, 長短希數皆如一, 則是重樂節也.

번역 ●經文: "上節"~"若一". ◎鄭注: "東面"~"重節". ○정현이 "동쪽을 바라보는 것은 나아가 몸을 돌려 태사를 향하는 것이다."라고 했는데, 태사는 서쪽을 바라보고 있고 악정은 북쪽을 바라보고 있으니, 나아가 몸을 돌려 태사를 향해서 명령하게 됨을 분명히 알 수 있다. 정현이 "이것은 천자가 활쏘기를 할 때 절차로 삼는 악곡이다."라고 했는데, 『주례』「사인(射人)」편의 기록을 통해서 이러한 사실을 알 수 있다. 정현이 "해당하는 시가를 택한 것이다."라고 했는데, '추우(騶虞)'라는 시가는 현자를 많이 얻었음을 비유한 것이고, 향사례 또한 현자에 대해 기뻐하는 것이다. 그렇기 때문에 "해당하는 시가를 택한 것이다."라고 했다. 정현이 "다른 빈객 및 향대부의 경우라면 '채빈(采蘋)'이라는 시가를 연주한다."라고 했는데, '채빈(采蘋)'은 향대부가 활쏘기를 할 때 음악으로 연주하여 절차로 삼는 악곡이고, '기타(其他)'는 빈사례 및 연사례 등을 뜻하므로, 주장(州長)[33]이나

33) 주장(州長)은 주(周)나라 때의 관직으로, 1개 주(州)의 수장을 뜻한다. 중대부(中大夫) 1명이 담당을 했으며, 그 주에서 시행하는 교화와 정령을 담당했다. 『주례』「지관(地官)·사도(司徒)」편에는 "州長, 每州中大夫一人."이라는 기록

다른 빈객이 활쏘기를 할 때에는 '채빈'을 연주한다. 그렇다면 향대부와 주장이 활 쏘는 예법에서는 동일하게 추우라는 시가를 사용하니, 동일하게 현자를 즐거워하는 뜻이 있기 때문이다. 정현이 "악절의 간격은 동일하게 하라는 말은 악절을 중시하기 때문이다."라고 했는데, '간약일(間若一)'이라는 말은 다섯 악절의 사이에 대해서 그 간격을 모두 동일하게 한다는 뜻이니, 악절을 중시하기 때문이다.

참고 『의례』「향사례(鄉射禮)」 기록

경문 工四人, 二瑟, 瑟先. 相者皆左何瑟, 面鼓, 執越, 內弦, 右手相. 入, 升自西階, 北面東上. 工坐, 相者坐授瑟, 乃降.

번역 악공(樂工)은 4명이고, 그 중 2명은 슬(瑟)을 연주하는데 슬을 타는 자가 먼저 들어간다. 악공을 부축하는 자는 모두 좌측으로 슬을 메는데, 슬의 머리 쪽을 앞에 두고 슬 아래의 구멍을 잡고 현이 안쪽으로 향하도록 하고, 우측 손으로 악공을 부축한다. 안으로 들어와서 서쪽 계단을 통해 당상으로 올라가며 북쪽을 바라보며 동쪽 끝에서부터 정렬한다. 악공이 앉으면 부축하는 자도 앉아서 슬을 건네고, 곧 당하로 내려온다.

鄭注 瑟先, 賤者先就事也. 相, 扶工也. 面, 前也. 鼓在前, 變於君也. 執越內弦, 右手相, 由便也. 越, 瑟下孔, 所以發越其聲也. 前越言執者, 內有弦結, 手入之淺也. 相者降, 立西方.

번역 슬 연주자가 먼저 들어오는 것은 미천한 자가 먼저 일에 나아가기 때문이다. '상(相)'은 악공을 부축하는 자이다. '면(面)'자는 앞[前]을 뜻한다. 슬의 머리를 앞에 두는 것은 군주의 예법에서 변화를 주기 위해서이다.

이 있고, 『주례』「지관 · 주장(州長)」편에는 "各掌其州之敎治政令之法."이라는 기록이 있다.

슬 아래의 구멍을 잡고 현을 안쪽으로 두며 우측 손으로 부축을 하는 것은 그렇게 하는 것이 편리하기 때문이다. ‘월(越)’은 슬 바닥에 있는 구멍으로, 소리를 발산시키는 곳이다. ‘월(越)’보다 앞서 “잡는다[執].”라고 말한 것은 안쪽에 현의 묶음이 있어서 손이 들어가는 부분이 얕기 때문이다. 부축하는 자가 내려가면 서쪽에 서 있게 된다.

賈疏 ●“工四”至“乃降”. ○釋曰: 云“四人二瑟”, 則是二人歌可知. 經不言相歌二人者, 以其空相, 亦與瑟者同, 故不言, 直言瑟之難者也.

번역 ●經文: “工四”~“乃降”. ○“4명이고 2명은 슬 연주자이다.”라고 했으니, 나머지 2명은 노래를 부르는 자임을 알 수 있다. 경문에서 노래 부르는 자 2명을 부축한다고 말하지 않은 것은 부축만 하기 때문이니, 이것은 또한 슬 연주자를 부축하는 경우와 동일하다. 그렇기 때문에 언급하지 않은 것이며, 슬 연주자의 부축 방법만 언급한 것은 슬 연주자를 부축하는 것이 복잡함을 뜻한다.

賈疏 ◎注“瑟先”至“西方”. ○釋曰: 云“瑟先, 賤者先就事也”者, 按大射大師·少師歌, 衆工瑟, 是知瑟者賤也. 凡工者皆先瑟後歌, 是賤者先卽事, 故序亦在前. 若然, 得獻亦在前, 以隨其先後而取之故也. 云“鼓在前, 變於君也”者, 鄕射與大射相對, 大射君禮而後首, 此臣禮前首, 故云變於君. 燕禮與鄕飮酒相對, 是以燕禮面鼓, 又與鄕飮酒後首相變. 云“執越內弦, 右手相”者, 按鄕飮酒注云“內弦側擔之”者, 據瑟體而言. 燕禮注云“內弦弦爲主”者, 據弦體而說. 此言“內弦右手相, 由便”, 語異義同也. 云“前越言執者, 內有弦結, 手入之淺也”者, 瑟體首寬尾狹, 內越孔雖長, 廣狹亦等, 但弦居瑟上, 近首鼓處則寬, 近尾不鼓處幷而狹. 側持之法, 近鼓持之入則近, 手入則深, 是以通與燕禮言面鼓, 則云執之手入淺也. 大射與鄕飮酒言後首, 則云挎越, 手入深故也. 云“相者降, 立西方”者, 其相者是弟子, 位在西者, 是以下文云: “樂正適西方, 命弟子贊工遷樂于下.” 故知此相工是弟子, 故降立還于西方也.

번역 ◎鄭注: "瑟先"~"西方". ○정현이 "슬 연주자가 먼저 들어오는 것은 미천한 자가 먼저 일에 나아가기 때문이다."라고 했는데, 『의례』「대사(大射)」편을 살펴보면 태사와 소사가 노래를 부르며 여러 악공들이 슬을 연주한다고 했으니, 슬 연주자가 미천하다는 사실을 알 수 있다. 악공의 입장에 있어서 모든 경우 먼저 슬 연주자가 들어가고 이후에 노래 부르는 자가 들어가니, 이것은 미천한 자가 먼저 일에 나아가는 것을 나타낸다. 그렇기 때문에 그 순서에 있어서도 앞에 있는 것이다. 만약 그렇다면 술잔을 받을 때에도 앞에 받는 것은 선후의 순서에 따라서 받기 때문이다. 정현이 "슬의 머리를 앞에 두는 것은 군주의 예법에서 변화를 주기 위해서이다."라고 했는데, 향사례와 대사례는 서로 대비가 되는데, 대사례는 군주의 예법으로 머리가 뒤로 가게 되며, 이곳에서 언급한 내용은 신하의 예법인데 머리가 앞으로 온다. 그렇기 때문에 "군주의 예법에서 변화를 준다."라고 했다. 또 연례와 향음주례는 서로 대비가 되기 때문에 연례에서는 머리가 앞으로 온다고 하여 또한 향음주례에서 머리가 뒤로 가는 것과 상호 변화가 되는 것이다. 정현이 "슬 아래의 구멍을 잡고 현을 안쪽으로 두며 우측 손으로 부축을 한다."라고 했는데, 『의례』「향음주례(鄕飮酒禮)」편의 주를 살펴보면 "현을 안쪽으로 두고 측면으로 멘다."라고 했는데, 이것은 슬 본체를 기준으로 말한 것이다. 『의례』「연례(燕禮)」편의 주에서는 "현을 안쪽으로 두니 현이 중심이 되기 때문이다."라고 했는데, 이것은 현 자체에 기준을 두고 설명한 것이다. 이곳에서는 "현을 안쪽으로 두며 우측 손으로 부축하는 것은 편리하기 때문이다."라고 했는데, 설명은 차이를 보이지만 의미는 동일하다. 정현이 "'월(越)'보다 앞서 잡는다고 말한 것은 안쪽에 현의 묶음이 있어서 손이 들어가는 부분이 얕기 때문이다."라고 했는데, 슬의 본체에 있어서 머리 쪽은 너비가 넓고 꼬리 쪽은 좁으니, 안쪽에 있는 구멍이 비록 길더라도 너비에 있어서는 동등하다. 다만 현이 슬 윗면에 있는데, 머리에 가까운 지점은 너비가 넓고 꼬리에 가까운 지점은 머리 부근과 다르게 협소하다. 옆으로 메는 방법에 있어서 머리와 가까운 지점을 잡으며 손을 넣게 되면 가깝고, 손을 넣는 부분도 깊게 된다. 그렇기 때문에

「연례」편과 마찬가지로 머리가 앞으로 온다고 하며 잡는 손이 들어가는 부분이 얕다고 말한 것이다. 「대사」편과 「향음주례」편에서는 머리가 뒤로 간다고 했으니 월에 손을 넣는다고 했다. 그 이유는 손이 들어가는 부분이 깊기 때문이다. 정현이 "부축하는 자가 내려가면 서쪽에 서 있게 된다."라고 했는데, 부축하는 자는 제자가 되며 그들의 자리는 서쪽에 있다. 이러한 까닭으로 아래문장에서 "악정이 서쪽으로 나아가 제자들에게 명령하여 악공을 도와 당하로 악기를 옮기라고 한다."고 말한 것이다. 그렇기 때문에 이곳에서 악공을 부축한다고 했던 자들이 제자들에 해당한다는 사실을 알 수 있고, 이러한 이유로 당하로 내려가면 서쪽에 서 있게 됨을 알 수 있다.

참고 『의례』「향사례(鄉射禮)」 기록

경문 主人取爵于上篚, 獻工. 大師, 則爲之洗.

번역 주인이 당상의 광주리에서 술잔을 가져다가 술을 따라 악공에게 올린다. 태사는 술을 올리는 경우라면 그를 위해 술잔을 씻는다.

鄭注 尊之也. 君賜大夫樂, 又從之以其人, 謂之大師.

번역 태사를 존귀하게 여기기 때문이다. 군주가 대부에게 악기를 하사하면, 또한 해당 연주자를 딸려서 보내는데, 그를 '태사(太師)'라고 부른다.

賈疏 ●"主人"至"之洗". ◎注"尊之"至"大師". ○釋曰: 自此至"反升就席", 論主人獻工笙之事. 但天子·諸侯官備, 有大師·少師·瞽人作樂之長, 大夫·士官不備, 不合有大師, 君有賜大夫·士樂器之法, 故春秋左氏云: 晉侯歌鍾二肆, 取半以賜魏絳, 魏絳於是乎始有金石之樂, 禮也. 時以樂人賜之, 故鄭云"君賜大夫樂, 又從之以其人, 謂之大師"也.

번역 ●經文: "主人"~"之洗". ◎鄭注: "尊之"~"大師". ○이곳 구문으로부터 "되돌아가 당상으로 올라가서 자리로 나아간다."라고 한 구문까지는 주인이 악공과 생(笙) 연주자에게 술을 따라주는 일을 논의하고 있다. 다만 천자와 제후의 경우 관리들이 세부적으로 갖춰져 있어서 태사·소사·고인 등 악공들의 수장이 갖춰져 있는데, 대부와 사의 경우 관리들이 제대로 갖춰져 있지 않으므로 태사를 갖출 수 없지만, 군주가 대부 및 사에게 악기를 하사하는 법도가 있다. 그렇기 때문에 『춘추좌씨전』에서는 진나라 후작이 가종 2틀 중에서 절반을 가져다가 위강에게 하사하여 위강이 이로 인해 비로소 쇠와 돌로 된 악기를 소유하게 되었는데, 예법에 맞다고 했다.[34] 당시에는 악공들을 하사하였기 때문에 정현이 "군주가 대부에게 악기를 하사하면, 또한 해당 연주자를 딸려서 보내는데, 그를 '태사(太師)'라고 부른다."라고 한 것이다.

참고 『주례』「춘관(春官)·악사(樂師)」 기록

경문 凡射, 王以騶虞爲節, 諸侯以貍首爲節, 大夫以采蘋爲節, 士以采蘩爲節.

번역 활쏘기를 할 때 천자는 추우(騶虞)라는 시가로 절차를 맞추고, 제후는 이수라는 시가로 절차를 맞추며, 대부는 채빈(采蘋)이라는 시가로 절차를 맞추고, 사는 채번(采蘩)이라는 시가로 절차를 맞춘다.

鄭注 騶虞·采蘋·采蘩皆樂章名, 在國風·召南. 惟貍首在樂記. 射義曰: "騶虞者, 樂官備也. 貍首者, 樂會時也. 采蘋者, 樂循法也. 采蘩者, 樂不失職也. 是故天子以備官爲節, 諸侯以時會爲節, 卿大夫以循法爲節, 士以不失職爲節." 鄭司農說以大射禮曰: "樂正命大師曰: '奏貍首, 間若一.' 大師不興, 許

---

34) 이 기사는 『춘추좌씨전』「양공(襄公) 11년」 9월 기사에 나온다.

諾, 樂正反位, 奏貍首以射." 貍首, "曾孫".

번역 '추우(騶虞)' · '채빈(采蘋)' · '채번(采蘩)'은 모두 악장의 이름으로 『시』「국풍(國風) · 소남(召南)」에 수록되어 있다. '이수(貍首)'만은 『예기』「악기(樂記)」편에 수록되어 있다. 『예기』「사의(射義)」편에서는 "'추우(騶虞)'라는 것은 관리가 모두 갖춰진 사실에 대해 기뻐한다는 뜻이고, '이수(貍首)'는 때에 따라 조회를 하는 것에 대해 기뻐한다는 뜻이며, '채빈(采蘋)'은 법에 따르는 것에 대해 기뻐한다는 뜻이고, '채번(采蘩)'은 직무를 잃지 않는 것에 대해 기뻐한다는 뜻이다. 이러한 까닭으로 천자는 관리를 모두 갖춘다는 뜻을 절도로 삼는 것이고, 제후는 때에 따라 천자에게 조회하는 뜻을 절도로 삼는 것이며, 경과 대부는 법에 따른다는 뜻을 절도로 삼는 것이고, 사는 직무를 잃지 않는다는 뜻을 절도로 삼는 것이다."라고 했다. 정사농은 『의례』「대사례(大射禮)」편에서 "악정이 태사에게 명령하며 '이수의 시가를 연주하되 악절의 간격은 동일하게 하라.'라고 하면 태사는 일어나지 않고 알았다고 응답하고 악정은 자신의 자리로 되돌아가며 이수를 연주하여 활쏘기를 한다."라고 한 기록을 통해 설명하며 '이수'는 '증손(曾孫)'으로 시작하는 시가라고 했다.

賈疏 ●"凡射"至"爲節" ○釋曰: 凡此爲節之等者, 無問尊卑, 人皆四矢, 射節則不同, 故射人云, 天子九節, 諸侯七節, 大夫士五節, 尊卑皆以四節爲乘矢拾發, 其餘天子五節, 諸侯三節, 大夫士一節, 皆以爲先以聽. 先聽, 未射之時作之, 使射者預聽, 知射之樂節, 以其射法須其體比於禮, 其節比於樂. 而中多者, 乃得預於祭, 故須預聽. 但優尊者, 故射前節多也.

번역 ●經文: "凡射"~"爲節" ○이러한 것들은 절차로 삼는 것의 등급을 뜻하는데, 신분의 차이에 상관없이 사람들은 모두 네 발의 화살을 쏘게 되지만 활쏘기의 절차를 맞추는 것에 있어서는 동일하지 않다. 그렇기 때문에 『주례』「사인(射人)」편에서는 천자는 9절(節)이고, 제후는 7절이며, 대부와 사는 5절이라고 했으니, 신분의 차이에 상관없이 모두 4절에 네 발의 화살을 번갈아가며 발사하게 되고, 나머지 악절의 경우 천자는 5절이고 제후는 3절이며 대부와 사는 1절인데, 이 모두는 활을 쏘기 이전에 듣기 위한 것이다. 먼저 듣는다는 것은 아직 활을 쏘기 이전에 연주를 하여 활 쏘는 자로 하여금 미리 그 소리를 듣게 해서 활을 쏠 때 맞춰야 하는 악절을 터득하게 하고 이를 통해 활쏘기의 법도에 있어서 외형이 예에 맞고 절차가 음악에 맞도록 한 것이다. 적중을 많이 시킨 자는 제사에 참여할 수 있다. 그렇기 때문에 미리 들어야 할 필요가 있다. 다만 존귀한 자를 우대하기 때문에 활쏘기 이전에 연주되는 악절이 많은 것이다.

賈疏 ◎注"騶虞"至"曾孫" ○釋曰: 鄭知云"騶虞·采蘋·采蘩皆樂章名"者, 以其詩爲樂章故也. 云"在國風·召南"者, 見關雎已下爲周南, 鵲巢已下爲召南, 三篇見在召南卷內也. 云"惟貍首在樂記"者, 按樂記云"左射貍首, 右射騶虞", 是也. 按射義亦云"貍首曰, 曾孫侯氏, 四正具擧, 大小莫處, 御於君所", 不引之者, 鄭略引其一以證耳. 云射義已下者, 證用此篇之義也. 先鄭引大射者, 證大師用樂節之事. 云"間若一"者, 謂七節五節之間, 緩急稀稠如一. 彼諸侯禮, 故有樂正命大師; 此天子禮, 故樂師命大師也. 云"貍首, '曾孫'"者, 貍首是篇名, "曾孫"章頭, 卽射義所云是也.

번역 ◎鄭注: "騶虞"~"曾孫" ○정현이 "'추우(騶虞)'·'채빈(采蘋)'·'채번(采蘩)'은 모두 악장의 이름이다."라고 했는데, 이러한 사실을 알 수 있었던 이유는 해당 시를 악장으로 삼기 때문이다. 정현이 "『시』「국풍(國風)·소남(召南)」에 수록되어 있다."라고 했는데, 『시』「관저(關雎)」편 이하는 『시』「주남(周南)」편이 되고, 『시』「작소(鵲巢)」편 이하는 『시』「소남(召南)」편이 되는데, 세 편은 「소남」편에 보인다. 정현이 "'이수(貍首)'만은 『예기』「악기(樂記)」편에 수록되어 있다."라고 했는데, 「악기」편을 살펴보면 "동학(東學)에서 활쏘기를 할 때에는 이수(貍首)의 시가에 절도를 맞추고, 서학(西學)에서 활쏘기를 할 때에는 추우(騶虞)의 시가에 절도를 맞춘다."라고 했다. 『예기』「사의(射義)」편을 살펴보면 또한 "이수라는 시에서는 증손후씨(曾孫侯氏)여, 사정(四正)을 모두 거행하는구나. 대소 관료 관계없이 자신의 직무에 매달리지 않고, 군주가 계신 곳에서 군주를 모시는구나."라고 했는데, 이 내용을 인용하지 않은 것은 정현은 간략히 한 가지 사례만을 인용해서 증명을 했기 때문이다. 「사의」편 이하의 내용을 언급했는데, 이수편을 사용하는 뜻을 증명하기 위해서이다. 정사농은 「대사」편을 인용했는데, 태사가 악절을 사용하는 일을 증명하기 위해서이다. '간약일(間若一)'이라고 했는데 7절과 5절 사이에 완급 및 조밀하고 느슨한 정도를 동일하게 한다는 뜻이다. 제후의 예법에 해당하기 때문에 악정이 태사에게 명령하는 일이 있는데, 이곳의 기록은 천자의 예법에 해당한다. 그렇기 때문에 악사가 태사에게 명령하는 것이다. "이수'는 '증손(曾孫)'으로 시작하는 시가이다."라고 했는데, '이수(貍首)'는 편명이며, '증손(曾孫)'은 악장의 첫 구문이니, 곧 「사의」편에서 기술한 내용이 그 기록에 해당한다.

참고 『시』「소남(召南)·채번(采蘩)」

于以采蘩, (우이채번) : 어디에서 흰쑥을 따는가,
于沼于沚. (우소우지) : 못가에서 따고 물가에서 따도다.
于以用之, (우이용지) : 어디에서 사용하는가,
公侯之事. (공후지사) : 제후의 제사에서 사용하도다.

于以采蘩, (우이채번) : 어디에서 흰쑥을 따는가,
于澗之中. (우간지중) : 산골짜기에서 따도다.
于以用之, (우이용지) : 어디에서 사용하는가,
公侯之宮. (공후지궁) : 제후의 종묘에서 사용하도다.

被之僮僮, (피지동동) : 머리장식의 공경스럽고 공경스러움이여,
夙夜在公. (숙야재공) : 이른 아침부터 밤늦게까지 제사에 참여하는구나.
被之祁祁, (피지기기) : 머리장식의 침착하고 차분함이여,
薄言還歸. (박언환귀) : 제복을 제거하고 차분히 돌아가는구나.

毛序 采蘩, 夫人不失職也, 夫人可以奉祭祀, 則不失職矣.

모서 「채번(采蘩)」편은 부인이 자신의 본분을 잃지 않았음을 노래한 시이니, 부인이 제사를 제대로 받들 수 있다면 자신의 본분을 잃지 않은 것이다.

참고 『의례』「대사(大射)」 기록

경문 上射揖, 司射退反位. 樂正命大師, 曰: "奏貍首, 間若一."

번역 상사(上射)가 읍을 하면 사사(司射)는 물러나 자신의 자리로 돌아간다. 악정(樂正)은 태사(太師)에게 명령하길, "'이수(貍首)'의 시가를 연주하되 악절의 간격은 동일하게 하라."라고 한다.

鄭注 樂正西面受命, 左還東面, 命大師以大射之樂章, 使奏之也. 貍首, 逸詩曾孫也. 貍之言不來也. 其詩有"射諸侯首不朝者"之言, 因以名篇, 後世失之, 謂之曾孫. 曾孫者, 其章頭也. 射義所載詩曰"曾孫侯氏", 是也. 以爲諸侯射節者, 采其旣有弧矢之威, 又言"小大莫處, 御於君所, 以燕以射, 則燕則譽", 有樂以時會君事之志也. 間若一者, 調其聲之疏數, 重節.

번역 악정은 서쪽을 바라보며 명령을 받고, 좌측으로 돌아 동쪽을 바라보며 태사에게 대사례에 따른 악장을 연주하라고 명령하여, 연주를 시킨다. '이수(貍首)'는 일실된 시로 「증손(曾孫)」편이다. '이(貍)'자는 찾아오지 않는다는 뜻이다. 그 시에서는 "조회에 참여하지 않은 제후의 머리를 쏜다."라는 말이 기록되어 있으므로, 이에 따라 편명을 정한 것인데, 후세에는 이러한 뜻을 잃어버리고 '증손(曾孫)'이라고 불렀다. '증손(曾孫)'이라는 말은 시의 첫 구문에 나오는 말이다. 『예기』「사의(射義)」편에 수록된 시 중 '증손후씨(曾孫侯氏)'라고 시작한 것이 바로 이 시에 해당한다. 이러한 시를 제후들이 활쏘기를 할 때의 악절로 삼은 것은 활쏘기의 위엄이 갖춰져 있고, 또 "대소 관료를 막론하고 자신의 직무에 매달리지 않고, 군주가 계신 곳에서 군주를 모시는구나. 연례(燕禮)를 시행한 뒤에 사례(射禮)를 실시하니, 편안하고 영예롭게 된다."라는 말이 기록되어 있으니, 때때로 군주의 일로 인해 모이는 것을 즐거워하는 뜻이 포함되어 있기 때문이다. '간약일(間若一)'이라는 말은 소리의 빈도를 고르게 한다는 뜻으로, 악절을 중시하기 때문이다.

賈疏 ●"上射"至"若一". ◎注"樂正"至"重節". ○釋曰: 云"貍首, 逸詩曾孫也"者, 以其貍首是篇名, 曾孫是章頭. 知者, 以其射義上文云: 其節, 天子以騶虞, 諸侯以貍首, 卿大夫以采蘋, 士以采蘩. 以類言之, 騶虞·采蘋是篇名, 貍首篇名可知. 射義下文"諸侯君臣盡志於射", 又云"故詩曰: 曾孫侯氏, 四正具擧. 小大莫處, 御於君所", 注云: "此曾孫之詩, 諸侯之射節也. 四正, 正爵四行也. 四行者, 獻賓·獻公·獻卿·獻大夫, 乃後樂作而射也." 上云貍首, 下云曾孫. 曾孫, 章頭也, 是以鄭云"曾孫其章頭, 射義所載曾孫侯氏, 是也." 云"後世失之, 謂之曾孫"者, 以曾孫爲篇名是失之, 云曾孫其章頭也, 是正世人也. 云"小大莫處"已下, "則燕則譽"以上, 皆射義文. 彼注以燕以射先行燕禮乃射是也. 云"間若一者, 調其聲之疏數重節"者, 謂九節·七節·五節, 中間相去, 或希疏或密數, 中間使如一. 必疏數如一者, 重此樂故也.

번역 ●經文: "上射"~"若一". ◎鄭注: "樂正"~"重節". ○정현이 "'이수(貍首)'는 일실된 시로 「증손(曾孫)」편이다."라고 했는데, '이수(貍首)'는 편명이며 '증손(曾孫)'은 시의 첫 구문이기 때문이다. 이러한 사실을 알 수 있는 이유는 『예기』「사의(射義)」편의 앞부분에서는 "절도에 대해서 설명해보자면, 천자는 추우(騶虞)라는 악곡으로 절도를 삼고, 제후는 이수(貍首)라는 악곡으로 절도를 삼으며, 경과 대부는 채빈(采蘋)이라는 악곡으로 절도를 삼고, 사는 채번(采蘩)이라는 악곡으로 절도를 삼는다."라고 했다. 같은 부류로 말을 해보자면 '추우(騶虞)'와 '채빈(采蘋)'은 편명이 되니, '이수(貍首)' 또한 편명에 해당함을 알 수 있다. 그리고 「사의」편의 뒷부분에서는 “제후국에 소속된 군주와 신하는 모두 사례(射禮)에 대해서 그 뜻을 다한다.”라고 했고, 또 “이러한 까닭으로 『시』에서는 증손후씨(曾孫侯氏)여, 사정(四正)을 모두 거행하는구나. 대소 관료를 막론하고 자신의 직무에 매달리지 않고, 군주가 계신 곳에서 군주를 모시는구나.”라고 했고, 정현의 주에서는 “이곳에서 ‘증손(曾孫)’이라고 한 시는 제후들이 활쏘기를 할 때 절도로 삼는 악곡이다. ‘사정(四正)’은 정식 의례에 쓰이는 술잔을 4차례 사용한다는 뜻이다. 4차례 사용한다는 것은 빈객에게 따라주고, 군주에게 따라주며, 경에게 따라주고, 대부에게 따라주는 것이니, 이처럼 한 이후에야 음악을 연주하고 활쏘기를 시행한다.”라고 했다. 앞에서는 ‘이수(貍首)’라고 했고 뒤에서는 ‘증손(曾孫)’이라고 했다. ‘증손(曾孫)’은 시의 첫 구문에 해당하기 때문에 정현이 “‘증손(曾孫)’이라는 말은 시의 첫 구문에 나오는 말이다. 『예기』「사의(射義)」편에 수록된 시 중 ‘증손후씨(曾孫侯氏)’라고 시작한 것이 바로 이 시에 해당한다.”라고 말한 것이다. 정현이 “후세에는 이러한 뜻을 잃어버리고 ‘증손(曾孫)’이라고 불렀다.”라고 했는데, ‘증손(曾孫)’을 시의 편명으로 여긴 것이 잘못되었다고 말한 것이니, “‘증손(曾孫)’이라는 말은 시의 첫 구문에 나오는 말이다.”라고 한 말은 세상 사람들의 잘못된 인식을 바로잡은 것이다. “대소 관료를 막론하고 자신의 직무에 매달리지 않는다.”라고 한 구문부터 “편안하고 영예롭게 된다.”라는 말까지는 모두 「사의」편의 기록이다. 「사의」편에 대한 주에서는 ‘이연이사(以燕以射)’에 대해 먼저 연례를 시행하고 그런 뒤에 사례를 시행한다고 했다. 정현이 “‘간약일(間若一)’이라는 말은 소리의 빈도를 고르게 한다는 뜻으로, 악절을 중시하기 때문이다.”라고 했는데, 9절 · 7절 · 5절에 있어서 중간에 간격이 있는데 어떤 것은 드문드문하고 어떤 것은 촘촘한데, 그 간격을 동일하게 만든다는 뜻이다. 소리의 빈도를 반드시 동일하게 만드는 것은 이러한 악절을 중시 여기기 때문이다.

참고 『주례』「하관(夏官) · 사인(射人)」 기록

경문 以射法治射儀. 王以六耦射三侯, 三獲三容, 樂以騶虞, 九節五正; 諸侯以四耦射二侯, 二獲二容, 樂以貍首, 七節三正; 孤卿大夫以三耦射一侯, 一獲一容, 樂以采蘋, 五節二正; 士以三耦射豻侯, 一獲一容, 樂以采蘩, 五節二正.

번역 활쏘기의 법도를 통해 활쏘기의 의식을 다스린다. 천자의 활쏘기인 경우 6쌍이 3종류의 과녁에 활을 쏘고 3개의 적중 표시 깃발과 3개의 화살막이를 설치하며 음악은 '추우(騶虞)'의 시가로 연주하며 9절로 하고 5가지 채색이 들어간 표적을 둔다. 제후의 경우 4쌍이 2종류의 과녁에 활을 쏘고 2개의 적중 표시 깃발과 2개의 화살막이를 설치하며 음악은 '이수(貍首)'의 시가로 연주하며 7절로 하고 3가지 채색이 들어간 표적을 둔다. 고(孤)[35] · 경 · 대부의 경우 3쌍이 1종류의 과녁에 활을 쏘고 1개의 적중 표시 깃발과 1개의 화살막이를 설치하며 음악은 '채빈(采蘋)'의 시가로 연주하며 5절로 하고 2가지 채색이 들어간 표적을 둔다. 사의 경우 3쌍이 한후(豻侯)에 활을 쏘고 1개의 적중 표시 깃발과 1개의 화살막이를 설치하며 음악은 '채번(采蘩)'의 시가로 연주하며 5절로 하고 2가지 채색이 들어간 표적을 둔다.

鄭注 射法, 王射之禮. 治射儀, 謂肆之也. 鄭司農云: "三侯, 熊·虎·豹也. 容者, 乏也. 待獲者所蔽也. 九節, 析羽九重, 設於長杠也. 正, 所射也. 詩云: '終日射侯, 不出正兮.' 二侯, 熊·豹也. 豻侯, 豻者, 獸名也. 有貙豻熊虎." 玄謂三侯者, 五正·三正·二正之侯也. 二侯者, 三正·二正之侯也. 一侯者, 二正而已. 此皆與賓射於朝之禮也. 考工·梓人職曰: "張五采之侯則遠國屬." 遠國, 謂諸侯來朝者也. 五采之侯, 卽五正之侯也. 正之言正也, 射者內志正, 則能中焉. 畫五正之侯, 中朱, 次白, 次蒼, 次黃, 玄居外. 三正, 損玄黃. 二正, 去白蒼而畫以朱綠. 其外之廣, 皆居侯中參分之一, 中二尺. 今儒家云: "四尺曰正, 二尺曰鵠, 鵠乃用皮, 其大如正." 此說失之矣. 大射禮豻作干, 讀如"宜豻宜獄"之豻. 豻, 胡犬也. 士與士射則以豻皮飾侯, 下大夫也. 大夫以上與賓

35) 고(孤)는 고대의 작위이다. 천자에게 소속된 '고'는 삼공(三公) 밑의 서열에 해당하며, 육경(六卿)보다 높았다. 고대에는 소사(少師) · 소부(少傅) · 소보(少保)를 삼고(三孤)라고 불렀다.

射, 節侯以雲氣, 用采各如其正. 九節・七節・五節者, 奏樂以爲射節之差. 言節者, 容侯道之數也. 樂記曰: "明乎其節之志, 不失其事, 則功成而德行立."

번역 '사법(射法)'은 천자의 사례(射禮)를 뜻한다. 사의(射儀)를 다스린다는 것은 익힌다는 뜻이다. 정사농은 "'삼후(三侯)'는 웅후(熊侯)・호후(虎侯)・표후(豹侯)이다. '용(容)'은 화살막이[乏]이다. 적중을 표시하는 자가 몸을 가리는 곳이다. '구절(九節)'은 가느다란 새의 깃털이 9겹으로 긴 깃대에 설치한다. '정(正)'은 화살을 쏘는 표적이다. 『시』에서는 '종일토록 과녁에 활을 쏘아도, 정곡에서 벗어나지 않는구나.'라고 했다. '이후(二侯)'는 웅후・표후이다. '한후(豻侯)'라고 했는데, '한(豻)'은 짐승의 이름이다. 추후・한후・웅후・호후가 있다."라고 했다. 내가 생각하기에 '삼후(三侯)'라는 것은 오정(五正)・삼정(三正)・이정(二正)이 설치된 과녁을 뜻한다. '이후(二侯)'는 삼정・이정이 설치된 과녁을 뜻한다. '일후(一侯)'는 이정이 설치된 과녁일 따름이다. 이것들은 모두 빈객과 함께 조정에서 활쏘기를 하는 예법이다. 『고공기』「재인(梓人)」편의 직무 기록에서는 "다섯 가지 채색의 과녁을 설치한다면 기외제후(畿外諸侯) 등에 해당한다."[36]라고 했다. '원국(遠國)'은 제후들 중 천자의 수도로 찾아와 조회하는 자들을 뜻한다. 다섯 가지 채색의 과녁은 오정(五正)이 설치된 과녁을 뜻한다. '정(正)'자는 "바르다[正]."는 뜻이니, 활을 쏘는 자가 내적으로 그 뜻이 바르다면 적중을 시킬 수 있기 때문이다. 다섯 가지 채색이 들어간 과녁은 중앙은 적색, 그 밖은 백색, 그 밖은 청색, 그 밖은 황색, 검은 색은 가장 밖에 있게 된다. '삼정(三正)'은 이 중 검은색과 황색을 줄인 것이다. '이정(二正)'은 백색과 청색을 줄이고 적색과 녹색으로 채색한다. 그 밖의 너비는 모두 과녁의 중앙을 3등분 했을 때 그 중 1만큼을 차지하며, 가운데 너비는 2척이 된다. 현재 유학자들은 "사방 4척의 너비는 '정(正)'이 되고, 2척의 너비는 '곡(鵠)'이 되는데, 곡의 경우 가죽을 사용해서 만들고 그 크기는 정(正)과 동일하다."라고 하지만, 이 주장은 잘못되었다. 『의례』「대사례(大射禮)」편에서는 '한(豻)'자를 '간(干)'자로 기록했는데, "한

36) 『주례』「동관고공기(冬官考工記)・재인(梓人)」: 張五采之侯, 則遠國屬.

(豻)에 마땅하고 옥(獄)에 마땅하도다."라고 했을 때의 '한(豻)'처럼 풀이한다. '한(豻)'이라는 것은 오랑캐 지역에 사는 개이다. 사 계급이 사와 활쏘기를 하게 되면 한의 가죽으로 과녁을 장식하니, 대부보다 낮추기 때문이다. 대부 이상의 계층이 빈객과 활쏘기를 하게 되면 과녁에는 구름무늬를 그리며 채색을 사용하는데, 각각 표적과 동일하게 장식한다. 9절·7절·5절이라는 것은 음악을 연주할 때 활쏘기의 절차로 삼는 차등이다. '절(節)'이라고 말한 것은 과녁과의 거리라는 의미를 포함하고자 했기 때문이다. 『예기』「악기(樂記)」편에서는 "절도의 뜻에 해박하여 그 사안을 놓치지 않는다면, 공적이 완성되고 덕행이 성립된다."라고 했다.

賈疏 ◎注"射法"至"行立" ○釋曰: 此則賓射在朝之儀. 言"射法, 王射之禮"者, 此經兼有諸侯臣各在家與賓客射法, 各自有官掌之, 射人但作法與之耳. 首云"射法"者, 是射人所掌王射之禮, 言"王射", 以別諸侯已下之射也. 云"治射儀, 謂肆之也"者, 言"治", 則非是王射之語, 謂若大宗伯云"治其大禮", 皆是習禮法, 故鄭云"肆之", 肆則習也. 先鄭云"三侯, 虎熊豹", 後鄭不從. 云"容者, 乏也"者, 此言容, 儀禮·大射·鄉射之等云乏, 故云容者乏也. 言容者, 據唱獲者容身於其中, 據人而言. 云乏者, 矢至此乏極不過, 據矢而說也. 云"九節, 析羽九重, 設於長杠也"者, 若是析羽九重設於長杠, 即是獲旌, 當與三獲三容相依, 何得輒在騶虞之下? 既在騶虞詩下, 明是歌之樂節, 故後鄭不從也. 云"二侯, 熊豹也"者, 後鄭亦不從也. 云"豻侯, 豻者, 獸名也, 獸有貙豻熊虎"者, 此皆獸類, 故舉言之也. 玄謂"三侯者, 五正·三正·二正之侯也"者, 大射·賓射侯數同, 皆約大射云"大侯九十, 糝侯七十, 豻侯五十"而言. 云"二侯者, 三正·二正之侯也"者, 謂七十·五十弓者也. 云"一侯者, 二正而已"者, 據大夫士同一侯, 二正, 五十弓而已. 云"此皆與賓射於朝之禮也"者, 按鄉射記云: "於境, 則虎中, 龍旃", 謂諸侯賓射之禮. 彼又云: "唯君有射國中, 其餘臣則否." 注云: "臣不習武事於君側", 則臣皆不得在國射. 若然, 在朝賓射, 唯有天子, 而云"此皆與賓射於朝之禮"者, 謂諸侯已下, 賓射在己朝, 不謂於天子朝行此賓射之禮也. 云"考工·梓人職曰: '張五采之侯則遠國屬'"已下至

"五正之侯也", 引之者, 破先鄭以此五正之侯爲虎・熊・豹. 但梓人有三等侯, 云"張皮而棲鵠", 及司裘云"虎侯・熊侯・豹侯", 皆大射之侯也. 梓人又云: "張五采之侯, 則遠國屬", 及此五正之等, 皆賓射之侯也. 梓人又云: "張獸侯, 則王以息燕", 及鄕射記云"天子熊侯, 白質"之等, 皆燕射之侯也. 三射各有其侯, 而先鄭以皮侯釋正侯, 非也. 云"正之言正也, 射者內志正則能中焉"者, 此意取義於射義, 司裘注更有一釋, 正爲鳥名解之也. 云"畫五正之侯, 中朱"已下皆以相克爲次. 向南爲首, 故先畫朱. 知三正去玄黃・二正朱綠者, 皆依聘禮記繅藉而言. 三采者, 朱白蒼. 二采者, 朱綠也. 云"其外之廣, 皆居侯中參分之一"者, 此亦約梓人云"參分其廣, 而鵠居一焉", 彼據大射之侯; 若賓射之侯, 亦當參分其廣, 正居一焉. 九十步者侯中丈八尺, 七十步者侯中丈四尺, 五十步者侯中一丈也. 云"今儒家云: '四尺曰正, 二尺曰鵠, 鵠乃用皮, 其大如正.' 此說失之矣"者, 賓射, 射正. 大射, 射鵠. 儒家以正・鵠爲一解, 故鄭破之云"鵠乃用皮, 其大如正", 不得爲一, 故云此說失之矣. 云"大射禮豻作干"者, 見大射經作干侯, 彼注亦破從豻. 云"讀如'宜豻宜獄'之豻"者, 此讀與彼音同. 云"豻, 胡犬也"者, 謂胡地之野犬. 云"士與士射則以豻皮飾侯, 下大夫也. 大夫以上與賓射, 飾侯以雲氣", 知義如此者, 此賓射, 正用二采, 而言豻侯, 明於兩畔以豻皮飾之, 故得豻侯之名. 知大夫已上用雲氣者, 鄕射記云"凡畫者丹質", 注云: "賓射之侯・燕射之侯, 皆畫雲氣於側以爲飾, 必先以丹采其地." 是賓射, 大夫已上皆畫雲氣. 其大射之侯兩畔飾以皮, 故鄭直言賓射・燕射. 云"用采各如其正"者, 其側之飾采之數, 各如正之多少也. 云"九節・七節・五節者, 奏樂以爲射節之差"者, 九節者五節先以聽, 七節者三節先以聽, 五節者一節先以聽. 尊者先聽多, 卑者少爲差, 皆留四節以乘矢拾發. 云"言節者, 容侯道之數"者, 謂若九節者侯道九十弓, 七節者侯道七十弓, 五節者侯道五十弓也. 云"樂記曰: '明乎其節之志, 不失其事, 則功成德行立'"者, 證侯道遠近亦爲節也. 此射義文, 云樂記者, 誤也.

번역 ◎鄭注: "射法"~"行立" ○이 문장은 빈사례를 조정에서 시행할 때의 의례에 해당한다. 정현이 "'사법(射法)'은 천자의 사례(射禮)를 뜻한다."라고 했는데, 이곳 경문에서는 제후 및 신하들이 각각 자신의 집에서 빈객과 활쏘기를 하는 예법까지도 아울러 설명하고 있는데, 이러한 경우 각각 자신의 휘하에 있는 관리들이 그 일을 담당하며, 사인(射人)은 단지 법도를 제정하여 그들에게 보낼 따름이다. 첫 문장에서 '사법(射法)'이라고 했는데, 이것은 사인이 담당하고 있는 천자의 사례에 해당한다. 정현이 '왕사(王射)'라고 말한 것은 제후로부터 그 이하의 계층에서 시행하는 사례와 구별하기 위해서이다. 정현이 "사의(射儀)를 다스린다는 것은 익힌다는 뜻이다."라고 했는데, '치(治)'라고 했다면 이것은 천자의 사례를 직접 다스린다는 말이 아니니, 『주례』「대종백(大宗伯)」편에서 "대례를 다스린다."[37]라고 말한 것과 같으니, 이 모두는 예법을 익힌다는 뜻이다. 그렇기 때문에 정현이 "사(肆)한다."라고 한 것이니, '사(肆)'는 "익힌다[習]."는 뜻이다. 정사농은 "'삼후(三侯)'는 웅후(熊侯)·호후(虎侯)·표후(豹侯)이다."라고 했는데, 정현은 이 주장에 따르지 않았다. 정사농이 "'용(容)'은 화살막이[乏]이다."라고 했는데, 여기에서는 '용(容)'이라고 했는데, 『의례』「대사례(大射禮)」 및 「향사례(鄕射禮)」 등의 편에서는 '핍(乏)'이라고 했다. 그렇기 때문에 "'용(容)'은 화살막이[乏]이다."라고 말한 것이다. '용(容)'이라고 부르는 이유는 명중했다고 알리는 자가 그 속에 자신의 몸을 감추는 것에 근거했기 때문이니, 그 일을 시행하는 사람에 기준을 두어 말한 것이다. '핍(乏)'이라고 말하는 경우는 화살이 이곳에 도달하게 되면 막혀서 통과하지 못하기 때문이니, 화살에 기준을 두어 말한 것이다. 정사농이 "'구절(九節)'은 가느다란 새의 깃털이 9겹으로 긴 깃대에 설치한다."라고 했는데, 만약 이 물건이 정사농의 말처럼 가느다란 새의 깃털을 9겹으로 하여 긴 깃대에 설치한 것이라면, 명중을 표시하는 깃발이 되므로, 마땅히 삼획(三獲)·삼용(三容)의 부류가 되어, 연이어 기술되어야 하는데 어떻게 갑작스럽게 추우(騶虞) 뒤에 기술될 수 있겠는가? 이미 추우라는 시 뒤에 기술되어 있다면 이것은 분명히 시가의 악절에 해당한다. 그렇기 때문에 정현이 그 주장에 따르지 않은 것이다. 정사농이 "'이후(二侯)'는 웅후·표후이다."라고 했는데, 정현

---

37) 『주례』「춘관(春官)·대종백(大宗伯)」: 凡祀大神, 享大鬼, 祭大示, 帥執事而卜日, 宿, 眂滌濯, 莅玉鬯, 省牲鑊, 奉玉齍, 詔大號, <u>治其大禮</u>, 詔相王之大禮.

은 이 주장에도 따르지 않았다. 정사농이 "'한후(豻侯)'라고 했는데 '한(豻)'은 짐승의 이름이다. 추후・한후・웅후・호후가 있다."라고 했는데, 과녁의 이름들은 모두 짐승들을 뜻한다. 그렇기 때문에 이에 근거해서 말한 것이다. 정현은 "'삼후(三侯)'라는 것은 오정(五正)・삼정(三正)・이정(二正)이 설치된 과녁을 뜻한다."라고 했는데, 대사례와 빈사례에서는 과녁과의 거리가 동일하니, 이 모두는 「대사례」편에서 "대후(大侯)는 거리가 90보이고 삼후(糝侯)는 70보이며 한후(豻侯)는 50보이다."[38]라고 한 말을 요약해서 말한 것이다. 정현이 "'이후(二侯)'는 삼정・이정이 설치된 과녁을 뜻한다."라고 했는데, 70보와 50보 떨어진 지점에 설치하는 과녁을 뜻한다. 정현이 "'일후(一侯)'는 이정이 설치된 과녁일 따름이다."라고 했는데, 대부와 사는 동일하게 일후를 사용한다는 것에 근거한 것으로, 이정은 50보 떨어진 지점에 설치하는 과녁일 따름이다. 정현이 "이것들은 모두 빈객과 함께 조정에서 활쏘기를 하는 예법이다."라고 했는데, 『의례』「향사례(鄕射禮)」편의 기문에서는 "국경에서 시행한다면 호중(虎中)을 사용하고 용전(龍旃)을 사용한다."[39]라고 했는데, 제후가 시행하는 빈사례를 의미한다. 또 「향사례」편의 기문에서는 "오직 제후만이 국성 안에서 활쏘기를 시행하며, 나머지 신하들은 하지 못한다."[40]라고 했고, 정현의 주에서는 "신하는 군주 주변에서 무예에 대한 일을 익히지 않기 때문이다."라고 했다. 그렇다면 신하는 모두 국성 안에서 활쏘기를 할 수 없다. 만약 그렇다면 조정에서 빈사례를 시행한다고 했는데, 이것은 오직 천자의 경우에만 해당한다. 그런데도 "이것들은 모두 빈객과 함께 조정에서 활쏘기를 하는 예법이다."라고 했으니, 제후 이하의 계층은 빈사례를 자신이 보유한 조정에서 시행한다는 것을 뜻하며, 천자의 조정에서 이러한 빈사례를 시행한다는 뜻이 아니다. 정현이 "『고공기』「재인(梓人)」편의 직무 기록에서는 '다섯 가지 채색의 과녁을 설치한다면 기외제후(畿外諸侯) 등에 해당한다.'라고 했다."라고 한

38) 『의례』「대사례(大射禮)」: 司馬命量人量侯道與所設乏以貍步: 大侯九十, 參七十, 干五十. 設乏, 各去其侯西十・北十.
39) 『의례』「향사례(鄕射禮)」: 於竟, 則虎中龍旃.
40) 『의례』「향사례(鄕射禮)」: 唯君有射于國中, 其餘否.

말로부터 “오정(五正)이 설치된 과녁을 뜻한다.”라고 한 말까지, 「재인」편을 인용한 것은 정사농이 오정의 과녁을 호후·웅후·표후로 풀이한 것을 논파하기 위해서이다. 다만 「재인」편에는 세 등급의 과녁이 나오는데, “가죽으로 장식한 과녁을 설치하고 곡(鵠)을 덧댄다.”[41]라고 했고, 『주례』「사구(司裘)」편에서는 ‘호후(虎侯)·웅후(熊侯)·표후(豹侯)’[42]라고 했는데, 이 모두는 대사례에 사용하는 과녁이다. 또 「재인」편에서는 “다섯 가지 채색의 과녁을 설치한다면 기외제후 등에 해당한다.”라고 했고, 이곳에서 오정의 과녁이라고 한 것들은 모두 빈사례에 사용하는 과녁이다. 「재인」편에서는 또한 “수후(獸侯)를 설치하면 천자는 이를 통해 쉬게 하며 노고를 위로해준다.”[43]라고 했고, 「향사례」편의 기문에서는 “천자는 웅후를 사용하며 바탕은 백색으로 한다.”[44]라는 등의 기록이 나오는데, 이 모두는 연사례에 사용하는 과녁이다. 세 가지 활쏘기에는 각각 해당하는 과녁이 있는데, 정사농은 가죽으로 장식한 과녁을 정식 과녁으로 풀이했으니 잘못된 주장이다. 정현이 “‘정(正)’자는 바르다는 뜻이니, 활을 쏘는 자가 내적으로 그 뜻이 바르다면 적중을 시킬 수 있기 때문이다.”라고 했는데, 이러한 뜻은 그 의미를 『예기』「사의(射義)」편에서 취한 것인데, 「사구」편의 주에서는 재차 다른 해석을 내놓았으니, ‘정(正)’을 새의 이름으로 풀이한 것이다. 정현이 “다섯 가지 채색이 들어간 과녁은 중앙은 적색으로 한다.”라고 한 기록으로부터 그 이하의 말들은 모두 상극(相克)을 순서로 삼고 있다. 남쪽을 향하는 것이 첫 번째가 되기 때문에 먼저 적색을 그린다. 삼정에서 검은색과 황색을 제거하고, 이정에서 적색과 녹색을 사용한다는 사실을 알 수 있는 이유는 이 모두는 『의례』「빙례(聘禮)」편의 기문에서 옥 받침에 들어가는 색깔에 따라 말했기 때문이다. 세 가지 채색만 사용하는 경우 들어가는 색깔은 적색·백색·청색이다. 두 가지 채색만 사용하는 경우 들어가는 색

---

41) 『주례』「동관고공기(冬官考工記)·재인(梓人)」: 張皮侯而棲鵠, 則春以功.
42) 『주례』「천관(天官)·사구(司裘)」: 王大射, 則共虎侯·熊侯·豹侯, 設其鵠. 諸侯則共熊侯·豹侯, 卿大夫則共麋侯, 皆設其鵠.
43) 『주례』「동관고공기(冬官考工記)·재인(梓人)」: 張獸侯, 則王以息燕.
44) 『의례』「향사례(鄉射禮)」: 凡侯, 天子熊侯, 白質; 諸侯麋侯, 赤質; 大夫布侯, 畫以虎豹; 士布侯, 畫以鹿豕.

깔은 적색·녹색이다. 정현이 "그 밖의 너비는 모두 과녁의 중앙을 3등분했을 때 그 중 1만큼을 차지한다."라고 했는데, 이 또한 「재인」편에서 "그 너비를 3등분하고 곡(鵠)이 그 중 1만큼을 차지한다."[45]라고 한 말을 요약한 것인데, 「재인」편은 대사례에 사용하는 과녁에 기준을 둔 것이지만, 빈사례의 과녁의 경우에도 마땅히 그 너비를 3등분하여 정(正)이 1만큼을 차지하게 된다. 90보 떨어진 곳에 설치하는 과녁의 중앙은 그 너비가 1장 8척이고, 70보 떨어진 곳에 설치하는 과녁의 중앙은 그 너비가 1장 4척이며, 50보 떨어진 곳에 설치하는 과녁의 중앙은 그 너비가 1장이다. 정현이 "현재 유학자들은 '사방 4척의 너비는 정(正)이 되고, 2척의 너비는 곡(鵠)이 되는데, 곡의 경우 가죽을 사용해서 만들고 그 크기는 정(正)과 동일하다.'라고 하지만, 이 주장은 잘못되었다."라고 했는데, 빈사례에서는 정(正)에 활을 쏜다. 대사례에서는 곡(鵠)에 활을 쏜다. 당시 유학자들은 정과 곡을 동일한 사물이라고 해석했기 때문에, 정현이 그 주장을 논파하며, "곡은 가죽을 사용해서 만들고 그 크기는 정과 동일하다."라고 한 말에 대해 동일한 사물이 될 수 없다고 했다. 그렇기 때문에 "이 주장은 잘못되었다."라고 했다. 정현이 "「대사례」편에서는 '한(豻)'자를 '간(干)'자로 기록했다."라고 했는데, 「대사례」편의 경문에서는 '간후(干侯)'로 기록했고, 「대사례」편에 대한 정현의 주에서도 글자를 고쳐 '한(豻)'이라고 했다. 정현이 "한(豻)에 마땅하고 옥(獄)에 마땅하다고 했을 때의 '한(豻)'처럼 풀이한다."라고 했는데, 이곳에서의 독음과 「대사례」편에서의 독음은 모두 동일하다는 뜻이다. 정현이 "'한(豻)'이라는 것은 오랑캐 지역에 사는 개이다."라고 했는데, 오랑캐 지역에 살고 있는 야생 들개를 뜻한다. 정현이 "사 계급이 사와 활쏘기를 하게 되면 한의 가죽으로 과녁을 장식하니, 대부보다 낮추기 때문이다. 대부 이상의 계층이 빈객과 활쏘기를 하게 되면 과녁에는 구름무늬를 그린다."라고 했는데, 이와 같은 사실을 알 수 있는 이유는 이곳에서 빈사례를 시행할 때 정은 두 가지 채색을 사용한다고 했고 '한후(豻侯)'라고 했다

45) 『주례』「동관고공기(冬官考工記)·재인(梓人)」: 梓人爲侯, 廣與崇方, 參分其廣而鵠居一焉.

면, 양쪽 가장자리는 한(犴)의 가죽으로 장식한다는 사실을 나타낸다. 그렇기 때문에 '한후(犴侯)'라는 명칭을 얻게 된 것이다. 또 대부 이상의 계층이 과녁에 구름무늬를 그린다는 사실을 알 수 있는 이유는 「향사례」편의 기문에서 "그림을 그리는 경우 바탕은 붉은색으로 한다."[46]라고 했고, 정현의 주에서는 "빈사례에서 사용하는 과녁과 연사례에서 사용하는 과녁에는 모두 그 측면에 구름을 그려서 장식을 하는데, 반드시 그보다 앞서 적색으로 바탕을 만든다."라고 했다. 이것은 빈사례에서 대부 이상의 계층은 모두 구름무늬를 그리게 됨을 나타낸다. 대사례에 사용되는 과녁에는 양쪽 가장자리를 가죽으로 장식한다. 그렇기 때문에 정현은 단지 빈사례와 연사례만 언급한 것이다. 정현이 "채색을 사용하는데, 각각 표적과 동일하게 장식한다."라고 했는데, 측면의 장식에 사용되는 채색의 가짓수는 각각 정의 많고 적은 수치에 따른다는 뜻이다. 정현이 "9절·7절·5절이라는 것은 음악을 연주할 때 활쏘기의 절차로 삼는 차등이다."라고 했는데, 9절의 경우 5절까지는 활쏘기에 앞서 먼저 듣는 것이고, 7절의 경우 3절까지는 활쏘기에 앞서 먼저 듣는 것이며, 5절의 경우 1절은 활쏘기에 앞서 먼저 듣는 것이다. 존귀한 자의 경우 먼저 듣는 악절이 많고 미천한 자의 경우 먼저 듣는 악절이 적은데 모든 계층이 4절을 남겨서 네 발의 화살을 번갈아가며 쏘는 것이다. 정현이 "'절(節)'이라고 말한 것은 과녁과의 거리라는 의미를 포함하고자 했기 때문이다."라고 했는데, 9절의 경우 과녁을 설치하는 거리는 90보가 되고, 7절의 경우 과녁을 설치하는 거리는 70보가 되며, 5절의 경우 과녁을 설치하는 거리는 50보가 된다는 뜻이다. 정현이 "「악기」편에서는 '절도의 뜻에 해박하여 그 사안을 놓치지 않는다면, 공적이 완성되고 덕행이 성립된다.'라고 했다."라고 했는데, 과녁을 설치하는 거리의 차이 또한 절도가 된다는 뜻을 증명하기 위해서이다. 그런데 이것은 『예기』「사의(射義)」편의 기록이다. 따라서 「악기」편이라고 한 말은 잘못된 기록이다.

---

46) 『의례』「향사례(鄕射禮)」: 凡畫者, 丹質.

그림 6-1 ▣ 슬(瑟)

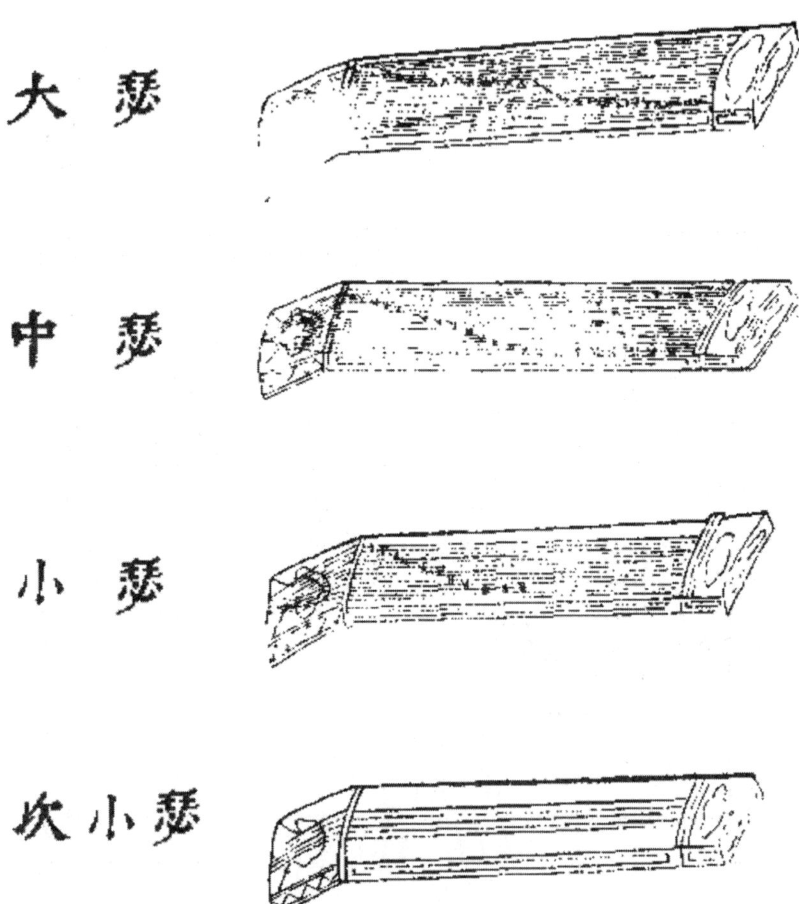

※ 출처: 『삼재도회(三才圖會)』「기용(器用)」 3권

그림 6-2 ▣ 주(周)나라의 명당(明堂)

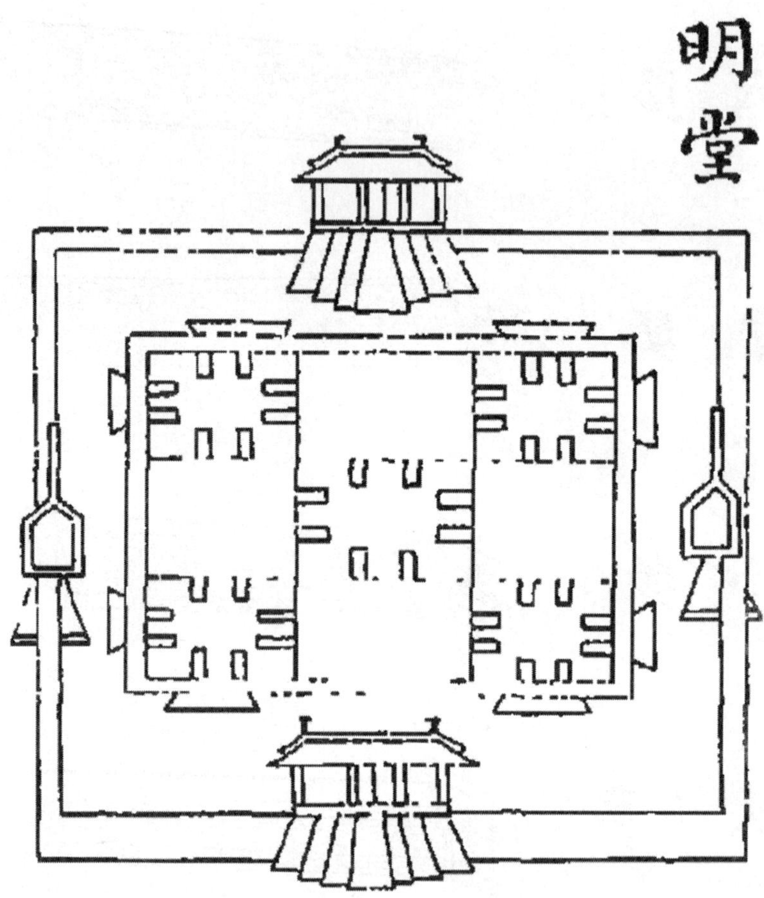

※ 출처: 『삼례도집주(三禮圖集注)』 4권

그림 6-3 ▣ 광(筐)과 거(筥)

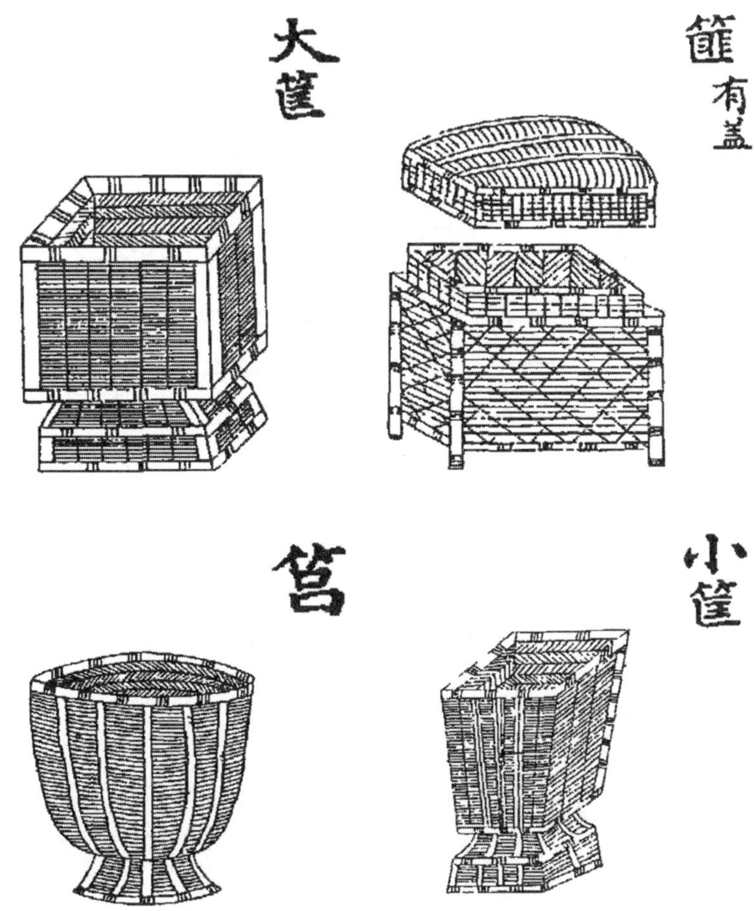

※ 출처: 『삼례도집주(三禮圖集注)』 12권

그림 6-4 ▣ 기(錡)와 부(釜)

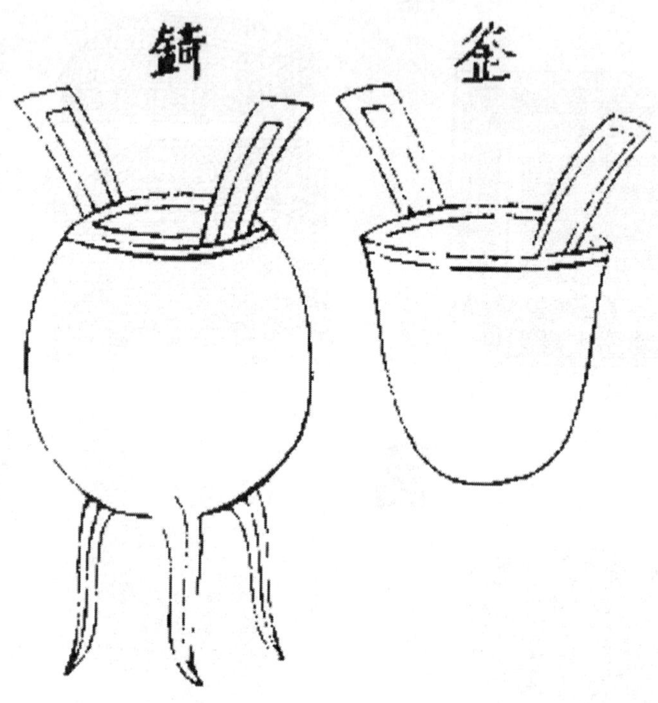

※ **출처:** 『삼재도회(三才圖會)』「기용(器用)」 2권

그림 6-5 ▣ 생(笙)

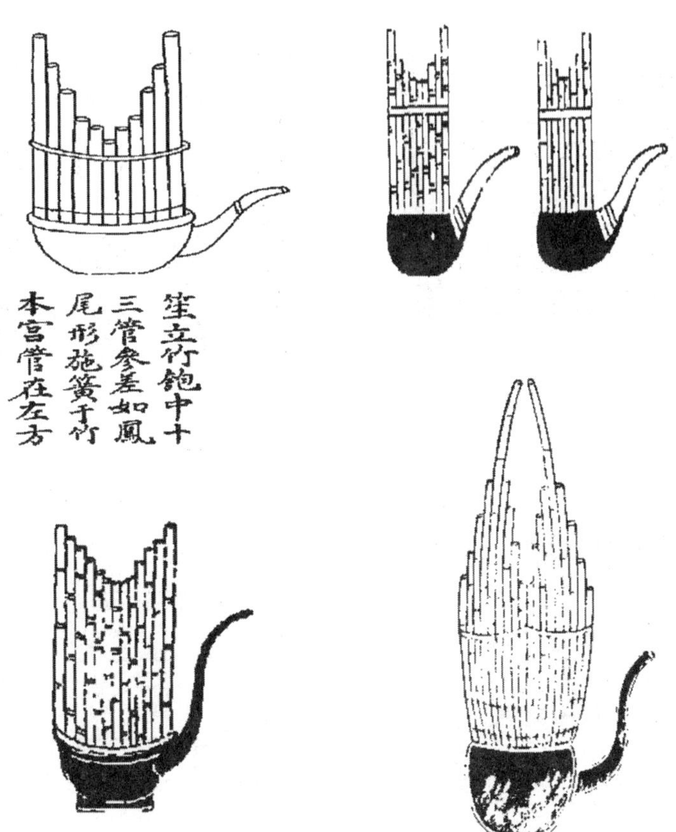

笙立竹匏中十
三管參差如鳳
尾形施簧于竹
本宮管在左方

※ **출처:** 상좌-『주례도설(周禮圖說)』 하권 ; 상우-『삼례도집주(三禮圖集注)』 5권
하좌-『육경도(六經圖)』 2권 ; 하우-『삼재도회(三才圖會)』「기용(器用)」 3권

그림 6-6 ▣ 호후(虎侯)

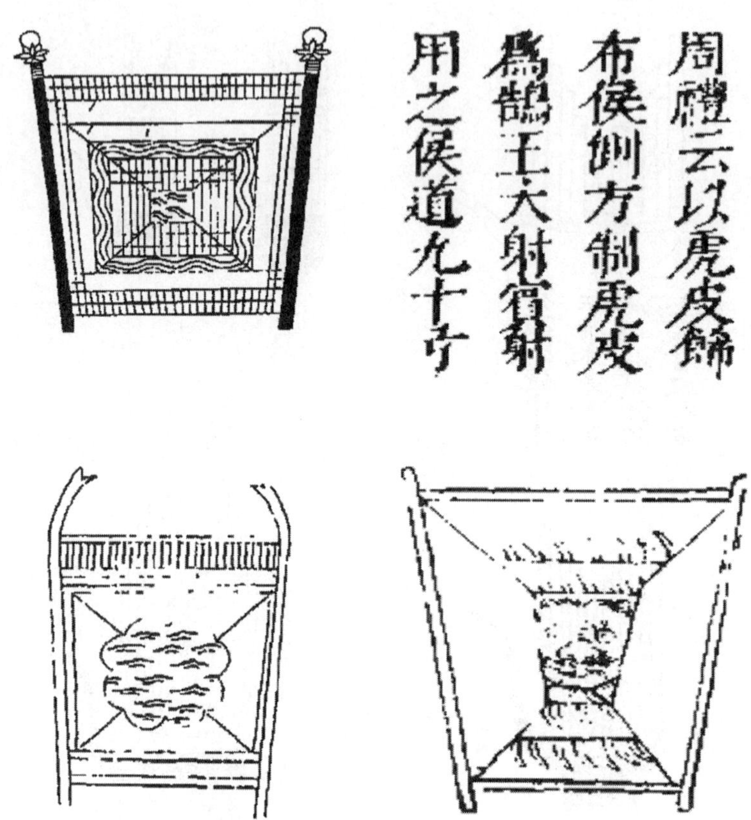

※ 출처: 상좌-『삼례도집주(三禮圖集注)』 6권 ; 하좌-『육경도(六經圖)』 7권
우-『삼재도회(三才圖會)』「기용(器用)」 4권

그림 6-7 ▣ 웅후(熊侯)

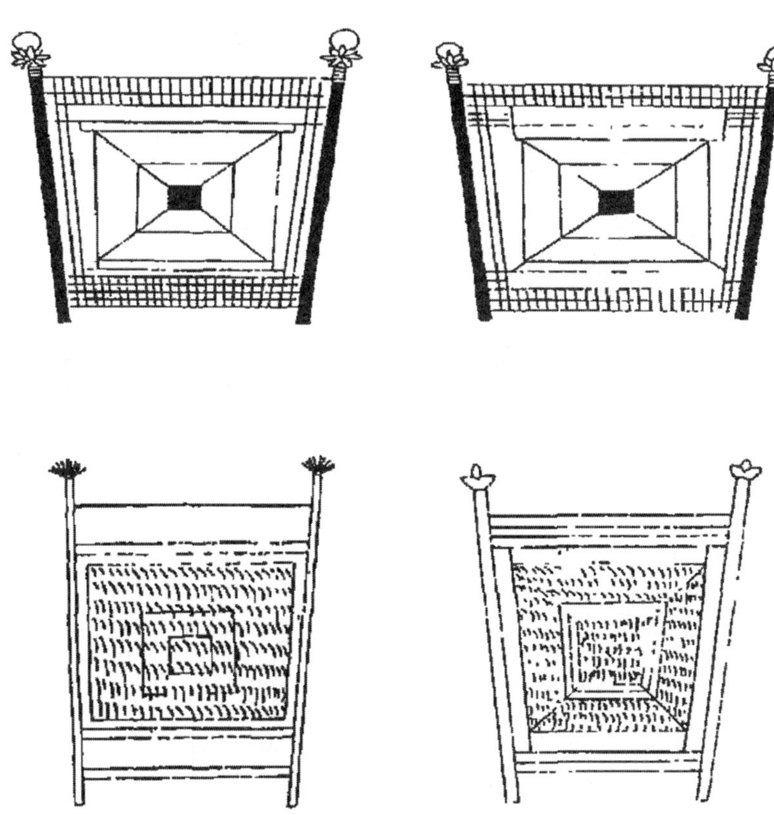

※ **출처:** 상-『삼례도집주(三禮圖集注)』 6권 ; 하-『육경도(六經圖)』 7권

그림 6-8 ▣ 웅후(熊侯)

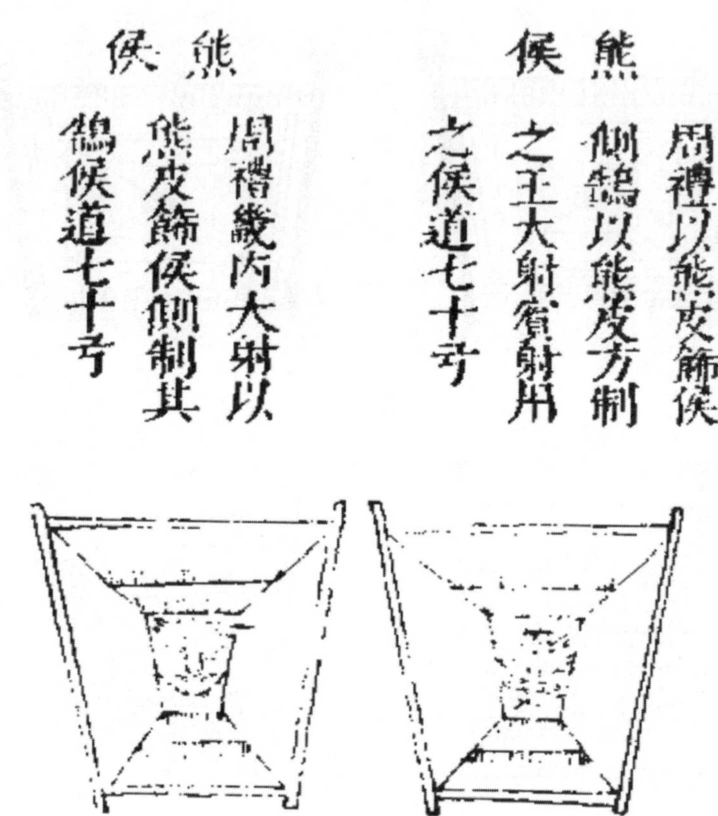

※ **출처:** 『삼재도회(三才圖會)』「기용(器用)」 4권

그림 6-9 ▣ 표후(豹侯)

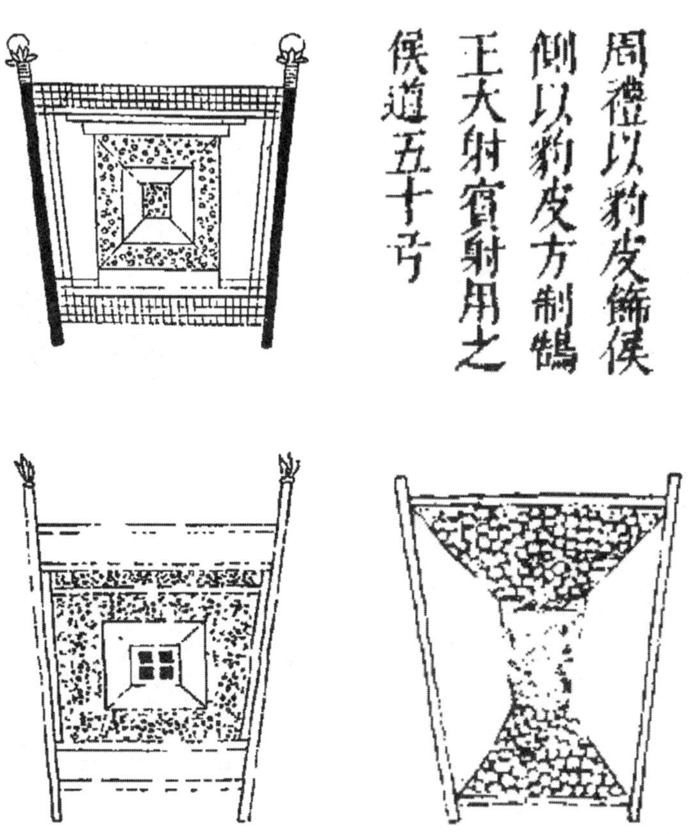

※ **출처:** 상좌-『삼례도집주(三禮圖集注)』 6권 ; 하좌-『육경도(六經圖)』 7권
우-『삼재도회(三才圖會)』「기용(器用)」 4권

그림 6-10 ▣ 한후(豻侯)

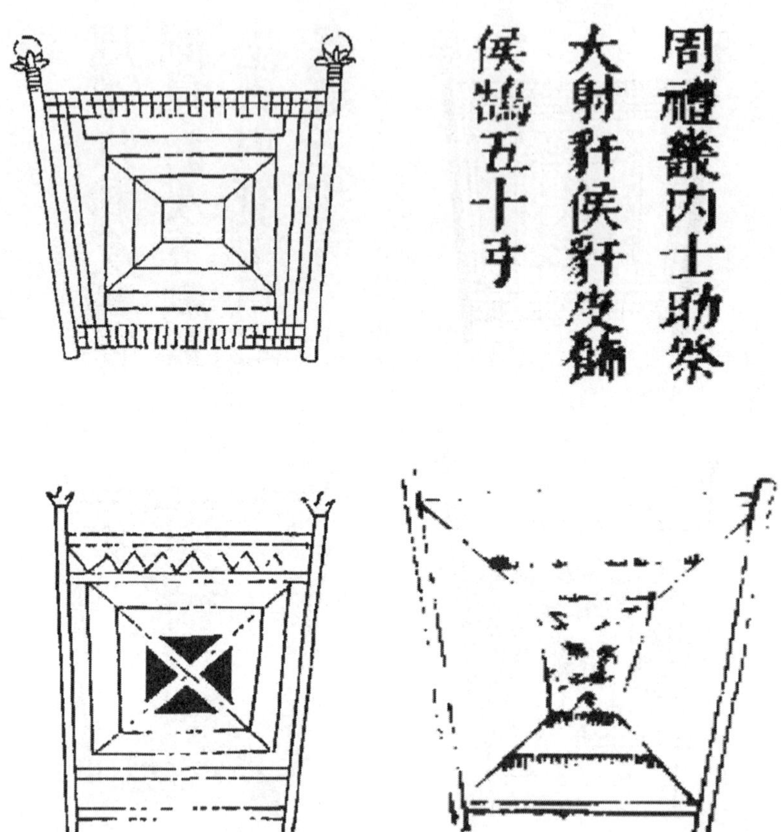

※ **출처:** 상좌-『삼례도집주(三禮圖集注)』 6권 ; 하좌-『육경도(六經圖)』 7권
우-『삼재도회(三才圖會)』「기용(器用)」 4권

그림 6-11 ▣ 대후(大侯)

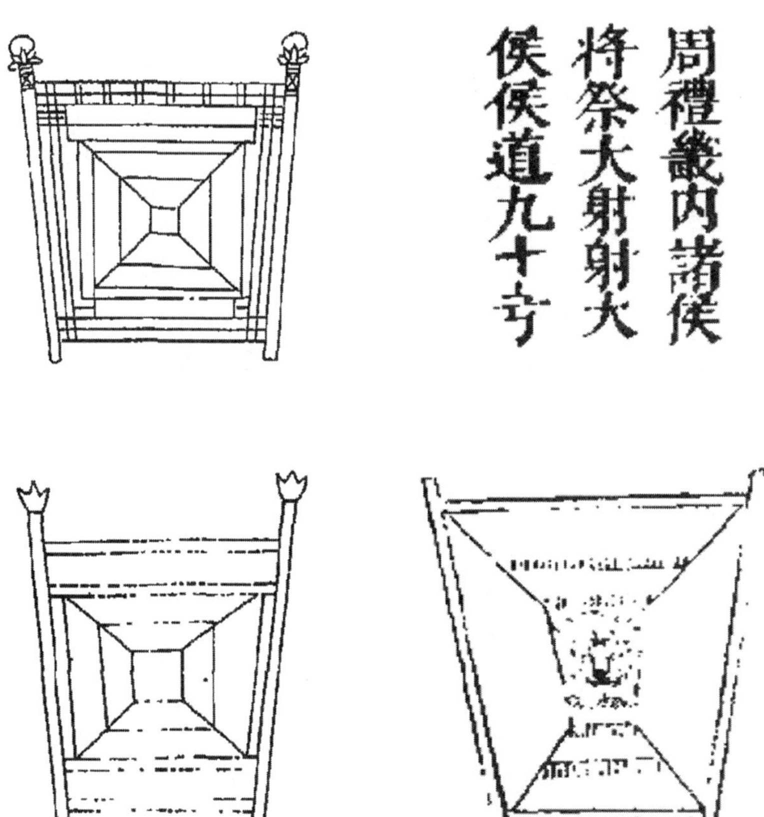

周禮畿內諸侯
將祭大射射大
侯侯道九十弓

※ **출처:** 상좌-『삼례도집주(三禮圖集注)』 6권 ; 하좌-『육경도(六經圖)』 7권
우-『삼재도회(三才圖會)』「기용(器用)」 4권

그림 6-12 ▣ 삼후(糝侯)

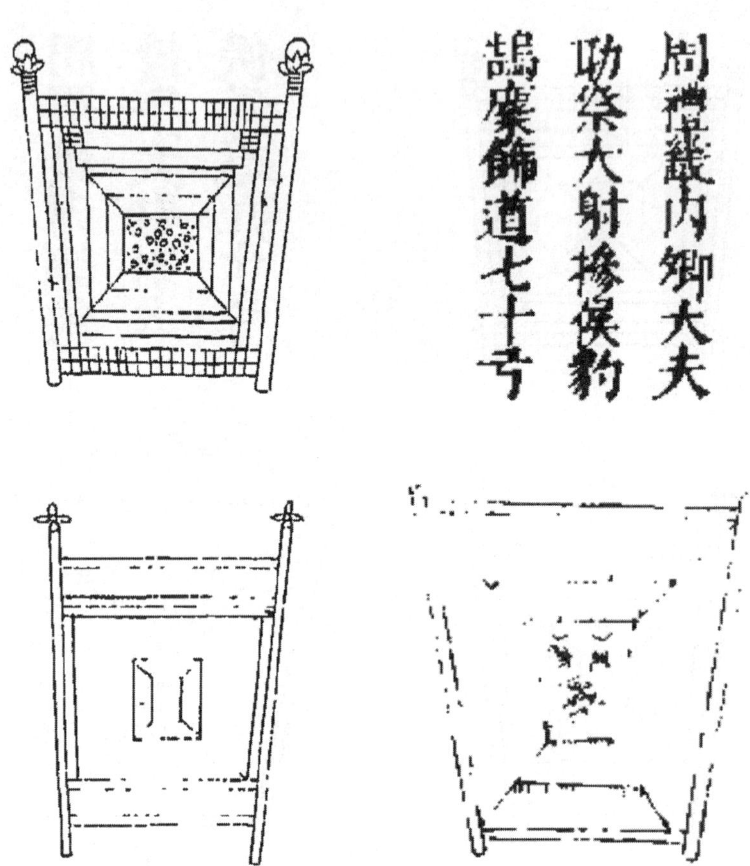

※ **출처:** 상좌-『삼례도집주(三禮圖集注)』 6권 ; 하좌-『육경도(六經圖)』 7권
우-『삼재도회(三才圖會)』「기용(器用)」 4권

그림 6-13 ▣ 오정후(五正侯)

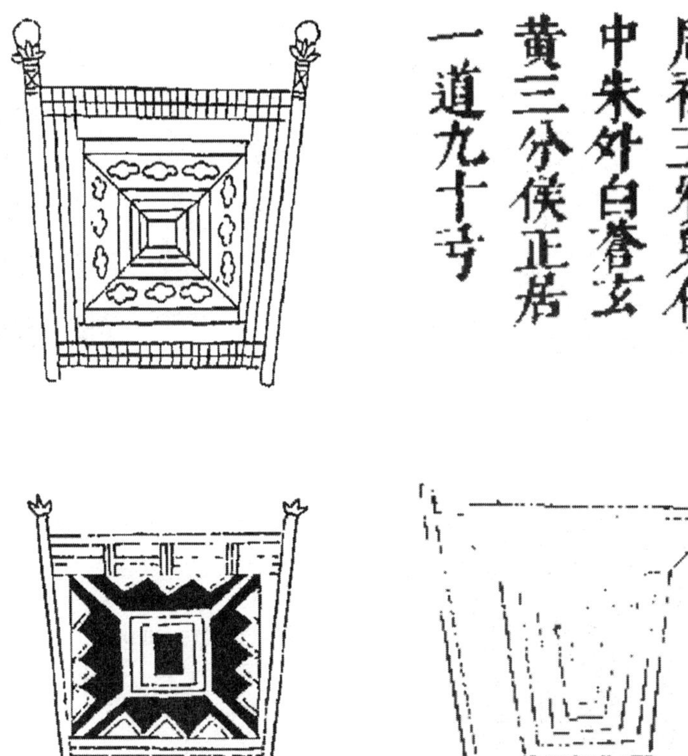

※ **출처:** 상좌-『삼례도집주(三禮圖集注)』 6권 ; 하좌-『육경도(六經圖)』 7권
우-『삼재도회(三才圖會)』「기용(器用)」 4권

그림 6-14 ▣ 삼정후(三正侯)

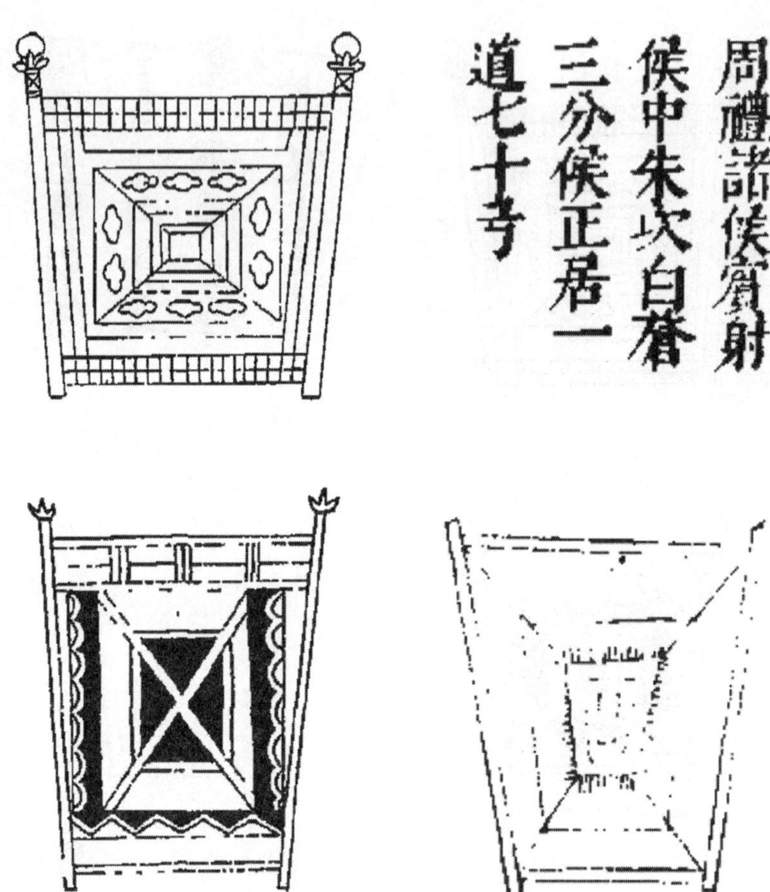

※ 출처: 상좌-『삼례도집주(三禮圖集注)』 6권 ; 하좌-『육경도(六經圖)』 7권
우-『삼재도회(三才圖會)』「기용(器用)」 4권

그림 6-15 ▣ 이정후(二正侯)

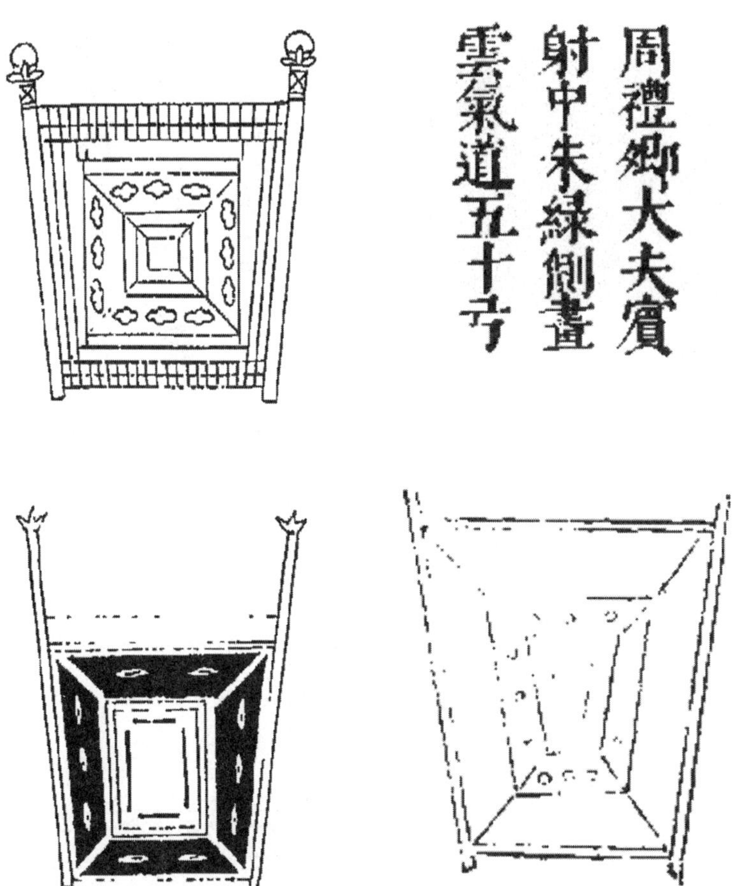

周禮鄉大夫賓
射中朱綠側畫
雲氣道五十弓

※ **출처:** 상좌-『삼례도집주(三禮圖集注)』 6권 ; 하좌-『육경도(六經圖)』 7권
우-『삼재도회(三才圖會)』「기용(器用)」 4권

그림 6-16 ▣ 핍(乏)

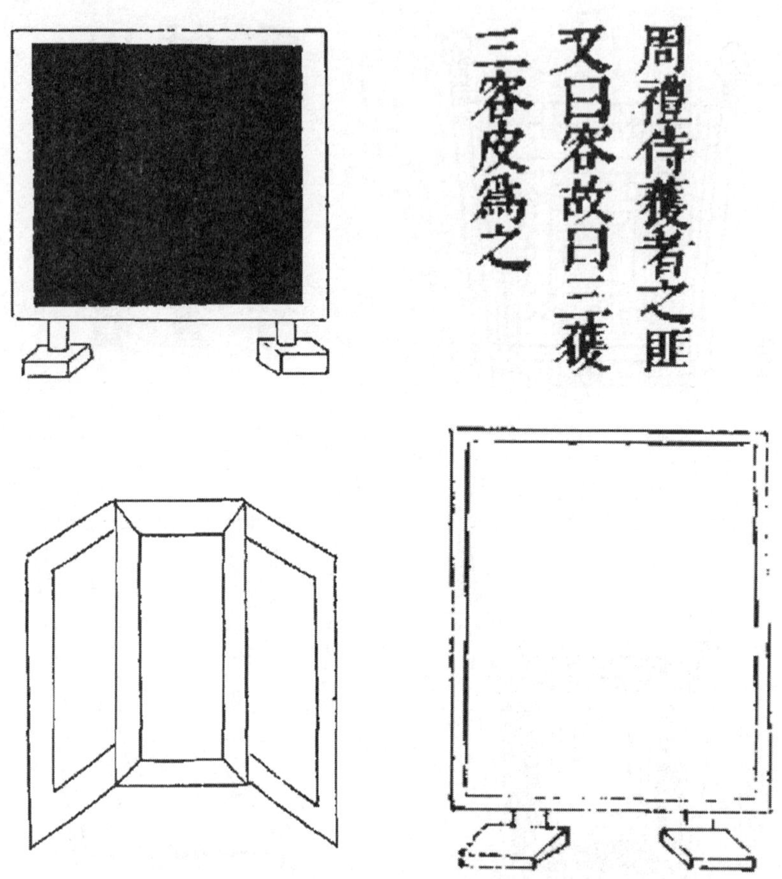

※ 출처: 상좌-『삼례도집주(三禮圖集注)』 6권 ; 하좌-『삼례도(三禮圖)』 4권
우-『삼재도회(三才圖會)』「기용(器用)」 4권

그림 6-17 ▣ 소자(繅藉)

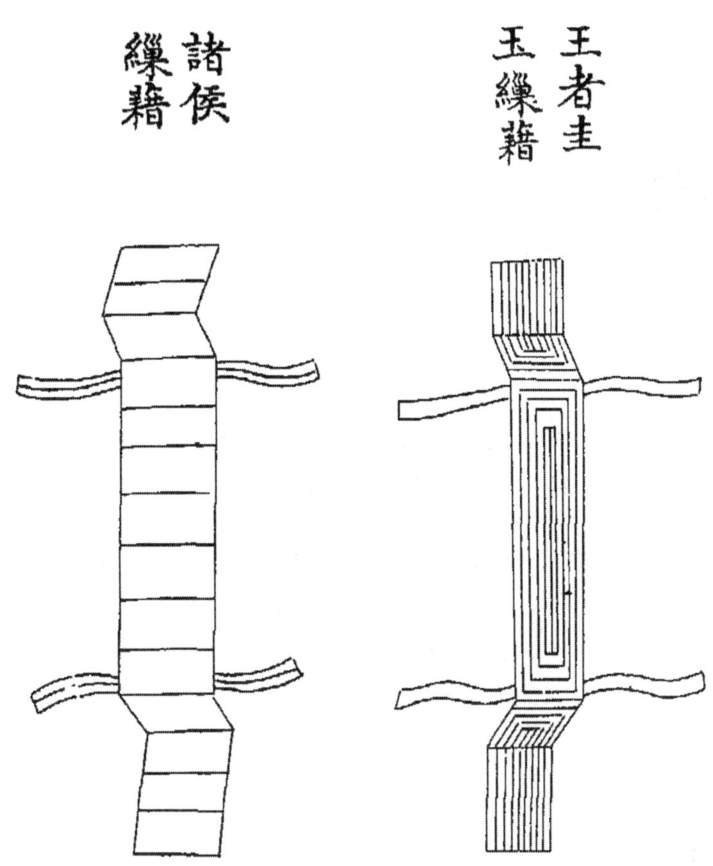

※ **출처:** 『삼례도집주(三禮圖集注)』 10권

• 제 7 절 •

화살을 던지는 절차

【677a】

左右告矢具, 請拾投. 有入者, 則司射坐而釋一筭焉. 賓黨於右, 主黨於左.

직역 左右에게 矢이 具함을 告하고, 拾히 投하길 請한다. 入者가 有하면, 司射가 坐하여 一筭을 釋한다. 賓의 黨은 右에 있고, 主의 黨은 左에 있다.

의역 사사(司射)가 좌우에 있는 주인과 빈객에게 화살이 모두 갖춰졌다고 아뢰고, 재차 번갈아가며 화살을 던지라고 청한다. 화살을 던져서 병 안으로 들어간 것이 있다면 사사는 자리에 앉아서 산가지 하나를 바닥에 내려놓는다. 빈객의 무리들은 사사의 우측인 남쪽에 정렬해 있고, 주인에게 속한 자들은 사사의 좌측인 북쪽에 정렬해 있다.

集說 主賓席皆南向, 則主居左, 賓居右. 司射告賓主以矢具, 又請更迭而投, 於是乃投壺也. 若矢入壺者, 則司射乃坐而釋一算於地. 司射東面而立, 釋算則坐也. 賓黨於右者, 在司射之前稍南; 主黨於左者, 在司射之前稍北. 蓋司射東面, 則南爲右, 北爲左矣.

번역 주인과 빈객의 자리는 모두 남쪽을 향해 있으니, 주인은 좌측에 위치하고 빈객은 우측에 위치한다. 사사(司射)가 빈객과 주인에게 화살이 모두 갖춰졌다고 아뢰고, 재차 번갈아 화살을 던지라고 청하니, 이 시기가 되어야만 투호를 한다. 만약 병 안으로 화살이 들어간 것이 있다면, 사사가 앉아서 땅바닥에 산가지 하나를 놓아둔다. 사사는 동쪽을 향해 서 있는데, 산가지를 내려놓게 되면 자리에 앉는다. “빈객의 무리들은 우측에 있다.”는 말은 사사의 앞쪽에서 조금 남쪽으로 치우친 자리에 있다는 뜻이며, “주인에게 속한 자들은 좌측에 있다.”는 말은 사사의 앞쪽에서 조금 북쪽으로 치우친 자리에 있다는 뜻이다. 아마도 사사가 동쪽을 바라보고 있으므로, 남쪽이 우측이 되고 북쪽이 좌측이 될 것이다.

大全 嚴陵方氏曰: 拾者, 更也, 與曲禮言拾級, 喪禮言拾踊, 同義. 賓黨於右, 主黨於左者, 主人尊賓故也. 凡言左右, 則以右爲尊者, 蓋左右以體言, 爲陰故也. 左傳曰, 地有五行, 體有左右.

번역 엄릉방씨가 말하길, ‘습(拾)’자는 번갈아[更]라는 뜻이니, 『예기』「곡례(曲禮)」편에서 “계단을 한 칸씩 올라간다.”[1]라는 말과 상례에서 “번갈아가며 용(踊)[2]을 한다.”[3]라고 했을 때의 ‘습(拾)’자와 뜻이 같다. “빈객의 무리가 우측에 있고, 주인에게 속한 자들이 좌측에 있다.”라고 했는데, 주인은 빈객을 존숭하기 때문이다. 무릇 좌우(左右)라고 말했다면, 우측을 존귀한 자리로 여기는데, 좌우는 몸을 기준으로 말하면 좌측은 음에 해당하기 때문이다. 『좌전』에서는 “땅에는 오행(五行)이 있고, 몸에는 좌우가 있다.”[4]라

---

1) 『예기』「곡례상(曲禮上)」【18d～19a】 : 主人與客讓登, 主人先登, 客從之, 拾級聚足, 連步以上. 上於東階, 則先右足; 上於西階, 則先左足.

2) 용(踊)은 상중(喪中)에 취하는 행동으로, 곡(哭)에 맞춰서 발을 구르는 행위이다.

3) 『예기』「잡기상(雜記上)」【505d～506a】 : 上客臨曰, “寡君有宗廟之事, 不得承事, 使一介老某相執綍.” 相者反命曰, “孤須矣.” 臨者入門右, 介者皆從之, 立于其左東上. 宗人納賓, 升受命于君. 降曰, “孤敢辭吾子之辱. 請吾子之復位.” 客對曰, “寡君命某毋敢視賓客, 敢辭.” 宗人反命曰, “孤敢固辭吾子之辱. 請吾子之復位.” 客對曰, “寡君命某毋敢視賓客, 敢固辭.” 宗人反命曰, “孤敢固辭吾子之辱. 請吾子之復位.” 客對曰, “寡君命使臣某毋敢視賓客, 是以敢固辭. 固辭不獲命, 敢不敬從.” 客立于門西, 介立于門左東上. 孤降自阼階拜之, 升, 哭, 與客拾踊三. 客出, 送于門外拜稽顙. / 『예기』「분상(奔喪)」【653d】 : 婦人奔喪, 升自東階, 殯東西面坐, 哭盡哀. 東髽卽位, 與主人拾踊.

4) 『춘추좌씨전』「소공(昭公) 32년」 : 故天有三辰, 地有五行, 體有左右, 各有妃耦,

고 했다.

鄭注 拾, 更也. 告矢具請更投者, 司射也. 司射東面立, 釋筭則坐. 以南爲右, 北爲左也. 已投者退, 各反其位.

번역 '습(拾)'자는 번갈아[更]라는 뜻이다. 화살이 갖춰졌다고 아뢰고 번갈아 화살을 던지도록 청하는 것은 사사(司射)가 하는 일이다. 사사는 동쪽을 바라보며 서 있고, 산가지를 내려놓게 되면 자리에 앉는다. 남쪽을 좌측으로 삼고 북쪽을 우측으로 삼는다. 화살을 던진 자가 물러나면 각각 자신의 자리로 되돌아간다.

釋文 更, 古衡反, 下同.

번역 '更'자는 '古(고)'자와 '衡(형)'자의 반절음이며, 아래문장에 나오는 글자도 그 음이 이와 같다.

孔疏 ●"左右"至"於左". ○正義曰: 此一經論投壺之事, 中者釋筭之儀.

번역 ●經文: "左右"~"於左". ○이곳 경문은 투호를 할 때 적중을 하게 되면 산가지를 내려놓는 절차를 논의하고 있다.

孔疏 ●"左右告矢具"者, 左, 謂主人; 右, 謂賓客. 司射告主與賓以矢具也.

번역 ●經文: "左右告矢具". ○'좌(左)'자는 주인을 뜻하며, '우(右)'자는 빈객을 뜻한다. 사사(司射)가 주인과 빈객에게 화살이 갖춰졌다고 아뢴다는 의미이다.

孔疏 ●"請拾投"者, 拾, 更也. 司射又請賓主更遞而投, 於是乃投壺也.

王有公, 諸侯有卿, 皆其貳也.

번역 ●經文: "請拾投". ○'습(拾)'자는 번갈아[更]라는 뜻이다. 사사(司射)는 재차 빈객과 주인에게 교대로 화살을 던지라고 청하니, 이 시기가 되어야만 투호를 시행한다.

孔疏 ●"有入者, 則司射坐而設一筭焉"者, 若矢入壺者, 則司射乃坐釋一筭於地也.

번역 ●經文: "有入者, 則司射坐而設一筭焉". ○만약 병 안으로 들어간 화살이 있다면, 사사(司射)는 자리에 앉아서 땅바닥에 산가지 하나를 내려놓는다.

孔疏 ●"賓黨於右"者, 右, 謂司射之前稍南也.

번역 ●經文: "賓黨於右". ○'우(右)'자는 사사(司射)의 앞쪽에서 조금 남쪽으로 치우친 자리를 뜻한다.

孔疏 ●"主黨於左"者, 左, 謂司射之前稍北也.

번역 ●經文: "主黨於左". ○'좌(左)'자는 사사(司射)의 앞쪽에서 조금 북쪽으로 치우친 자리를 뜻한다.

孔疏 ◎注"已投者退, 各反其位". ○正義曰: 約鄕射禮射畢, 則各反其位, 則知投壺者畢, 亦各反其位, 辟後來也. 反位, 謂主黨於東, 賓黨於西.

번역 ◎鄭注: "已投者退, 各反其位". ○『의례』「향사례(鄕射禮)」편을 요약해보면, 활 쏘는 일이 끝나면 각각 자신의 자리로 되돌아간다. 따라서 투호를 할 때에도 그 일이 끝나면 각각 자신의 자리로 되돌아가서, 뒤이어 자리로 나아가는 사람에게 자리를 피해준다는 사실을 알 수 있다. "자리로 되돌아간다."라고 했는데, 주인에게 속한 무리들은 동쪽으로 가고, 빈객 무리들은 서쪽으로 간다는 뜻이다.

集解 愚謂: 司射告時北面, 左謂賓, 右謂主人也. 釋算則賓黨於右, 主黨於左, 以南爲上也. 鄕射禮"釋獲者東面", 司射西面視之, 投壺禮簡, 故司射釋算也. 已投退, 各反其位, 賓反其牖間之位, 主人反其阼階上之位, 餘耦各反其堂西之位也.

번역 내가 생각하기에, 사사(司射)가 아뢸 때에는 북쪽을 바라보게 되니, '좌(左)'자는 빈객을 뜻하며, '우(右)'자는 주인을 뜻한다. 산가지를 내려놓게 되면, 빈객의 무리들은 우측에 있고 주인에게 속한 자들은 좌측에 있다고 하는데 남쪽을 상등의 자리로 삼기 때문이다. 『의례』「향사례(鄕射禮)」편에서는 "점수를 계산하는 자는 동쪽을 바라본다."[5]라고 했는데, 사사가 서쪽을 바라보며 살피는 것은 투호의 의례는 간소하기 때문에 사사가 계산을 하는 것이다. 이미 화살을 던져서 물러나게 되면 각각 자신의 자리로 되돌아가는데, 빈객은 들창 사이의 자리로 되돌아가고, 주인은 동쪽 계단 위의 자리로 되돌아가며, 나머지 투호를 하기 위해 짝을 이룬 자들은 각각 당상의 서쪽에 마련된 자리로 되돌아간다.

集解 孔疏云, "反位, 謂主黨於東, 賓黨於西." 按鄕射禮衆耦之位皆在堂西, 投壺禮賓主之黨亦當皆在堂西, 孔疏非是.

번역 공영달의 소에서는 "자리로 되돌아간다고 했는데, 주인에게 속한 무리들은 동쪽으로 가고, 빈객 무리들은 서쪽으로 간다는 뜻이다."라고 했는데, 『의례』「향사례(鄕射禮)」편을 살펴보면, 활을 쏘기 위해 짝을 이룬 무리들의 자리는 모두 당상(堂上)의 서쪽에 있다고 했고, 투호의 의례에서도 빈객과 주인의 무리들은 마땅히 당상의 서쪽에 있어야 하니, 공영달의 소에서 말한 설명은 잘못되었다.

集解 右請投.

---

5) 『의례』「향사례(鄕射禮)」: 釋獲者東面于中西坐, 先數右獲.

번역 여기까지는 화살을 던지라고 청한다는 뜻이다.

참고 원문비교

예기대전·투호 左右告矢具, 請拾投. 有入者, 則司射坐而釋一筭焉. 賓黨於右, 主黨於左.

대대례기·투호 左右告矢具, 請拾投. 有入者, 則司射坐而釋一[算]焉. 賓黨於右, 主黨於左.

참고 『예기』「곡례상(曲禮上)」 기록

경문-18d~19a 主人與客讓登, 主人先登, 客從之, 拾級聚足, 連步以上. 上於東階, 則先右足; 上於西階, 則先左足.

번역 계단에 오를 경우, 주인은 빈객에게 먼저 올라가라고 사양을 하는데, 빈객이 다시 사양을 하여, 끝내 주인이 먼저 오르게 되면, 빈객이 뒤따라 올라간다. 다만 한 계단을 오를 때마다 양발을 모으니, 이런 방식으로 걸음을 이어가서 계단을 오르게 된다. 동쪽 계단으로 오르는 경우에는 오른쪽 발을 먼저 떼고, 서쪽 계단으로 오르는 경우에는 왼쪽 발을 먼저 뗀다.

鄭注 拾當爲涉, 聲之誤也. 級, 等也. 涉等聚足, 謂前足躡一等, 後足從之併. 重蹉跌也. 連步謂足相隨不相過也. 近於相鄉敬.

번역 '습(拾)'자는 마땅히 '섭(涉: 건너다)'자가 되어야 하니, 소리가 비슷한 데에서 비롯된 잘못이다. '급(級)'자는 '계단의 칸[等]'을 뜻한다. "계단의 한 칸을 오를 때마다 발을 모은다[涉等聚足]."는 말은 앞발이 한 칸을 오르게 되면, 뒷발이 앞발을 따라 올라와서, 두 발을 나란히 모은다는 뜻이다. 이처럼 계단을 오르는 이유는 실수로 넘어지게 될까 염려해서이다. '연보(連步)'는 양발을 서로 모으는 것으로, 양발을 교차시키며 성큼성큼 올라가는 것이 아니다. 주인과 빈객이 계단에 오를 때, 서로 내딛는 발이 다른 이유는 이처럼 오르게 되면, 서로 경의를 표하는 모습에 가깝게 되기 때문이다.

釋文 拾, 依注音涉.

번역 '拾'자는 정현의 주에 따르면, 그 음은 '涉(섭)'이 된다.

孔疏 ●"拾級聚足"者, 此上階法也. 拾, 涉也. 級, 等也. 聚足, 謂每階先擧一足, 而後足併之, 不得後過前也. 涉等聚足, 謂前足躡一等, 後足從而併之也.

번역 ●經文: "拾級聚足". ○이 구문은 계단에 오를 때의 법도를 뜻한다. '습(拾)'자는 "건넌다[涉]."는 뜻이다. '급(級)'자는 '계단의 칸[等]'을 뜻한다. '취족(聚足)'은 계단의 칸들을 오를 때마다, 먼저 한쪽 발을 들어서 상단 칸에 올리고, 그 이후에 다른 쪽 발을 들어서, 앞발이 올라간 칸에 붙이고, 두 발을 나란히 하는 것이니, 뒷발이 앞발을 넘어서, 그 위의 칸으로 올라갈 수 없다는 뜻이다. 따라서 '섭등취족(涉等聚足)'이라는 말은 곧 계단에 오를 때 앞발이 한 칸을 오르게 되면, 뒷발이 뒤따라 올라서, 앞발 옆에 붙인다는 뜻이다.

集說 拾級, 涉階之級也.

번역 '습급(拾級)'은 계단의 한 칸을 올라간다는 뜻이다.

集解 今按: 拾字當音其劫反

번역 내가 살펴보니, '拾'자의 음은 '其(기)'자와 '劫(겁)'자의 반절음에 해당한다.

集解 拾, 更也, 如投壺"拾投", 射者"拾發"之拾.

번역 '습(拾)'자는 '번갈아[更]'라는 뜻이니, 마치 『예기』「투호(投壺)」편에서 "번갈아 던진다[拾投]."라고 할 때의 '습(拾)'자와 활 쏘는 자가 "번갈아 쏜다[拾發]."라고 할 때의 '습(拾)'자와 같은 뜻이다.

참고 『예기』「잡기상(雜記上)」 기록

경문-505d~506a 上客臨曰, "寡君有宗廟之事, 不得承事, 使一介老某相執綍." 相者反命曰, "孤須矣." 臨者入門右, 介者皆從之, 立于其左東上. 宗人納賓, 升受命于君. 降曰, "孤敢辭吾子之辱. 請吾子之復位." 客對曰, "寡君命某毋敢視賓客, 敢辭." 宗人反命曰, "孤敢固辭吾子之辱. 請吾子之復位." 客對曰, "寡君命某毋敢視賓客, 敢固辭." 宗人反命曰, "孤敢固辭吾子之辱. 請吾子之復位." 客對曰, "寡君命使臣某毋敢視賓客, 是以敢固辭. 固辭不獲命, 敢不敬從." 客立于門西, 介立于門左東上. 孤降自阼階拜之, 升, 哭, 與客拾踊三. 客出, 送于門外拜稽顙.

번역 상등의 빈객이 곡에 임하며 "저희 군주께서는 종묘의 일이 있으셔서 직접 그 일을 받들지 못하셔서, 일개 노신인 아무개인 저를 시켜서 상엿줄 잡는 일을 돕도록 하셨습니다."라고 말한다. 그러면 의례를 돕는 자가 안으로 들어가서 그 사실을 아뢰고, 다시 밖으로 나와서 명령을 전달하며, "저희 상주께서 기다리고 계십니다."라고 말한다. 조문객은 문으로 들어가서 우측으로 가고, 조문객을 따라온 개(介)[6]들은 모두 그를 따르게 되어, 그의 좌측에 서 있게 되는데, 서열에 따라 동쪽 끝에서부터 차례대로 정렬

6) 개(介)는 부관을 뜻한다. 빈객(賓客)이 방문했을 때 주인(主人)과 빈객 사이에서 진행되는 절차들을 보좌했던 자들이다. 계급에 따라서 '개'를 두는 숫자에도 차이가 났다. 가령 상공(上公)은 7명의 '개'를 두었고, 후작이나 백작은 5명을 두었으며, 자작과 남작은 3명의 개를 두었다. 『예기』「빙의(聘義)」편에는 "上公七介, 侯伯五介, 子男三介."라는 기록이 있다.

한다. 종인(宗人)은 빈객을 안으로 들이고자 하여, 먼저 당으로 올라가 군주에게 조문객을 안으로 들이라는 명령을 받는다. 그런 뒤 당하로 내려와서 "저희 상주께서 감히 그대께서 욕되게 행동하심을 사양하고자 하십니다. 그대께 본래의 빈객 자리로 되돌아가기를 청합니다."라고 말한다. 조문객은 대답을 하며, "저희 군주께서는 아무개인 저에게 명령하시며 감히 빈객처럼 행동하지 말라고 하셨으니, 감히 상주의 청을 사양하고자 합니다."라고 말한다. 종인은 안으로 들어가서 그 사실을 아뢰고, 다시 밖으로 나와서 명령을 전달하며 "상주께서 감히 그대께서 욕되게 행동하심을 재차 사양하고자 하십니다. 그대께 본래의 빈객 자리로 되돌아가기를 청합니다."라고 말한다. 조문객은 대답을 하며, "저희 군주께서는 아무개인 저에게 명령하시며 감히 빈객처럼 행동하지 말라고 하셨으니, 감히 상주의 청을 재차 사양하고자 합니다."라고 말한다. 종인은 안으로 들어가서 그 사실을 아뢰고, 다시 밖으로 나와서 명령을 전달하며 "상주께서 감히 그대께서 욕되게 행동하심을 진실로 사양하고자 하십니다. 그대께 본래의 빈객 자리로 되돌아가기를 청합니다."라고 말한다. 조문객은 대답을 하며, "저희 군주께서는 사신 아무개인 저에게 명령하시며 감히 빈객처럼 행동하지 말라고 하셔서, 이러한 이유로 감히 거듭 사양을 하고자 합니다. 거듭 사양을 했음에도 그대 군주께서 명령을 거두지 않으시니, 감히 공경스럽게 따르지 않을 수 있겠습니까."라고 말한다. 조문객이 문의 서쪽에 서 있게 되면, 조문객을 따라온 개들은 문의 좌측에 서 있으며 서열에 따라 동쪽 끝에서부터 차례대로 정렬한다. 상주가 동쪽 계단을 통해 내려와서 조문객에게 절을 하고, 다시 올라가서 곡을 한 뒤에 조문객과 번갈아가며 세 차례 용(踊)을 한다. 조문객이 밖으로 나가면, 상주는 문밖으로 나가서 그를 전송하며, 절을 하며 이마를 땅에 댄다.

釋文 拾, 其刼反.

번역 '拾'자는 '其(기)'자와 '刼(겁)'자의 반절음이다.

참고 『예기』「분상(奔喪)」 기록

경문-653d 婦人奔喪, 升自東階, 殯東西面坐, 哭盡哀. 東髽卽位, 與主人拾踊.

번역 부인이 분상을 하게 되면, 올라갈 때 동쪽을 향해 있는 측면의 계단을 이용하며, 빈소의 동쪽에서 서쪽을 바라보며 앉고, 곡을 하여 슬픔을 다한다. 동쪽의 서(序)에서 좌(髽)의 방식으로 머리를 틀며 자신의 자리로 나아가서 주인과 함께 번갈아가며 용(踊)을 한다.

鄭注 拾, 更也. 主人與之更踊, 賓客之.

번역 '겁(拾)'자는 번갈아[更]라는 뜻이다. 주인은 그녀와 함께 번갈아가며 용(踊)을 하니, 빈객으로 대우하기 때문이다.

釋文 [釋文] 拾, 其劫反, 注同.

번역 '拾'자는 '其(기)'자와 '劫(겁)'자의 반절음이며, 정현의 주에 나오는 글자도 그 음이 이와 같다.

集解 凡踊皆拾, 婦人居間.

번역 무릇 용(踊)을 할 때에는 모두 번갈아 하는데, 부인의 경우에는 주인과 빈객 중간에 하게 된다.[7]

참고 『춘추좌씨전』「소공(昭公) 32년」 기록

---

7) 『예기』「잡기상(雜記上)」【502c】: 公七踊, 大夫五踊, 婦人居間; 士三踊, 婦人皆居間.

전문 對曰: 物生有兩・有三・有五・有陪貳. 故天有三辰①, 地有五行②, 體有左右③, 各有妃耦④, 王有公, 諸侯有卿, 皆有貳也.

번역 사묵(史墨)이 대답하길, "사물이 태어남에는 둘이 있기도 하고 셋이 있기도 하며 다섯이 있기도 하고 보좌하는 것이 있기도 합니다. 그렇기 때문에 하늘에는 해・달・별이 있고 땅에는 오행이 있으며 신체는 좌우가 있고 각기 짝을 이루는 것이 있으니 천자에게 공이 있고 제후에게 경이 있는 것은 모두 보좌함이 있는 것입니다."라고 했다.

杜注-① 謂有三.

번역 셋인 경우를 뜻한다.

杜注-② 謂有五.

번역 다섯인 경우를 뜻한다.

杜注-③ 謂有兩.

번역 둘인 경우를 뜻한다.

杜注-④ 謂陪貳.

번역 보좌하는 경우를 뜻한다.

참고 『의례』「향사례(鄕射禮)」 기록

경문 釋獲者東面于中西坐, 先數右獲.

번역 점수를 계산하는 자는 중(中)의 서쪽에서 동쪽을 바라보며 앉고 먼저 우측의 산가지를 계산한다.

鄭注 固東面矣, 復言之者, 爲其少南就右獲.

번역 본래부터 동쪽을 바라보고 있는데 재차 동쪽을 바라본다고 말한 것은 조금 남쪽으로 이동하여 우측의 산가지를 취하기 때문이다.

賈疏 ●"釋獲"至"右獲". ◎注"固東"至"右獲". ○釋曰: 釋獲者在中西東面. 釋筭之時, 賓黨於右, 主黨於左. 今將數筭, 宜就之, 是以少南就右獲, 更東面也.

번역 ●經文: "釋獲"～"右獲". ◎鄭注: "固東"～"右獲". ○점수를 계산하는 자는 중(中)의 서쪽에서 동쪽을 바라보게 된다. 점수를 계산할 때 빈객의 무리들은 우측에 있고 주인에게 속한 자들은 좌측에 있게 된다. 현재 산가지를 셈할 때에는 마땅히 그것을 취해야 하니, 이러한 까닭으로 조금 남쪽으로 이동하여 우측의 산가지를 취하고 재차 동쪽을 바라보게 된다.

참고 『의례』「대사(大射)」 기록

경문 釋獲者東面于中西坐, 先數右獲.

번역 점수를 계산하는 자는 중(中)의 서쪽에서 동쪽을 바라보며 앉고 먼저 우측의 산가지를 계산한다.

鄭注 固東面矣, 復言之者, 少南就右獲.

번역 본래부터 동쪽을 바라보고 있는데 재차 동쪽을 바라본다고 말한 것은 조금 남쪽으로 이동하여 우측의 산가지를 취하기 때문이다.

• 제 8 절 •

점수를 계산하는 절차

【677b~c】

卒投, 司射執筭曰, "左右卒投, 請數." 二筭爲純, 一純以取, 一筭爲奇. 遂以奇筭告曰, "某賢於某若干純." 奇則曰"奇", 鈞則曰"左右鈞".

직역 投를 卒하면, 司射가 筭을 執하며 曰, "左右가 投를 卒하니, 數를 請합니다." 二筭을 純으로 爲하니, 一純하여 取하고, 一筭은 奇로 爲한다. 遂히 奇筭으로 告하여 曰, "某는 某보다 賢하길 若干純입니다." 奇라면 曰 "奇입니다", 鈞이라면 曰 "左右가 鈞합니다".

의역 투호가 끝나면, 사사(司射)는 산가지를 잡고서 "좌측과 우측이 투호를 끝내셨으니, 점수를 셈하길 청합니다."라고 말한다. 2개의 산가지는 1순(純)이 되니, 1순(純)씩 짝을 지어 취하고, 1개의 산가지만 남는 것은 기(奇)라고 한다. 점수 계산을 끝내면 1개의 산가지를 잡고 아뢰며, "아무개께서 아무개보다 약간의 순(純)이 많습니다."라고 말한다. 두 사람이 낸 산가지 점수 중 동일한 것을 제외하고 남은 것을 합산하여, 남은 것이 짝이 맞지 않으면 "~기(奇)입니다."라고 말하고, 두 사람의 점수가 동일하다면, "좌측과 우측의 점수가 같습니다."라고 말한다.

集說 疏曰: 純, 全也, 二算合爲一全. 地上取算之時, 一純則別而取之. 一算, 謂不滿純者. 奇, 隻也, 故云一算爲奇. 以奇算告者, 奇, 餘也. 左右數鈞等之餘算, 手執之而告曰, 某賢於某若干純. 賢, 謂勝也. 勝者若有雙數, 則云若干純. 假令十算, 則云五純也. 奇則曰奇者, 假令九算, 則曰九奇也. 鈞則曰左右鈞者, 鈞, 猶等也, 等則左右各執一算以告.

번역 공영달의 소에서 말하길, '순(純)'자는 "온전하다[全]."는 뜻이니, 2개의 산가지를 합하여 1전(全)으로 삼는다. 땅 위에 놓인 산가지를 취할 때 1순(純)이 된다면 개별적으로 취한다. 1개의 산가지는 순(純)을 채우지 못한 것을 뜻한다. '기(奇)'자는 외짝[隻]이라는 뜻이다. 그렇기 때문에 "1개의 산가지를 기(奇)라고 한다."라고 했다. 기(奇)인 산가지를 가지고 아뢴다고 했는데, '기(奇)'는 나머지[餘]를 뜻한다. 좌우의 점수를 계산하여 같은 점수를 낸 것을 제외한 나머지 산가지를 손으로 들고서 아뢰길, "아무개가 아무개보다 얼마 정도의 순(純)이 많습니다."라고 말한다. '현(賢)'자는 "승리하다[勝]."는 뜻이다. 즉 승리한 자의 점수가 만약 짝수의 산가지 점수를 냈다면, "얼마 정도의 순(純)입니다."라고 말한다. 가령 10개의 산가지 점수를 냈다면, "5순(純)입니다."라고 말한다. 기(奇)라면 "기(奇)입니다."라고 말한다고 했는데, 가령 9개의 산가지 점수를 냈다면 "9기(奇)입니다."라고 말한다. "균등하다면 좌우가 균등하다고 말한다."고 했는데, '균(鈞)'자는 "같다[等]."는 뜻이니, 점수가 같다면 좌우로 각각 1개의 산가지를 잡고서 아뢴다.

大全 嚴陵方氏曰: 賢, 猶勝也. 射禮言若右勝, 則曰右賢於左, 若左勝, 則曰左賢於右, 是也.

번역 엄릉방씨가 말하길, '현(賢)'자는 "승리하다[勝]."는 뜻이다. 활쏘기의 예법에서 "우측이 승리를 한다면 우측이 좌측보다 뛰어나다고 말하고, 좌측이 승리를 한다면 좌측이 우측보다 뛰어나다고 말한다."[1]라고 한 말이 바로 이것을 뜻한다.

1) 『의례』「향사례(鄕射禮)」: 若右勝則曰, "右賢於左." 若左勝則曰, "左賢於右."

鄭注 卒, 已也. 賓主之黨畢已投, 司射又請數其所釋左右筭, 如數射筭. 一純以取, 實於左手, 十純則縮而委之, 每委異之; 有餘則橫諸純下; 一筭爲奇, 奇則縮諸純下. 兼斂左筭, 實於左手, 一純以委, 十則異之, 其他如右獲. 畢則司射執奇筭, 以告於賓與主人也. 若告云某賢於某者, 未斥主黨勝與, 賓黨勝與, 以勝爲賢, 尙技藝也. 鈞, 猶等也. 等, 則左右手各執一筭以告.

번역 '졸(卒)'자는 "마치다[已]."는 뜻이다. 빈객과 주인의 무리가 투호를 마쳤다면, 사사(司射)는 재차 청하여 좌측과 우측에 대해 내려놓았던 산가지를 셈하니, 활쏘기에서 산가지를 셈하는 것과 같다. 1순(純)을 취한다는 말은 좌측 손에 든다는 뜻이며, 10순(純)이라면 세로로 포개게 되는데, 포갠 것마다 구별을 해둔다. 남은 것은 순(純)으로 셈한 것 아래에 가로로 둔다. 1개의 산가지는 기(奇)가 되는데, 기(奇)라면 순(純)으로 셈한 것 아래에 세로로 둔다. 좌측의 산가지를 모두 거둬들여서 좌측 손에 들고, 1순(純)씩 포개며 10개가 되면 구별을 하고, 나머지는 우측의 것을 계산할 때처럼 한다. 그 일이 끝나면 사사는 1개의 산가지를 들고서 빈객과 주인에게 아뢴다. "아무개가 아무개보다 뛰어납니다."라고 말한 것은 주인에게 소속된 무리가 이겼다거나 빈객의 무리가 이겼다는 등으로 직접적으로 가리켜 말할 수 없기 때문인데, "이겼다[勝]."는 말을 "뛰어나다[賢]."라고 말한 것은 기예를 숭상하기 때문이다. '균(鈞)'자는 "동등하다[等]."는 뜻이다. 동등하다면 좌우측 손에 각각 1개의 산가지를 들고서 아뢴다.

釋文 數, 色主反, 注同. 爲純音全, 下及注同, 鄭注儀禮如字, 云"純, 全也". 奇, 紀宜反, 下同. 遂以奇筭告, 一本此句上更有勝者司射五字, 誤. 鈞, 居旬反. 縮, 色六反, 直也. 其它音他. 勝與音餘, 下"勝與"同. 技, 其綺反.

번역 '數'자는 '色(색)'자와 '主(주)'자의 반절음이며, 정현의 주에 나오는 글자도 그 음이 이와 같다. '爲純'에서의 '純'자는 그 음이 '全(전)'이며, 아래문장 및 정현의 주에 나오는 글자도 동일한데, 『의례』에 대한 정현의 주에서는 글자대로 읽었고, "순(純)은 온전하다는 뜻이다."[2]라고 했다.

'奇'자는 '紀(기)'자와 '宜(의)'자의 반절음이며, 아래문장에 나오는 글자도 그 음이 이와 같다. '遂以奇筭告'에 대해서 다른 판본에서는 이 구문 앞에 별도로 '有勝者司射'라는 다섯 글자가 기록된 것도 있는데 잘못된 기록이다. '鈞'자는 '居(거)'자와 '旬(순)'자의 반절음이다. '縮'자는 '色(색)'자와 '六(륙)'자의 반절음이며, 곧다는 뜻이다. '其它'에서의 '它'자는 그 음이 '他(타)'이다. '勝與'에서의 '與'자는 그 음이 '餘(여)'이며, 아래문장에 나오는 '勝與'에서의 '與'자도 그 음이 이와 같다. '技'자는 '其(기)'자와 '綺(기)'자의 반절음이다.

孔疏 ●"卒投"至"右鈞". ○正義曰: 此一經明投壺筭數之儀.

번역 ●經文: "卒投"~"右鈞". ○이곳 경문은 투호를 하며 산가지를 셈하는 의례 절차를 나타내고 있다.

孔疏 ●"卒投"者, 謂投壺卒也.

번역 ●經文: "卒投". ○투호가 끝났다는 뜻이다.

孔疏 ●"司射執筭曰: 左右卒投, 請數"者, 司射於壺西東面, 執筭請曰: 賓主之黨卒竟投, 請數筭.

번역 ●經文: "司射執筭曰: 左右卒投, 請數". ○사사(司射)는 병의 서쪽에서 동쪽을 바라보며, 산가지를 잡고서 청하길, "빈객과 주인의 무리가 투호를 마쳤으니, 산가지를 셈하고자 청합니다."라고 말한다.

孔疏 ●"二筭爲純, 一純以取"者, 純, 全也. 二筭合爲一全. 地上取筭之時, 一純則別而取之.

---

2) 이 문장은 『의례』「향사례(鄕射禮)」편의 "二筭爲純."이라는 기록에 대한 정현의 주이다.

번역 ●經文: "二筭爲純, 一純以取". ○'순(純)'자는 "온전하다[全]."는 뜻이다. 2개의 산가지를 합하여 1전(全)으로 삼는다. 땅 위에 놓인 산가지를 취할 때, 1순(純)이 된다면 개별적으로 취한다.

孔疏 ●"一筭爲奇"者, 一筭, 謂不全純者. 奇, 隻也, 故云"一筭爲奇".

번역 ●經文: "一筭爲奇". ○1개의 산가지는 순(純)을 채우지 못한 것을 뜻한다. '기(奇)'자는 외짝[隻]이라는 뜻이다. 그렇기 때문에 "1개의 산가지를 기(奇)라고 한다."라고 했다.

孔疏 ●"遂以奇筭告"者, 奇, 餘也. 謂左右數鈞等之餘筭, 手執而告曰: 某賢於某若干純者. 或左或右不定, 故稱"某賢". 賢, 謂勝者也. 勝者若有雙數, 則云若干純. 假令十數, 則云五純也.

번역 ●經文: "遂以奇筭告". ○'기(奇)'는 나머지[餘]를 뜻한다. 즉 좌우의 점수를 계산하여 같은 점수를 낸 것을 제외한 나머지 산가지를 손으로 들고서 아뢰길, "아무개가 아무개보다 얼마 정도의 순(純)이 많습니다."라고 말한다. 어떤 경우에는 좌측이 많고 또 어떤 경우에는 우측이 많아서 고정할 수 없기 때문에 "아무개가 뛰어납니다."라고 말한 것이다. '현(賢)'자는 승리한 자를 뜻한다. 즉 승리를 한 자의 점수가 만약 짝수의 산가지 점수를 냈다면, "얼마 정도의 순(純)입니다."라고 말한다. 가령 10개의 산가지 점수를 냈다면, "5순(純)입니다."라고 말한다.

孔疏 ●"奇則曰奇"者, 若有奇數則曰奇. 假令九筭, 則曰九奇也.

번역 ●經文: "奇則曰奇". ○만약 점수를 낸 것이 기(奇)라면 "기(奇)입니다."라고 말한다. 가령 9개의 산가지 점수를 냈다면 "9기(奇)입니다."라고 말한다.

孔疏 ●"鈞則曰左右鈞"者, 鈞猶等也, 等則左右各執一筭以告.

번역 ●經文: "鈞則曰左右鈞". ○'균(鈞)'자는 "같다[等]."는 뜻이니, 점수가 같다면 좌우로 각각 1개의 산가지를 잡고서 아뢴다.

孔疏 ◎注"卒已"至"以告". ○正義曰: 云"如數射筭"者, 以投壺, 射之類, 故知此數投壺之筭, 如數射筭. 云"一純以取"至"其地如右獲", 此皆鄕射之禮文也. "一純以取, 實於左手", 謂就地上之筭以右手, 每一純別而取實於左手. 云"十純則縮而委之, 每委異之"者, 滿十純, 則從而委之於地, 司射東面, 則東西爲縮, 每十雙, 則東西縮爲一委. 每有十雙, 更別委之, 故云"每委異之". 云"有餘則橫諸純下"者, 有餘, 謂不滿十雙, 或八雙·九雙以下, 則橫於純下. 謂橫在十純之西, 南北置之. 云"一筭爲奇, 奇則縮諸純下"者, 若唯有一筭, 則縮之零純之下, 在零純之西, 東西置之. 此謂數右筭之法. 若數左筭, 則異於右筭, 謂總斂地之筭, 實於左手之中. 每一純取以委地, 滿十則異之, 謂滿十純總爲一委. 云"其他如右獲"者, 謂所縱所橫如右獲也.

번역 ◎鄭注: "卒已"~"以告". ○정현이 "활쏘기에서 산가지를 셈하는 것과 같다."라고 했는데, 투호는 활쏘기의 부류이다. 그렇기 때문에 이곳에서 투호를 하며 표시해둔 산가지를 셈하는 것이 활쏘기에서 산가지를 셈하는 것과 같다는 사실을 알 수 있다. 정현이 "1순(純)을 취한다."라고 한 말로부터 "나머지는 우측의 것을 계산할 때처럼 한다."라고 한 말까지는 모두 『의례』「향사례(鄕射禮)」편의 기록에 해당한다. 정현이 "1순(純)을 취한다는 말은 좌측 손에 든다는 뜻이다."라고 했는데, 땅바닥에 놓인 산가지를 취할 때에는 우측 손을 사용하고, 1순(純)마다 구별하여 좌측 손에 든다는 뜻이다. 정현이 "10순(純)이라면 세로로 포개게 되는데, 포갠 것마다 구별을 해둔다."라고 했는데, 10순(純)을 채운다면 그에 따라 그것을 땅바닥에 내려두는데, 사사(司射)는 동쪽을 바라보고 있으니, 동서방향이 세로 방향이 되고, 10개의 짝마다 내려둔다면 동서방향의 세로로 놓인 것이 1개의 포갠 것이 된다. 10개의 짝마다 별도로 구별해서 포개두었기 때문에 "포갠 것마다 구별을 해둔다."라고 했다. 정현이 "남은 것은 순(純)으로 셈한 것 아래에 가로로 둔다."라고 했는데, 남은 것은 10개의 짝을 채우지 못한 것을 뜻하니, 만약 8짝이나 9짝 이하의 경우라면 순(純)으로 셈한 것 아래에 가로로 놓아둔다. 즉 10개의 순(純)을 셈하여 땅위에 세로로 놓아둔 것 서쪽에 가로로 놓아두는 것이니, 남북방향으로 놓아둔다는 의미이다. 정현이 "1개의 산가지는 기(奇)가 되는데, 기(奇)라면 순(純)으로 셈한 것 아래에 세로로 둔다."라고 했는데, 만약 1개의 산가지만 있는 경우라면 0개의 순(純)으로 표시한 것 아래에 세로로 놓아두니, 0개의 순(純)으로 표시한 곳 서쪽에 동서방향으로 놓아둔다는 의미이다. 이것은 우측의 산가지를 셈하는 방법을 뜻한다. 만약 좌측의 산가지를 셈하는 경우라면 우측의 산가지를 셈하는 것과 구별하니, 땅위에 있는 산가지를 총괄적으로 거둬들여, 좌측 손에 쥔다. 매 1순(純)마다 취하여 땅위에 포개어 두고, 10개의 순(純)을 채운다면 구별을 하니, 10개의 순(純)을 채우면 총괄적으로 1개의 포갠 것으로 삼는다는 의미이다. 정현이 "나머지는 우측의 것을 계산할 때처럼 한다."라고 했는데, 세로로 놓아두고 가로로 놓아두는 것을 우측의 것을 계산할 때처럼 한다는 뜻이다.

訓纂 朱子曰: 恐是九筭則曰四純一奇.

번역 주자가 말하길, 아마도 9개의 산가지가 있다면 "4순(純) 1기(奇)입니다."라고 말했을 것이다.

集解 卒投, 賓主之黨皆已投也. 執算, 執爲未耦所釋之餘也. 鄉射禮云, "釋獲者東面, 於中西坐, 先數右獲. 二算爲純, 一純以取, 實於左手, 十純則縮而委之, 每委異之, 有餘純則橫於下. 一算爲奇, 奇則又縮諸純下. 興, 自前適左, 東面坐, 兼斂算, 實於左手, 一純以委, 十則異之, 其餘如右獲." 投壺數算之法亦如之. 一純以取者, 取之皆以右手, 數右算則從地取置於左手, 滿十純則委之於地, 每委各爲一處也. 數左算則斂而實於左手, 從左手取而委諸地也. 每一純則一委, 每滿十純, 亦別而異之, 各爲一處也. 先數右算者, 尊賓也. 數右算・左算不同者, 以相變爲文也. 奇, 零也. 上言“一算曰奇”, 一純所餘之零數也. 下言“奇算”, 賓主二算相校, 而勝者所多之零數也. 以奇算告, 執勝者所多之算, 以告賓於其席前也. 賢, 謂勝也. 曰“某”者, 或賓或主, 不定之辭也. 某賢於某若干純, 奇則曰“奇”者, 謂若多二算則曰一純, 一算則曰一奇, 三算則曰一純一奇也. 鈞, 等也. 鄕射禮曰, “若右勝, 則曰右賢於左, 左勝, 則曰左賢於右”, 以純數告. 若有奇者, 亦曰奇; 若左右鈞, 則左右皆執一算以告, 曰左右鈞. “左右卒投”二句, 請數算之辭也. “二算爲純”三句, 數算之法也. “遂以奇算告”以下, 告勝算之法也.

번역 ‘졸투(卒投)’는 빈객과 주인 무리가 모두 화살 던지는 것을 끝냈다는 뜻이다. ‘집산(執算)’은 끝으로 짝을 이루어 투호를 한 자를 위해 점수를 계산하고 난 나머지의 산가지를 잡는다는 뜻이다. 『의례』「향사례(鄕射禮)」편에서는 “점수를 계산하는 자는 동쪽을 바라보며 중(中)의 서쪽에 앉고 우선적으로 우측의 점수를 계산한다. 2개의 산가지를 1순(純)으로 삼고, 1순(純)마다 취하여 좌측 손에 들며, 10개의 순(純)이라면 세로로 포개두며 포갠 것마다 구별을 하고, 나머지 순(純)은 그 아래에 가로로 둔다. 1개의 산가지는 기(奇)가 되고, 기(奇)라면 또한 순(純) 아래에 세로로 둔다. 일어나 앞에서 좌측으로 가고, 동쪽을 바라보며 앉고 산가지를 거둬들여서 좌측 손에 쥐고, 1개의 순(純)마다 포개어 두며 10개가 되면 구별을 하고, 나머지는 우측의 점수를 계산한 것처럼 한다.”[3]라고 했다. 투호에서 산가지를 계산하는 방법 또한 이와 같다. 1개의 순(純)을 취한다고 한 것은 그것을 취할 때에는 모두 우측 손을 이용하고, 우측의 점수를 계산한다면 땅에서 그것을 취하여 좌측 손에 두고, 10순(純)을 채우면 땅바닥에 포개어 두며, 포갠 것마다 각각 구별하여 한 장소에 둔다. 좌측의 산가지를 계산한다면 거둬들여서 좌측 손에 둬고, 좌측 손으로부터 취하여 땅바닥에 포개어 둔

---

3) 『의례』「향사례(鄕射禮)」: 司射遂適西階西, 釋弓去扑, 襲, 進由中東, 立于中南, 北面視筭. <u>釋獲者東面于中西坐, 先數右獲. 二筭爲純, 一純以取, 實于左手, 十純則縮而委之. 每委異之. 有餘純則橫于下. 一筭爲奇, 奇則又縮諸純下. 興, 自前適左, 東面坐, 兼斂筭實于左手, 一純以委, 十則異之. 其餘如右獲</u>.

다. 매 1순(純)마다 1개의 포갠 것으로 삼으니, 10순(純)을 채울 때마다 또한 차이를 두어 구별하고, 각각 1개의 장소에 둔다. 우선적으로 우측의 산가지를 계산하는 것은 빈객을 존숭하기 때문이다. 우측의 산가지를 계산하고 좌측의 산가지를 계산하는 방법이 다른 것은 서로 변화를 주는 것을 격식으로 삼기 때문이다. '기(奇)'자는 0점이라는 뜻이다. 앞에서는 "1개의 산가지는 기(奇)라고 부른다."라고 했는데, 1순(純)을 채우지 못하는 것은 0점으로 계산한다는 뜻이다. 아래문장에서 '1개의 산가지[奇算]'라고 했는데, 빈객과 주인에 대한 두 산가지를 서로 비교해보아서 0점으로 계산하더라도 승리한 자가 많이 얻은 것을 뜻한다. 1개의 산가지로 아뢰는 것은 승리한 자의 많은 산가지 중에서 1개의 산가지를 들고 그 자리 앞에서 빈객에게 아뢴다는 뜻이다. '현(賢)'자는 "승리하다[勝]."는 뜻이다. '아무개[某]'라고 말한 것은 빈객이 승리할 수도 있고 주인이 승리할 수도 있으므로, 확정하지 않을 때 쓰는 말이다. 아무개가 아무개보다 얼마의 순(純)이 많다고 했고, 기(奇)라면 "기(奇)입니다."라고 말한다고 했는데, 만약 2개의 산가지가 많다면 "1순(純)이 많습니다."라고 말하고, 1개의 산가지가 많다면 "1기(奇)가 많습니다."라고 말하며, 3개의 산가지가 많다면 "1순(純)과 1기(奇)가 많습니다."라고 말한다. '균(鈞)'자는 "동등하다[等]."라는 뜻이다. 「향사례」편에서는 "만약 우측이 승리를 한다면 우측이 좌측보다 뛰어나다고 말하고, 좌측이 승리를 한다면 좌측이 우측보다 뛰어나다고 말한다."[4]라고 했는데, 순(純)의 수를 계산해서 아뢰는 것이다. 만약 1개의 산가지 차이만 난다면 또한 "1기(奇)가 많습니다."라고 말하고, 만약 좌우의 점수가 동일하다면, 좌우로 각각 1개의 산가지를 들고서 아뢰니, "좌우가 균등합니다."라고 말한다. "좌우가 투호를 마쳤다."라는 등의 두 구문은 산가지를 셈하길 청하는 말이다. "2개의 산가지는 순(純)이 된다."라는 등의 세 구문은 산가지를 셈하는 방법이다. "마침내 1개의 산가지로 아뢴다."라고 한 말로부터 그 이하의 내용은 승리한 자의 산가지를 아뢰는 방법이다.

4) 『의례』「향사례(鄕射禮)」: 若右勝則曰, "右賢於左." 若左勝則曰, "左賢於右."

集解 右卒投數算.

번역 여기까지는 투호를 마치고 산가지를 셈한다는 뜻이다.

참고 원문비교

예기대전 · 투호 卒投, 司射執筭曰, "左右卒投, 請數." 二筭爲純, 一純以取, 一筭爲奇. 遂以奇筭告曰, "某賢於某若干純." 奇則曰"奇", 鈞則曰"左右鈞".

대대례기 · 투호 卒投, 司射執餘算曰: "左右卒投, 請數." 二算爲純, 一純以取, 一算爲奇. 有勝則司射以其算告曰: "某黨賢於某黨, 賢若干純." 奇則曰"奇", 鈞則曰"鈞".

참고 『의례』「향사례(鄕射禮)」 기록

경문 二筭爲純.

번역 2개의 산가지는 순(純)이 된다.

鄭注 純猶全也. 耦陰陽.

번역 '순(純)'자는 "온전하다[全]."는 뜻이다. 음과 양이 짝하기 때문이다.

賈疏 ●"二筭爲純". ◎注"純猶"至"陰陽". ○釋曰: 云"耦陰陽"者, 陰陽對合, 故二筭爲耦陰陽也.

번역 ●經文: "二筭爲純". ◎鄭注: "純猶"~"陰陽". ○정현이 "음과 양이 짝하기 때문이다."라고 했는데, 음과 양이 마주하며 합하기 때문에 2개의 산가지를 음양이 짝한다고 했다.

경문 一純以取, 實于左手, 十純則縮而委之.

번역 1개 순(純)씩 가져다가 좌측 손에 쥐고, 10순이 되면 세로로 놓아둔다.

鄭注 縮, 從也. 於數者東西爲從. 古文縮皆爲蹙.

번역 '축(縮)'자는 세로[從]라는 뜻이다. 점수를 계산하는 자의 입장에서 동서 방향이 세로가 된다. 고문에서는 '축(縮)'자를 모두 '축(蹙)'자로 기록했다.

賈疏 ◎注"縮從"至"爲蹙". ○釋曰: 凡言"從"·"橫"者, 南北爲從, 東西爲橫. 今釋筭者東面而言從橫, 則據數筭東爲正, 是以東西者爲從, 南北者爲橫, 故鄭云"於數者東西爲從"也.

번역 ◎鄭注: "縮從"~"爲蹙". ○무릇 세로[從]나 가로[橫]라고 말하는 경우 남북 방향이 세로가 되고 동서 방향이 가로가 된다. 현재 점수를 계산하는 자가 동쪽을 바라보고 있는데 가로나 세로를 말한다면 점수를 계산하는 자를 기준으로 동쪽을 정방향으로 삼게 된다. 따라서 동서 방향이 세로가 되고 남북 방향이 가로가 된다. 그렇기 때문에 정현은 "점수를 계산하는 자의 입장에서 동서 방향이 세로가 된다."라고 했다.

경문 每委異之.

번역 10순(純)씩 포개면 구별을 한다.

鄭注 易校數.

번역 점수를 가늠하기 쉽기 때문이다.

경문 有餘純, 則橫於下.

번역 10순(純)을 채우지 못한 순이 있다면 그 밑에 가로로 놓아둔다.

鄭注 又異之也, 自近爲下.

번역 이 또한 구별을 하기 위함이니 그 곁부터를 밑으로 여긴다.

賈疏 ●"有餘"至"於下". ○釋曰: 此則以南北爲橫也.

번역 ●經文: "有餘"~"於下". ○이러한 경우에는 남북 방향을 가로로 삼는다.

경문 一筭爲奇, 奇則又縮諸純下.

번역 1개의 산가지는 기(奇)가 되는데, 기(奇)가 남았다면 또한 10순(純)을 채우지 못한 순들을 쌓아둔 곳 아래에 세로로 놓아둔다.

鄭注 奇猶虧也. 又從之.

번역 '기(奇)'자는 "모자라다[虧]."는 뜻이다. 이 또한 세로로 놓아둔다.

경문 興, 自前適左, 東面.

번역 점수를 계산하는 자는 자리에서 일어나 앞쪽에서 좌측으로 나아가 동쪽을 바라본다.

鄭注 起由中東就左獲, 少北於故, 東面鄉之.

번역 자리에서 일어나 중(中)으로부터 동쪽으로 가서 좌측에 쌓아둔 산가지로 나아가는 것인데, 이전보다 조금 북쪽으로 치우쳐 동쪽을 향하게 된다.

賈疏 ◎注"少北"至"鄕之". ○釋曰: 云"少北於故", 故則右筭也. 又移至左筭之後, 東面鄕之, 是以云少北於故.

번역 ◎鄭注: "少北"~"鄕之". ○"이전보다 조금 북쪽으로 치우치다."라고 했다. 이전의 장소는 우측 산가지가 쌓여있던 곳을 뜻한다. 또한 좌측 산가지가 쌓여진 곳으로 이동한 이후 동쪽을 향하게 된다. 이러한 까닭으로 "이전보다 조금 북쪽으로 치우치다."라고 했다.

경문 坐, 兼斂筭, 實于左手, 一純以委, 十則異之.

번역 점수를 계산하는 자는 자리에 앉아서 산가지를 모두 거두어 좌측 손에 쥐고 1순(純)씩 놓아두는데, 10순이 되면 구별을 한다.

鄭注 變於右.

번역 우측 산가지를 계산하는 방식에서 변화를 주는 것이다.

賈疏 ◎注"變於右". ○釋曰: 云"變於右"者, 右則一一取之於地, 實于左手. 此則總斂於左手, 一一取之於左手, 委於地是變也. 必變之者, 禮以變爲敬也.

번역 ◎鄭注: "變於右". ○정현이 "우측 산가지를 계산하는 방식에서 변화를 주는 것이다."라고 했는데, 우측 산가지를 계산할 때에는 하나씩 바닥에서 주워 좌측 손으로 잡았다. 이곳에서는 한꺼번에 거두어 좌측 손에 쥐고, 하나씩 좌측 손에서 가져다가 땅에 놓아두는 것이 변화된 방식이다. 기어코 이처럼 방식을 바꾸는 것은 예법에서는 방식의 변화를 공경함으로 삼기 때문이다.

경문 其餘如右獲.

번역 나머지 절차는 우측 산가지를 계산할 때와 동일하게 한다.

鄭注 謂所縮所橫.

번역 세로로 놓아두거나 가로로 놓아두는 것을 뜻한다.

경문 司射復位, 釋獲者遂進取賢獲, 執以升, 自西階, 盡階, 不升堂, 告于賓.

번역 사사는 자신의 자리로 되돌아가고 점수를 계산하는 자는 마침내 승리한 자의 산가지 쪽으로 나아가 그것을 들고서 올라가는데 서쪽 계단을 이용하며 계단 끝까지 오르게 되면 당상으로는 올라가지 않고, 그 자리에서 빈객에게 아뢴다.

鄭注 賢獲, 勝黨之筭也. 齊之而取其餘.

번역 '현획(賢獲)'은 승리한 무리들의 산가지를 뜻한다. 양쪽의 산가지를 가지런히 정리하여 동일한 수량을 제하고 남은 것을 손에 쥔다는 뜻이다.

賈疏 ●"司射"至"于賓". ◎注"賢獲"至"其餘". ○釋曰: 云"齊之而取其餘"者, 解經"取賢獲", 以筭爲獲, 以其唱獲則釋筭, 故名筭爲獲. 左右數齊, 有餘則賢獲, 故以告也.

번역 ●經文: "司射"~"于賓". ◎鄭注: "賢獲"~"其餘". ○정현이 "양쪽의 산가지를 가지런히 정리하여 동일한 수량을 제하고 남은 것을 손에 쥔다는 뜻이다."라고 했는데, 경문에서 "현획을 취한다."라고 한 말을 풀이한 것이니, 산가지를 획(獲)이라고 했는데, 적중한 것을 알리게 되면 산가지를 계산하게 된다. 그렇기 때문에 산가지를 '획(獲)'이라고 부른 것이다. 좌우측의 수량을 가지런히 맞추고 남은 것이 있다면 승리한 자의 산가지가 된다. 그렇기 때문에 이를 아뢰는 것이다.

경문 若右勝, 則曰"右賢於左". 若左勝, 則曰"左賢於右". 以純數告. 若有奇者, 亦曰奇.

번역 만약 우측이 승리했다면 "우측이 좌측보다 뛰어납니다."라고 말한다. 만약 좌측이 승리했다면 "좌측이 우측보다 뛰어납니다."라고 말한다. 순(純)의 수로 아뢴다. 만약 기(奇)의 경우라면 또한 "~기(奇)입니다."라고 말한다.

鄭注 賢猶勝也. 言賢者, 射之以中爲俊也. 假如右勝, 告曰右賢於左, 若干純·若干奇.

번역 '현(賢)'자는 "승리하다[勝]."는 뜻이다. '현(賢)'이라고 말한 것은 활쏘기에서는 적중시키는 것을 뛰어남으로 여기기 때문이다. 가령 우측이 승리했다면 "우측이 좌측보다 뛰어난데, ~순(純)이나 ~기(奇)가 많습니다."라고 아뢴다.

賈疏 ●"若右"至"曰奇". ◎注"賢猶"至"干奇". ○釋曰: "若干"者, 數不定之辭. 凡數法, 一二已上得稱若干, 奇則一也, 一外無若干. 鄭亦言若干者, 因純有若干, 奇亦言若干, 奇言若干者, 衍字也.

번역 ●經文: "若右"~"曰奇". ◎鄭注: "賢猶"~"干奇". ○'약간(若干)'이라는 말은 그 수를 확정하지 않을 때 쓰는 말이다. 무릇 산가지를 셈함에 있어서 1~2개 이상에 대해서는 '약간(若干)'이라고 부를 수 있고, '기(奇)'의 경우라면 1개일 따름이니, 1개 외에는 몇 개의 것이 없는 것이다. 정현 또한 '약간(若干)'이라고 했는데, 이것은 순(純)인 경우 몇 개가 있다는 경우에 따른 것이고, 기(奇)의 경우에도 '약간(若干)'이라고 말했지만, 기(奇)의 경우 '약간(若干)'이라고 말한 것은 연문으로 들어간 글자이다.

경문 若左右鈞, 則左右皆執一筭以告, 曰: "左右鈞." 降復位, 坐, 兼斂筭,

實八筭于中, 委其餘于中西, 興, 共而俟.

번역 만약 좌측과 우측의 점수가 동일하다면 좌측과 우측 모두 산가지를 한 개씩 잡고서 아뢰며, "좌측과 우측의 점수가 같습니다."라고 말한다. 그런 뒤 당하로 내려와서 자신의 자리로 되돌아가고 자리에 앉아서 산가지를 함께 거두어 중(中)에 8개의 산가지를 채우고, 나머지는 중의 서쪽에 놓아두며, 자리에서 일어나 공수를 하고 기다린다.

賈疏 ●"若左"至"而俟". ○釋曰: 此將爲第三番射, 故豫設之. 或實或委, 一如前法也.

번역 ●經文: "若左"~"而俟". ○세 번째 활쏘기를 하려고 하기 때문에 미리 설치하는 것이다. 어떤 것은 중(中)에 채우고 어떤 것은 그 옆에 놓아두는데, 이 모두는 사전에 설치하는 방법과 동일하게 한다.

참고 『의례』「대사(大射)」 기록

경문 二筭爲純.

번역 2개의 산가지는 순(純)이 된다.

鄭注 純猶全也, 耦陰陽也.

번역 '순(純)'자는 "온전하다[全]."는 뜻이니, 음과 양이 짝하기 때문이다.

경문 一純以取, 實于左手. 十純則縮而委之.

번역 1개 순(純)씩 가져다가 좌측 손에 쥐고, 10순이 되면 세로로 놓아둔다.

鄭注 縮, 從也. 於數者東西爲從. 古文縮皆作蹙.

번역 '축(縮)'자는 세로[從]라는 뜻이다. 점수를 계산하는 자의 입장에서 동서 방향이 세로가 된다. 고문에서는 '축(縮)'자를 모두 '축(蹙)'자로 기록했다.

경문 每委異之.

번역 10순(純)씩 포개면 구별을 한다.

鄭注 易校數.

번역 점수를 가늠하기 쉽기 때문이다.

경문 有餘純, 則橫諸下.

번역 10순(純)을 채우지 못한 순이 있다면 그 밑에 가로로 놓아둔다.

鄭注 又異之也, 自近爲下.

번역 이 또한 구별을 하기 위함이니 그 곁부터를 밑으로 여긴다.

경문 一筭爲奇, 奇則又縮諸純下.

번역 1개의 산가지는 기(奇)가 되는데, 기(奇)가 남았다면 또한 10순(純)을 채우지 못한 순들을 쌓아둔 곳 아래에 세로로 놓아둔다.

鄭注 又從之.

번역 이 또한 세로로 놓아둔다.

경문 興, 自前適左.

번역 점수를 계산하는 자는 자리에서 일어나 앞쪽에서 좌측으로 나아간다.

鄭注 從中前北也, 更端, 故起.

번역 중(中)의 앞에서부터 북쪽으로 가는 것이니, 별개의 일이기 때문에 자리에서 일어나는 것이다.

경문 東面坐.

번역 동쪽을 바라보며 앉는다.

鄭注 少北於故.

번역 이전보다 조금 북쪽으로 치우친 곳이다.

경문 坐, 兼斂筭, 實于左手, 一純以委, 十則異之.

번역 점수를 계산하는 자는 자리에 앉아서 산가지를 모두 거두어 좌측 손에 쥐고 1순(純)씩 놓아두는데, 10순이 되면 구별을 한다.

鄭注 變於右也.

번역 우측 산가지를 계산하는 방식에서 변화를 주기 때문이다.

경문 其餘如右獲.

번역 나머지 절차는 우측 산가지를 계산할 때와 동일하게 한다.

鄭注 謂所縮所橫者.

번역 세로로 놓아두거나 가로로 놓아두는 것을 뜻한다.

경문 司射復位, 釋獲者遂進取賢獲執之, 由阼階下北面告于公.

번역 사사는 자신의 자리로 되돌아가고 점수를 계산하는 자는 마침내 승리한 자의 산가지 쪽으로 나아가 그것을 들고 동쪽 계단 아래에서 북쪽을 바라보며 군주에게 아뢴다.

鄭注 賢獲, 勝黨之筭也. 執之者, 齊而取其餘.

번역 '현획(賢獲)'은 승리한 무리들의 산가지를 뜻한다. 잡는 것은 양쪽의 산가지를 가지런히 정리하여 동일한 수량을 제하고 남은 것을 손에 쥔다는 뜻이다.

경문 若右勝, 則曰: "右賢於左." 若左勝, 則曰: "左賢於右." 以純數告. 若有奇者, 亦曰奇.

번역 만약 우측이 승리했다면 "우측이 좌측보다 뛰어납니다."라고 말한다. 만약 좌측이 승리했다면 "좌측이 우측보다 뛰어납니다."라고 말한다. 순(純)의 수로 아뢴다. 만약 기(奇)의 경우라면 또한 "～기(奇)입니다."라고 말한다.

鄭注 告曰: 某賢於某若干純·若干奇.

번역 아뢰며 "아무개가 아무개보다 뛰어난데, ～순(純)이나 ～기(奇)가 많습니다."라고 한다.

경문 若左右鈞, 則左右各執一筭以告, 曰: "左右鈞." 還復位, 坐, 兼斂筭,

實八筭于中, 委其餘于中西, 興, 共而俟.

번역 만약 좌측과 우측의 점수가 동일하다면 좌측과 우측 모두 산가지를 한 개씩 잡고서 아뢰며, “좌측과 우측의 점수가 같습니다.”라고 말한다. 몸을 돌려 자신의 자리로 되돌아가고 자리에 앉아서 산가지를 함께 거두어 중(中)에 8개의 산가지를 채우고, 나머지는 중의 서쪽에 놓아두며, 자리에서 일어나 공수를 하고 기다린다.

• 제 9 절 •

벌주를 권하는 절차

【677d】

命酌曰, "請行觴." 酌者曰, "諾." 當飮者皆跪奉觴曰, "賜灌." 勝者跪曰, "敬養."

직역 酌에게 命하여 曰, "觴을 行하길 請합니다." 酌者가 曰, "諾이라." 飮에 當한 者는 皆히 跪하여 觴을 奉하여 曰, "賜灌입니다." 勝者는 跪하여 曰, "敬養입니다."

의역 사사(司射)는 술을 따라주는 자에게 명령하여, "벌주 따른 잔을 돌리길 청합니다."라고 하면, 술을 따라주는 자는 "알았습니다."라고 말한다. 술을 마셔야 하는 자는 모두 무릎을 꿇고서 술이 따라진 잔을 받들고, "하사에 힘입어 술을 마시게 되었습니다."라고 말한다. 승리한 자도 무릎을 꿇고서, "공경스럽게 이 잔을 봉양의 뜻으로 삼기 바랍니다."라고 말한다.

集說 司射命酌酒者行罰爵, 酌者, 勝黨之弟子也. 旣諾, 乃於西階上南面設豊洗觶升酌, 坐而奠於豊之上. 其當飮者, 跪取豊上之酒手捧之. 而言賜灌, 灌, 猶飮也. 謂蒙賜之飮也, 服善也而爲尊敬之辭也. 其勝者, 則跪而言敬以此觴爲奉養也, 雖行罰爵, 猶爲尊敬之辭, 以答賜灌之辭也.

번역 사사(司射)는 술을 따르는 자에게 명령하여 벌주 따른 잔을 돌리라고 하니, 술을 따르는 자는 승리를 한 무리의 제자들이다. 이미 응낙을 했다면, 서쪽 계단 위에서 남쪽을 바라보고 풍(豊)을 설치하고 치(觶)를 씻고 올라가서 술을 따르고, 앉아서 풍(豊) 위에 술잔을 놓아둔다. 술을 마셔야 하는 자는 무릎을 꿇고서 풍(豊) 위에 놓인 술잔을 가져다가 손으로 받든다. 그런데 '사관(賜灌)'이라고 말하는 것은 '관(灌)'자는 "마시다[飮]."는 뜻이다. 하사에 힘입어 술을 마시게 되었다는 뜻이니, 선함에 감복하여 존경을 표하는 말이다. 승리한 자는 무릎을 꿇고 공경스럽게 이러한 술잔을 봉양의 뜻으로 삼기 바란다고 말한다. 비록 벌주 따른 잔을 돌린 것이지만, 여전히 존경을 표하는 말을 하여, 사관(賜灌)이라고 한 말에 대답하는 것이다.

大全 馬氏曰: 不勝者, 飮而不怨, 勝者, 勸而不矜, 則其於禮庶幾不失, 故奉觴曰賜灌, 則受之以禮而不怨之辭也. 勝者跪曰敬養, 則獻之以禮而不矜之辭也.

번역 마씨[1]가 말하길, 승리를 못한 자는 술을 마시되 원망하지 않고, 승리한 자는 술을 권하며 과시하지 않는다면, 예법에 대해서 거의 잘못을 저지르지 않는 것이다. 그렇기 때문에 술잔을 받들면서 "하사에 힘입어 술을 마십니다."라고 말하니, 술잔을 받을 때 예법에 따라 하며 원망하지 않는 말에 해당한다. 승리한 자가 무릎을 꿇고서 "공경스럽게 봉양의 뜻으로 삼기 바랍니다."라고 말한다면, 술을 권하길 예법에 따라 하며 과시하지 않는 말에 해당한다.

鄭注 司射又請於賓與主人, 以行正爵. 酌者, 勝黨之弟子. 酌者亦酌奠於豊上, 不勝者坐取, 乃退而跪飮之. 灌, 猶飮也. 言"賜灌"者, 服而爲尊敬辭也. 周禮曰: "以灌賓客." 賜灌・敬養, 各與其偶於西階上, 如飮射爵.

번역 사사(司射)는 재차 빈객과 주인에게 청하여, 정작(正爵)을 시행토록 하는 것이다. 술을 따르는 자는 승리를 한 무리의 제자들을 뜻한다. 술을 따르는 자는 또한 술을 따라서 풍(豊) 위에 놓아두고, 승리를 못한 자는

1) 마희맹(馬晞孟, ?~?) : =마씨(馬氏)・마언순(馬彦醇). 자(字)는 언순(彦醇)이다. 『예기해(禮記解)』를 찬술했다.

앉아서 그것을 가져가며 곧 물러나 무릎을 꿇고서 마신다. '관(灌)'자는 "마시다[飮]."는 뜻이다. '사관(賜灌)'이라고 했는데, 수긍하여 존경을 표하는 말이다. 『주례』에서는 "빈객에게 술을 마시게끔 한다."[2]라고 했다. 사관(賜灌)과 경양(敬養)은 각각 자신과 짝을 이루었던 자에 대해서 서쪽 계단 위에서 말하게 되니, 활쏘기를 하며 술을 마시는 것과 동일하다.

釋文 觴, 失羊反, 本或作▼(酉+(傷-亻)), 同. 跪, 其委反. 奉, 芳勇反, 下注"奉觴"同. 灌, 古亂反. 養, 羊尚反, 注同. 飮, 於鴆反, 下"飮不勝"同.

번역 '觴'자는 '失(실)'자와 '羊(양)'자의 반절음이며, 판본에 따라서는 또한 '▼(酉+(傷-亻))'자로도 기록하는데, 그 음은 동일하다. '跪'자는 '其(기)'자와 '委(위)'자의 반절음이다. '奉'자는 '芳(방)'자와 '勇(용)'자의 반절음이며, 아래 정현의 주에 나오는 '奉觴'에서의 '奉'자도 그 음이 이와 같다. '灌'자는 '古(고)'자와 '亂(란)'자의 반절음이다. '養'자는 '羊(양)'자와 '尙(상)'자의 반절음이며, 정현의 주에 나오는 글자도 그 음이 이와 같다. '飮'자는 '於(어)'자와 '鴆(짐)'자의 반절음이며, 아래문장에 나오는 '飮不勝'에서의 '飮'자도 그 음이 이와 같다.

孔疏 ●"命酌"至"敬養". ○正義曰: 此一節明飮不勝之儀.

번역 ●經文: "命酌"~"敬養". ○이곳 문단은 승리를 못한 자에게 술을 마시게끔 하는 의례 절차를 나타내고 있다.

孔疏 ●"命酌曰: 請行觴"者, 謂司射命此酌酒者曰: 敬以請賓與主人行觴. 謂罰爵之事, 賓主已許, 汝當酌之.

번역 ●經文: "命酌曰: 請行觴". ○사사(司射)는 술을 따라주는 자에게 명령하여, "공경스럽게 빈객과 주인에게 술 따라주는 일을 시행하길 청합

---

2) 『주례』「춘관(春官)·전서(典瑞)」: 祼圭有瓚以肆先王, <u>以祼賓客</u>.

니다."라고 말한다. 즉 벌주를 권하는 일에 대해서는 빈객과 주인이 이미 승낙을 했으므로, 술을 따라주는 자가 마땅히 술을 따라야만 한다는 의미이다.

孔疏 ●"酌者曰: 諾"者, 謂勝黨之弟子曰諾, 受領許酌, 乃於西階上南面設豊洗觶, 升, 酌, 坐奠於豊上也.

번역 ●經文: "酌者曰: 諾". ○승리한 자의 무리에 속한 제자가 "알았습니다."라고 말한다는 뜻이니, 명령을 받아들여서 술 따를 것을 수락한다면, 서쪽 계단 위에서 남쪽을 바라보며 풍(豊)을 설치하고 술잔인 치(觶)를 씻으며, 올라가서 술을 따르고 앉아서 풍(豊) 위에 술잔을 놓아둔다.

孔疏 ●"當飮者皆跪, 奉觴曰: 賜灌"者, 謂勝者與不勝者俱升西階, 勝者在東, 不勝者跪取豊上之爵, 手奉其觴曰: 蒙賜灌. 灌, 猶飮也.

번역 ●經文: "當飮者皆跪, 奉觴曰: 賜灌". ○승리한 자와 승리를 못한 자가 모두 서쪽 계단으로 올라가며, 승리한 자는 동쪽에 있고 승리를 못한 자는 무릎을 꿇고 풍(豊) 위에 놓아둔 술잔을 가져다가 손으로 술잔을 받들며 "하사에 힘입어 술을 마십니다."라고 말한다. '관(灌)'자는 "마시다[飮]."는 뜻이다.

孔疏 ●"勝者跪曰: 敬養"者, 勝者跪執之, 曰: 敬以此觴而養不能.

번역 ●經文: "勝者跪曰: 敬養". ○승리한 자는 무릎을 꿇고 술잔을 잡은 뒤에 "공경스럽게 이 술잔을 통해 잘하지 못하는 점을 배양하기 바랍니다."라고 말한다.

孔疏 ◎注"酌者, 勝黨之弟子". ○正義曰: 此鄕射禮文也. 按彼文云: "弟子奉豊升, 設于西楹之西. 勝者之弟子, 洗觶升酌, 南面坐奠于豊上", 是也.

번역 ◎鄭注: "酌者, 勝黨之弟子". ○이것은 『의례』「향사례(鄕射禮)」편의 문장이다. 「향사례」편의 문장을 살펴보면, "제자는 풍(豊)을 받들고 올라가서 서쪽 기둥의 서쪽에 설치한다. 승리한 자의 제자가 술잔인 치(觶)를 씻고 올라가서 술잔을 따르고, 남쪽을 바라보며 풍 위에 술잔을 놓아둔다."[3]라고 한 말이 이러한 사실을 나타낸다.

孔疏 ◎注"周禮"至"射爵". ○正義曰: 此周禮·典瑞文. 引之者, 證"灌"爲"飮"也. 云"賜灌·敬養, 各與其偶於西階上, 如飮射爵"者, 以投壺, 射類, 故約鄕射而知也.

번역 ◎鄭注: "周禮"~"射爵". ○이것은 『주례』「전서(典瑞)」편의 문장이다. 이 문장을 인용한 것은 '관(灌)'자가 '음(飮)'자의 뜻이 됨을 증명하기 위해서이다. 정현이 "사관(賜灌)과 경양(敬養)은 각각 자신과 짝을 이루었던 자에 대해서 서쪽 계단 위에서 말하게 되니, 활쏘기를 하며 술을 마시는 것과 동일하다."라고 했는데, 투호는 활쏘기의 부류가 된다. 그렇기 때문에 『의례』「향사례(鄕射禮)」편의 내용을 요약해보면, 이러한 사실을 알 수 있다.

訓纂 說文, "觴, 實曰觴, 虛曰觶." 段氏玉裁曰, "觴者, 實酒於爵也. 韓詩說, 爵·觚·觶·角·散五者, 總名曰爵, 其實曰觴. 觴者, 餉也. 觵者罰爵, 不得名觴, 然投壺之請行觴, 固罰爵也."

번역 『설문』[4]에서는 "상(觴)은 술을 채우면 '상(觴)'이라 부르고, 비우면 '치(觶)'라고 부른다."라고 했고, 단옥재는 "상(觴)은 술잔에 술을 채운 것을 뜻한다. 『한시』에서는 작(爵)·고(觚)·치(觶)·각(角)·산(散)이라는 다섯 술잔을 총괄적으로 '작(爵)'이라 부르고, 술을 채우면 '상(觴)'이라

---

3) 『의례』「향사례(鄕射禮)」: 司射適堂西, 命弟子設豐. 弟子奉豐升, 設于西楹之西, 乃降. 勝者之弟子洗觶, 升酌, 南面坐, 奠于豐上, 降, 袒, 執弓, 反位.

4) 『설문해자(說文解字)』는 후한(後漢) 때의 학자인 허신(許愼)이 찬(撰)했다고 전해지는 자서(字書)이다. 『설문(說文)』이라고도 칭해진다. A.D.100년경에 완성되었다고 전해진다. 글자의 형태, 뜻, 음운(音韻)을 수록하고 있다.

고 부른다. '상(觴)'이라는 말은 보내다는 뜻이다. 굉(觥)은 벌주를 내릴 때 사용하는 술잔이므로, '상(觴)'이라고 부를 수 없는데, 투호를 하며 상(觴)을 행하길 청한다고 했으니, 이것은 진실로 벌주로 내리는 술잔을 뜻한다."라고 했다.

集解 愚謂: 命酌, 司射命勝者之弟子酌酒以行罰爵也. 弟子之位, 在西階之西, 東面, 司射命行酌, 蓋降階而西面命之也. 命弟子而曰請者, 辭無所不敬也. 注疏謂"請於賓與主人", 非也. 鄕射禮"司射命設豐", 不請, 則投壺可知也. 已諾, 弟子設豐於西楹之西. 勝者之弟子, 洗酌奠於豐上, 勝者乃揖不勝者, 俱升於西階上, 北面, 勝者在右, 不勝者在左, 取爵跪而飮之. 敬養者, 酒所以養老養病也. 此實罰爵, 而曰賜灌, 曰敬養, 皆謙敬之辭也. 若飮賓, 則弟子洗爵升實之, 以授賓於席前, 不置於豐上, 而揖之使飮也. 少儀曰, "侍投則擁矢, 勝則洗而以請, 客亦如之", 是也. 於主人亦然.

번역 내가 생각하기에, '명작(命酌)'은 사사(司射)가 승리한 자의 제자에게 명령하여 술을 따라서 벌주 돌리는 것을 시행하라고 했다는 뜻이다. 제자의 자리는 서쪽 계단의 서쪽이 되며, 그곳에서 동쪽을 바라보고 있으니, 사사가 술잔을 따라서 권하라고 명령할 때에는 아마도 계단으로 내려가서 서쪽을 바라보며 명령했을 것이다. 제자에게 명령을 하면서도 "청하다[請]."라고 말한 것은 말에는 공경스럽지 못한 것이 없어야 하기 때문이다. 정현의 주와 공영달의 소에서는 "빈객과 주인에게 청한다."라고 했는데, 잘못된 주장이다. 『의례』「향사례(鄕射禮)」편에서는 "사사가 풍(豐)을 설치하라고 명령한다."[5]라고 했으니, 청을 하지 않았다면 투호의 경우에도 실제적으로는 청을 하지 않는다는 사실을 알 수 있다. 응낙을 했다면 제자는 서쪽 기둥의 서쪽에 풍(豐)을 설치한다. 승리를 한 자의 제자는 술잔을 씻고 술을 따라서 풍 위에 놓아두고, 승리한 자는 승리를 못한 자에게 읍(揖)을 하여, 둘 모두 서쪽 계단 위로 올라가서 북쪽을 바라보며, 승리한 자는

5) 『의례』「향사례(鄕射禮)」: 司射適堂西, <u>命弟子設豐</u>.

우측에 있고, 승리를 못한 자는 좌측에 있으며, 술잔을 가져다가 무릎을 꿇고서 마신다. '경양(敬養)'이라는 말은 술은 노쇠한 몸과 병든 몸을 배양해주는 것이라는 뜻이다. 이것은 실제로는 벌주의 잔을 돌리는 것인데 '사관(賜灌)'이나 '경양(敬養)'이라고 말한 것은 둘 모두 겸양과 공경을 뜻하는 말이기 때문이다. 만약 빈객에게 술을 마시도록 한다면 제자는 술잔을 씻고 올라가서 술을 따르며 자리 앞에서 빈객에게 술잔을 건네며 풍 위에 놓아두지 않고, 읍(揖)을 하여 빈객으로 하여금 술을 마시게끔 한다. 『예기』「소의(少儀)」편에서 "존장자를 모시고 투호를 하는 경우라면, 모시는 자는 화살 네 개를 손에 쥐고 한다. 승리한 자는 잔을 씻어서 술을 권해도 되는지를 청하고, 빈객에 대한 경우 또한 이처럼 한다."[6]라고 한 말이 이러한 사실을 나타낸다. 주인에 대해서도 이처럼 한다.

集解 右勝飮不勝者.

번역 여기까지는 승리한 자가 승리를 못한 자에게 술을 마시게끔 한다는 뜻이다.

참고 원문비교

예기대전 · 투호 命酌曰, "請行觴." 酌者曰, "諾." 當飮者皆跪奉觴曰, "賜灌." 勝者跪曰, "敬養."

대대례기 · 투호 擧手曰, "請勝者之弟子, 爲不勝者酌." 酌者曰, "諾." 已酌, 皆請擧酒. 當飮皆跪奉觚曰, "賜灌." 勝者跪曰, "敬養."

참고 『주례』「춘관(春官) · 전서(典瑞)」 기록

6) 예기』「소의(少儀)」【434b】: 侍投則擁矢. 勝則洗而以請, 客亦如之. 不角, 不擢馬.

경문 祼圭有瓚以肆先王, 以祼賓客.

번역 관규(祼圭)와 찬(瓚)을 두어 선왕에게 제사를 지내고 빈객에게 술을 따라 권한다.

鄭注 鄭司農云: "於圭頭爲器, 可以挹鬯祼祭, 謂之瓚. 故詩曰'卹彼玉瓚, 黃流在中'. 國語謂之鬯圭. 以肆先王, 祼先王祭也." 玄謂肆解牲體以祭, 因以爲名. 爵行曰祼. 漢禮, 瓚槃大五升, 口徑八寸, 下有槃, 口徑一尺.

번역 정사농은 "규(圭)의 머리 부분을 조각하여 주걱처럼 만들고, 이를 통해 울창주를 떠서 강신제를 지낼 수 있는 것을 '찬(瓚)'이라고 부른다. 그렇기 때문에 『시』에서는 '깨끗한 저 규찬(圭瓚)이여, 검은 기장으로 만든 울창주가 그 안에 있도다.'[7]라고 했다. 『국어』에서는 이것을 '창규(鬯圭)'[8]라고 불렀다. 이로써 선왕에게 사(肆)를 한다는 것은 선왕에 대한 제사에서 강신제의 술을 따른다는 뜻이다."라고 했다. 내가 생각하기에 희생물의 몸체를 해부하여 제사를 지낸다는 것에 연유하여 제사를 '사(肆)'라고 부르는 것이다. 술잔을 따라 돌리는 것을 '관(祼)'이라고 부른다. 『한례』에서는 찬반(瓚槃)의 용적은 5승(升)이며, 입구의 지름은 8촌이고 그 밑에 쟁반을 대는데, 쟁반 입구의 지름은 1척이라고 했다.

賈疏 ●"祼圭"至"賓客" ○釋曰: 祼圭, 卽玉人所云"祼圭尺有二寸"者也. "以肆先王", 謂祭先王, 則宗伯六享皆是也. "以祼賓客"者, 則大行人云, 上公再祼·侯伯一祼之等是也.

번역 ●經文: "祼圭"~"賓客" ○'관규(祼圭)'는 『주례』「옥인(玉人)」편에서 "관규는 1척 2촌이다."[9]라고 한 것에 해당한다. "이로써 선왕에게 사(肆)한다."라는 말은 선왕에게 제사를 지낸다는 뜻이니, 『주례』「종백(宗伯)」편

---

7) 『시』「대아(大雅)·한록(旱麓)」: 瑟彼玉瓚, 黃流在中. 豈弟君子, 福祿攸降.
8) 『국어(國語)』「노어상(魯語上)」: 文仲以鬯圭與玉磬如齊告糴.
9) 『주례』「동관고공기(冬官考工記)·옥인(玉人)」: 祼圭尺有二寸, 有瓚, 以祀廟.

에 나온 육향(六享)[10]이 모두 여기에 해당한다. "이로써 빈객에게 관(祼)을 한다."라고 한 말은 『주례』「대행인(大行人)」편에서 상공(上公)[11]에게는 재관(再祼)을 하고 후작과 백작에게는 일관(一祼)을 한다고 한 말이 이것을 가리킨다.

賈疏 ◎注"鄭司"至"一尺" ○釋曰: 先鄭云"於圭頭爲器", 器卽瓚是也. 云"可以挹鬯祼祭, 謂之瓚"者, 鬯卽鬱鬯也. 言祼言祭, 則祼據賓客, 祭據宗廟也. "詩曰衈彼玉瓚, 黃流在中"者, 彼詩是美王季爲西伯受殷王圭瓚之賜. 言黃流在中, 卽與玉人云"黃金勺鼻"等同也. 云"國語謂之鬯圭"者, 按國語云"臧文仲

---

10) 육향(六享)은 주나라 때 종묘에서 시행된 여섯 종류의 제사를 뜻한다. 제사를 '향(享)'이라고 부른 것은 하늘에 대한 제사를 사(祀)라 부르고 땅에 대한 제사를 제(祭)라고 부른 것과 대비를 시킨 것이다. '향(享)'은 "바친다[獻]."는 뜻이니, 제사를 갖춰서 신령에게 바친다는 의미이다. 여섯 종류의 제사는 첫 번째 사(肆)·헌(獻)·관(祼)을 통해 선왕에게 제사를 지내는 것이다. 사(肆)는 희생물의 몸체를 해체하여 바친다는 뜻으로, 익힌 고기를 바치는 때를 의미한다. 헌(獻)은 단술을 따라서 바친다는 뜻으로, 희생물의 피와 생고기를 바치는 때를 의미한다. 관(祼)은 울창주를 땅에 부어 강신제를 한다는 뜻으로, 처음 시동에게 술을 따라 신이 강림하길 바라는 때를 의미한다. 사(肆)·헌(獻)·관(祼)을 한다는 것은 성대한 협(祫)제사를 지낸다는 의미이다. 두 번째는 궤식(饋食)으로 선왕에게 제사를 지내는 것이다. '궤식(饋食)'은 음식을 바친다는 뜻으로, 이곳에서는 체(禘)제사를 의미한다. 세 번째는 봄에 지내는 사(祠)제사이며, 네 번째는 여름에 지내는 약(禴)제사이고, 다섯 번째는 가을에 지내는 상(嘗)제사이며, 여섯 번째는 겨울에 지내는 증(烝)제사이다. 『주례』「춘관(春官)·대종백(大宗伯)」편에서는 "以肆獻祼享先王, 以饋食享先王, 以祠春享先王, 以禴夏享先王, 以嘗秋享先王, 以烝冬享先王."이라고 했다.

11) 상공(上公)은 주(周)나라 제도에 있었던 관직 등급이다. 본래 신하의 관직 등급은 8명(命)까지이다. 주나라 때에는 태사(太師), 태부(太傅), 태보(太保)와 같은 삼공(三公)들이 8명의 등급에 해당했다. 그런데 여기에 1명을 더하게 되면 9명이 되어, 특별직인 '상공'이 된다. 『주례』「춘관(春官)·전명(典命)」편에는 "上公九命爲伯, 其國家宮室車旗衣服禮儀, 皆以九爲節."이라는 기록이 있고, 이에 대한 정현의 주에서는 "上公, 謂王之三公有德者, 加命爲二伯. 二王之後亦爲上公."이라고 풀이하였다. 즉 '상공'은 삼공 중에서도 유덕(有德)한 자에게 1명을 더해주어, 제후들을 통솔하는 '두 명의 백(伯)[二伯]'으로 삼았다. 또한 제후의 다섯 등급을 나열할 경우, 공작(公爵)을 '상공'이라고 부르기도 한다.

以鬯圭與磬如齊告糴", 是也. 云"以肆先王, 灌先王祭也", 先鄭不解"肆"字, 故後鄭釋之. "玄謂肆解牲體以祭, 因以爲名"者, 按大司徒云: "祀五帝, 奉牛牲, 羞其肆." 是祭時肆解牲體, 因卽以肆爲祭名也. 云"爵行曰祼"者, 此周禮祼, 皆據祭而言. 至於生人飮酒亦曰祼, 故投壺禮云"奉觴賜灌", 是生人飮酒爵行亦曰灌也. 云"漢禮, 瓚槃大五升, 口徑八寸, 下有槃, 口徑一尺"者, 此據禮器制度文, 叔孫通所作. 按玉人職云大璋·中璋·邊璋, 下云"黃金勺, 靑金外, 朱中, 鼻寸, 衡四寸."鄭注云: "三璋之勺, 形如圭瓚". 玉人不見圭瓚之形, 而云"形如圭瓚"者, 鄭欲因三璋勺, 見出圭瓚之形, 但三璋勺雖形如圭瓚, 圭瓚之形卽此漢禮文, 其形則大, 三璋之勺, 徑四寸, 所容蓋似小也.

번역 ◎鄭注: "鄭司"~"一尺" ○정사농은 "규(圭)의 머리 부분을 조각하여 주걱처럼 만든다."라고 했는데, '기(器)'는 곧 찬(瓚)에 해당한다. 정사농은 "이를 통해 울창주를 떠서 강신제를 지낼 수 있는 것을 '찬(瓚)'이라고 부른다."라고 했는데, '창(鬯)'자는 울창주를 뜻한다. '관(祼)'이라고 했고 '제(祭)'라고 했다면, '관(祼)'은 빈객에게 기준을 둔 말이고, '제(祭)'는 종묘의 제사에 기준을 둔 말이다. 정사농은 "『시』에서는 '깨끗한 저 규찬(圭瓚)이여, 검은 기장으로 만든 울창주가 그 안에 있도다.'라고 했다."라고 했는데, 『시』는 왕계가 서백이 되어 은나라 천자로부터 규찬을 하사받은 일을 찬미한 내용이다. '황류재중(黃流在中)'이라고 했는데, 이것은 『주례』「옥인(玉人)」편에서 "황금으로 만든 주걱에 코가 달려 있다."[12]라고 한 말 등과 같은 뜻이다. 정사농은 "『국어』에서는 이것을 '창규(鬯圭)'라고 불렀다."라고 했는데, 『국어』를 살펴보면 "장문장은 창규와 반(磬)을 가지고 제나라로 가서 곡식을 요청하였다."라고 한 말에 해당한다. 정사농은 "이로써 선왕에게 사(肆)를 한다는 것은 선왕에 대한 제사에서 강신제의 술을 따른다는 뜻이다."라고 했는데, 정사농은 '사(肆)'자 자체를 풀이하지 않았기 때문에 정현이 이 글자를 풀이한 것이다. 정현이 "내가 생각하기에 희생물의 몸체

---

12) 『주례』「동관고공기(冬官考工記)·옥인(玉人)」: 大璋·中璋九寸, 邊璋七寸, 射四寸, 厚寸, <u>黃金勺</u>, 靑金外, 朱中, <u>鼻</u>寸, 衡四寸, 有繅, 天子以巡守, 宗祝以前馬.

를 해부하여 제사를 지낸다는 것에 연유하여 제사를 '사(肆)'라고 부르는 것이다."라고 했는데, 『주례』「대사도(大司徒)」편을 살펴보면 "오제(五帝)에게 제사를 지내게 되면 희생물인 소를 바치고 희생물의 몸체를 해부한 것을 진설한다."[13]라고 했다. 이것은 제사를 지낼 때 희생물의 몸체를 해부하게 되며, 이로 인해 '사(肆)'자를 제사를 뜻하는 명칭으로 사용하는 것이다. 정현이 "술잔을 따라 돌리는 것을 '관(祼)'이라고 부른다."라고 했는데, 『주례』에서 '관(祼)'이라고 한 말은 모두 제사에 기준을 두고 한 말이다. 그런데 살아있는 사람이 술을 마시는 일에 있어서도 '관(祼)'이라고 부른다. 그렇기 때문에 『예기』「투호」편에서는 '봉상사관(奉觴賜灌)'이라고 말한 것이니, 이것은 살아있는 사람이 술을 마시며 술잔을 돌리는 것에 대해서도 '관(灌)'이라고 부른다는 사실을 나타낸다. 정현이 "『한례』에서는 찬반(瓚槃)의 용적은 5승(升)이며, 입구의 지름은 8촌이고 그 밑에 쟁반을 대는데, 쟁반 입구의 지름은 1척이라고 했다."라고 했는데, 이것은 『예기제도』의 기록에 근거한 것이며, 숙손통이 저술한 것이다. 『주례』「옥인(玉人)」편의 직무 기록을 살펴보면 대장(大璋)·중장(中璋)·변장(邊璋)이라고 했고, 그 뒤에서는 "황금으로 만든 국자는 겉은 청금으로 하고 안은 적색으로 하며 코는 1촌이고 형은 4촌이다."라고 했고, 정현의 주에서는 "세 가지 장(璋)의 국자는 그 모습이 규찬과 같다."라고 했다. 「옥인」편에는 규찬의 형태에 대해서는 기술하지 않았는데, "그 모습이 규찬과 같다."라고 말한 것은 정현이 세 가지 장(璋)의 국자가 기록된 것에 따라 규찬의 형태를 드러내고자 한 것이다. 다만 세 가지 장의 국자는 비록 그 형태가 규찬과 같는데, 규찬의 형태는 곧 『한례』 문장에 기록된 것으로, 그 형태는 커서 세 가지 장의 국자가 그 지름이 4촌이라면 수용할 수 있는 양이 아마도 적은 것 같다.

참고 『시』「대아(大雅)·한록(旱麓)」

瞻彼旱麓, (첨피한록) : 저 한산(旱山)의 기슭을 보건데,

13) 『주례』「지관(地官)·대사도(大司徒)」: 祀五帝, 奉牛牲, 羞其肆.

榛楛濟濟. (진호제제) : 개암나무와 싸리나무가 무성하구나.
豈弟君子, (개제군자) : 화락하고 평이(平易)한 군자여,
干祿豈弟. (간록개제) : 녹봉을 구함에도 화락하고 평이하구나.

瑟彼玉瓚, (슬피옥찬) : 깨끗한 저 규찬(圭瓚)이여,
黃流在中. (황류재중) : 검은 기장으로 만든 울창주가 그 안에 있도다.
豈弟君子, (개제군자) : 화락하고 평이한 군자여,
福祿攸降. (복록유강) : 녹과 녹봉이 내리는구나.

鳶飛戾天, (연비려천) : 솔개가 날아올라 하늘로 떠나버리고,
魚躍于淵. (어약우연) : 물고기는 연못에서 뛰놀아 제자리를 얻도다.
豈弟君子, (개제군자) : 화락하고 평이한 군자여,
遐不作人. (하불작인) : 멀리 사람을 새로이 진작시킴이 아니로다.

淸酒旣載, (청주기재) : 청주(淸酒)[14]를 술동이에 담아놨거늘,
騂牡旣備. (성모기비) : 붉은 수소를 갖추는구나.
以享以祀, (이향이사) : 이것으로 흠향을 드리며 제사를 지내니,
以介景福. (이개경복) : 이것으로 큰 복을 얻게끔 돕는구나.

瑟彼柞棫, (슬피작역) : 무성한 저 떡갈나무와 상수리나무는,
民所燎矣. (민소료의) : 백성들이 불 때는 바로다.
豈弟君子, (개제군자) : 화락하고 평이한 군자여,
神所勞矣. (신소로의) : 신이 도와주는 바로다.

莫莫葛藟, (막막갈류) : 얼기설기 자라나는 칡덩굴이여,
施于條枚. (시우조매) : 나뭇가지에 얽혀 있구나.

---

14) 청주(淸酒)는 삼주(三酒) 중 하나이다. 제사에서 사용하는 술이며, 삼주 중 가장 맑은 술에 해당하므로 '청주'라고 부른다. '청주'는 중산(中山) 지역에서 겨울에 술을 담가서 여름쯤 다 익은 술을 뜻한다.

豈弟君子, (개제군자) : 화락하고 평이한 군자여,
求福不回. (구복불회) : 복을 구함에 선조의 도를 어기지 않는구나.

毛序 旱麓, 受祖也. 周之先祖世脩后稷公劉之業, 大王王季申以百福干祿焉.

모서 「한록(旱麓)」편은 선조의 과업을 받았음을 읊은 시이다. 주나라의 선조는 대대로 후직과 공유의 공업을 닦아서, 태왕과 왕계는 거듭 모든 복과 녹봉을 받게 되었다.

참고 『의례』「향사례(鄕射禮)」 기록

경문 司射適堂西, 命弟子設豐.

번역 사사(司射)는 당의 서쪽으로 가서 제자에게 풍(豐)을 설치하도록 명령한다.

鄭注 將飮不勝者, 設豐所以承其爵也. 豐形蓋似豆而卑.

번역 승리하지 못한 자에게 술을 마시게 하기 위해서이니, 풍(豐)을 설치하는 것은 잔을 받치기 위해서이다. '풍(豐)'의 모습은 두(豆)와 유사하지만 보다 낮다.

賈疏 ●"司射"至"設豐". ◎注"將飮"至"而卑". ○釋曰: 自此盡"徹豐與觶", 論罰爵之事. 云"設豐所以承其爵也"者, 按燕禮君尊有豐, 此云承爵, 豐則兩用之. 燕禮注: "豐形似豆, 卑而大." 此不言大, 彼以承尊, 故言大. 此承爵, 不言大, 或小耳.

번역 ●經文: "司射"~"設豐". ◎鄭注: "將飮"~"而卑". ○이곳 구문으

로부터 "풍(豐)과 치(觶)를 치운다."라는 문장까지는 벌주 권하는 일을 논의하고 있다. 정현이 "풍(豐)을 설치하는 것은 잔을 받치기 위해서이다."라고 했는데, 『의례』「연례(燕禮)」편을 살펴보면 군주의 술동이를 진설할 때에는 풍을 설치하는데, 이곳에서는 잔을 받친다고 했으니, 풍의 경우 두 가지 용도로 사용된다. 「연례」편에 대한 정현의 주에서는 "풍의 모습은 두(豆)와 유사하지만 높이가 낮고 크다."라고 했다. 이곳에서 크다는 말을 하지 않은 것은 「연례」편에 나온 풍은 술동이를 받치기 위한 것이다. 그렇기 때문에 크다고 말했다. 이곳에 나온 풍은 술잔을 받치기 위한 것이니, 크다고 말하지 않은 것이며, 혹은 술동이를 받치는 풍보다 크기가 작았기 때문이다.

경문 弟子奉豐升, 設于西楹之西, 乃降. 勝者之弟子洗觶, 升酌, 南面坐奠于豐上. 降, 袒執弓, 反位.

번역 제자가 풍(豐)을 받들고 올라가서 서쪽 기둥의 서쪽에 진설하고서 내려온다. 승리한 자의 제자는 치(觶)를 씻고 올라가서 술을 따르며 남쪽을 향해 앉아서 풍 위에 술잔을 올려둔다. 내려와서 단(袒)[15]을 하고 활을 잡고서 자신의 자리로 되돌아간다.

鄭注 勝者之弟子, 其少者也. 耦不酌, 下無能也. 酌者不授爵, 略之也. 執弓反射位, 不俟其黨, 已酌有事.

번역 승리한 자의 제자는 그들 무리 중 나이가 어린 자를 뜻한다. 함께 활을 쏘았던 자가 술을 따르지 않는 것은 승리하지 못한 자를 낮추기 위해서이다. 술을 따른 자가 술잔을 건네지 않는 것은 의례를 간략히 시행하기 때문이다. 활을 들고 활 쏘는 자리로 돌아가고 자기 무리를 기다리지 않는 것은 이미 술을 따르게 되어 해당 임무가 있기 때문이다.

---

15) 단(袒)은 일반적으로 상중(喪中)에 남자들이 취하는 복장 방식을 뜻한다. 상의 중 좌측 어깨 쪽을 드러내는 방법이다. 한편 일반적인 의례절차에서도 단(袒)의 복장 방식을 취하는 경우가 있다.

賈疏 ●"弟子"至"反位". ◎注"勝者"至"有事". ○釋曰: 知弟子是"少者", 以其執弟子禮使令, 故知少者也. 云"執弓反射位, 不待其黨, 已酌有事"者, 以此弟子由堂西, 固在射賓中矣. 黨卽衆賓是也. 按下文"三耦及衆射者皆與其耦進, 立于射位", 今酌者不待其黨與俱進, 而先反射位者, 由已酌酒有事訖, 其黨未得司射命, 又無事, 不得共酌者同就射位, 故酌者先得反射位也.

번역 ●經文: "弟子"~"反位". ◎鄭注: "勝者"~"有事". ○여기에서 말한 제자가 나이가 어린 자에 해당한다는 사실을 알 수 있는 이유는 제자의 예법에 따라 명령을 따르기 때문에 나이가 어린 자임을 알 수 있다. 정현이 "활을 들고 활 쏘는 자리로 돌아가고 자기 무리를 기다리지 않는 것은 이미 술을 따르게 되어 해당 임무가 있기 때문이다."라고 했는데, 제자는 당의 서쪽으로부터 이동하니 진실로 활을 쏘는 빈객 무리들 중에 있었던 것이다. 그 무리란 곧 빈객 무리들을 뜻한다. 아래문장을 살펴보면 "세 쌍과 빈객 무리들 중 활을 쏘는 자들은 모두 자신의 짝과 함께 나아가 활을 쏘는 자리에 선다."라고 했는데, 현재 술을 따르는 자가 자기 무리들과 함께 나아가는 것을 기다리지 않고 먼저 활을 쏘는 자리로 돌아간 것은 이미 술을 따라서 해당 일이 끝났고, 그의 무리들은 사사의 명령을 받지 않았으니 또한 시행할 일이 없으므로, 술을 따르는 자와 함께 활을 쏘는 자리로 함께 나아갈 수 없다. 그렇기 때문에 술을 따르는 자가 먼저 활을 쏘는 자리로 돌아갈 수 있는 것이다.

참고 『예기』「소의(少儀)」 기록

경문-434a 侍射則約矢.

번역 존장자를 모시고 활을 쏘는 경우라면, 모시는 자는 화살을 한꺼번에 가져간다.

鄭注 不敢與之拾取也.

번역 감히 존장자와 함께 번갈아가며 화살을 가져갈 수 없기 때문이다.

孔疏 ●"侍射則約矢"者, 矢, 箭也. 凡射必計耦, 先設楅在中庭. 楅者, 兩頭爲龍頭, 中央共二身, 而倚箭於楅身上, 上耦前取一矢, 下耦又進取一, 如是更進, 各得四箭而升堂, 挿三於要, 而手執一隻. 若卑者侍射, 則不敢更拾進取, 但一時幷取四矢, 故云"則約矢"也.

번역 ●經文: "侍射則約矢". ○'시(矢)'자는 화살이다. 무릇 활을 쏠 때에는 반드시 짝을 맞춰야 하며, 먼저 마당에 화살 통을 설치한다. '복(楅)'이라는 것은 양쪽 끝을 용의 머리 형식으로 조각하고, 중앙에 두 개의 몸체가 있어서, 화살을 그 몸체에 꼽게 되며, 짝을 이룬 사람 중 먼저 쏘는 한 사람이 앞서 하나의 화살을 가져가고, 뒤에 쏘는 사람이 재차 나아가서 하나의 화살을 가져가며, 이처럼 번갈아 나아가게 되어, 각각 네 개의 화살을 가지고서 당에 오르고, 허리에 세 개의 화살을 꼽고, 손으로 하나의 화살을 잡게 된다. 만약 신분이 낮은 자가 존장자를 모시고 활을 쏘게 된다면, 감히 번갈아가며 화살을 뽑아갈 수 없고, 단지 일시에 네 개의 화살을 모두 가져간다. 그렇기 때문에 "화살을 한꺼번에 가져간다."라고 말한 것이다.

경문-434b 侍投則擁矢.

번역 존장자를 모시고 투호를 하는 경우라면, 모시는 자는 화살 네 개를 손에 쥐고 한다.

鄭注 不敢釋於地也. 投, 投壺也, 投壺坐.

번역 감히 땅에 내려놓을 수 없기 때문이다. '투(投)'자는 투호를 뜻하니, 투호를 하는 자리를 의미한다.

孔疏 ●"侍投則擁矢"者, 投, 投壺也. 擁, 抱也. 矢, 謂投壺箭也, 若柘若棘爲之. 投壺禮, 亦賓主各四矢, 從委於身前坐, 一一取之. 若卑者侍投, 則不敢釋置於地, 但手并抱投之也. 故鄭云"不敢釋於地". 庾云: "擁抱己所當投矢也." 隱義云: "尊者委四矢於地, 一一取以投, 卑者不敢委於地, 悉執之也."

번역 ●經文: "侍投則擁矢". ○'투(投)'자는 투호를 뜻한다. '옹(擁)'자는 "손에 쥐다[抱]."는 뜻이다. '시(矢)'는 투호에 사용하는 화살이니, 자(柘)나 극(棘) 등의 나무로 만든다. 투호의 예법에서도 또한 빈객과 주인이 각각 네 개의 화살을 사용하는데, 자기 앞에 내려놓고, 하나씩 들어 올린다. 만약 신분이 미천한 자가 존장자를 모시고 투호를 하게 된다면, 감히 땅에 내려놓을 수가 없고, 단지 손으로 모두 쥐고서 던지게 된다. 그렇기 때문에 정현이 "감히 땅에 내려놓을 수 없기 때문이다."라고 말한 것이다. 유씨는 "자신이 던져야 할 화살을 쥐고 있는 것이다."라고 했다. 『예기은의』에서는 "존장자는 땅에 네 개의 화살을 내려놓고, 하나씩 들어 올려서 던지며, 신분이 미천한 자는 감히 땅에 내려놓을 수가 없고, 모두 쥐고 있게 된다."라고 했다.

集解 愚謂: 此謂侍尊者射及投壺, 而與尊者爲耦也.

번역 내가 생각하기에, 이 내용들은 연장자를 모시고 활을 쏘거나 투호를 할 때, 연장자와 함께 짝을 이루게 된 상황을 뜻한다.

경문-434b 勝則洗而以請, 客亦如之. 不角, 不擢馬.

번역 승리한 자는 잔을 씻어서 술을 권해도 되는지를 청하고, 빈객에 대한 경우 또한 이처럼 한다. 벌주를 줄 때에는 뿔잔을 사용하지 않고, 일반 잔을 사용하며, 투호에서 상대방의 마(馬)를 빼앗지 않는다.

鄭注 洗爵請行觴, 不敢直飮之. 客射若投壺不勝, 主人亦洗而請之. 角, 謂觥, 罰爵也. 於尊長與客, 如獻酬之爵. 擢, 去也, 謂徹也. 已徹馬, 嫌勝故專之.

번역 술잔을 씻고서 술을 권해도 되는지를 청하며, 감히 곧바로 마시게 하지 않는다. 빈객이 활을 쏘거나 투호를 했을 때 이기지 못했다면, 주인은 또한 잔을 씻어서 술을 권해도 되는지를 청한다. '각(角)'은 굉(觥)이라는 술잔이니, 벌주를 줄 때 사용하는 술잔이다. 존장자 및 빈객에 대해서는 일반적으로 술을 권할 때 사용하는 술잔을 사용한다. '탁(擢)'자는 "제거한다[去]."는 뜻이니, 상대방의 것을 치운다는 뜻이다. 자신이 상대방의 마(馬)를 제거하면, 승리를 고집하기 때문에, 자기만 차지하려고 한다는 혐의를 받는다.

孔疏 ●"勝則洗而以請"者, 若敵射及投壺竟, 司射命酌, 而勝者當應曰"諾". 而勝者弟子, 酌酒南面以置豐上, 豐在西階上兩楹之西. 而不勝者下堂, 揖讓升堂, 就西階上立, 北面, 就豐上取爵, 將飮之, 而跪之曰"賜灌", 灌, 猶飮也. 而勝者立於不勝者東, 亦北面, 跪而曰"敬養". 若卑者得勝, 則不敢直酌當前, 洗爵而請行觴, 然後乃行也.

번역 ●經文: "勝則洗而以請". ○만약 대등한 신분끼리 활을 쏘거나 투호를 했을 때, 그 일이 끝나면, 사사(司射)를 맡은 관리가 술을 따를 것을 명하고, 승자는 마땅히 "알았다."고 대답해야 한다. 그리고 승자의 제자는 술을 따라서 남쪽을 바라보고, 풍(豐) 위에 올려두는데, 풍(豐)은 서쪽 계단 위 양쪽 기둥의 서쪽에 위치한다. 그리고 승리를 못한 자는 당(堂)에서 내려가서, 읍(揖)을 하고 사양을 한 뒤에 당으로 올라가고, 서쪽 계단 위로 나아가서 서며, 북쪽을 바라보고, 풍(豐) 위에 있는 술잔을 들고, 그것을 마시려고 하면, 무릎을 꿇고서 "술을 마실 수 있도록 하사해주십시오."라고 말한다. '관(灌)'자는 "마신다[飮]."는 뜻이다. 그리고 승자는 승리를 못한 자의 동쪽에 서서 또한 북쪽을 바라보고, 무릎을 꿇고서 "공경스러운 태도로 이 술잔을 통해 기르도록 하십시오."라고 말한다. 만약 신분이 미천한 자가 승리를 얻었다면, 감히 직접적으로 그 앞에 술을 따라 권할 수 없으니, 술잔을 씻고서 술을 권해도 되는지를 청한 연후에야 해당 의례를 시행한다.

孔疏 ●"客亦如之"者, 客若不勝, 則主人亦洗而請, 如卑侍之法, 所以優賓也.

번역 ●經文: "客亦如之". ○빈객이 만약 승리를 못했다면, 주인은 또한 술잔을 씻어서 술을 권해도 되는지를 청하여, 미천한 자가 존장자를 섬겼을 때의 예법과 같이 하니, 빈객을 우대하기 위해서이다.

孔疏 ●"不角"者, 角, 謂行罰爵, 用角酌之也. 詩云"酌彼兕觥", 是也. 今飮尊者及客, 則不敢用角, 但如常獻酬之爵也.

번역 ●經文: "不角". ○'각(角)'자는 벌주를 줄 때, 뿔잔을 사용해서 술을 따라준다는 뜻이다. 『시』에서 "저 시굉(兕觥)에 술을 따라 권한다."16)라고 한 말이 바로 이것을 가리킨다. 현재의 상황은 존장자 및 빈객에게 술을 따라 권하게 되어, 감히 뿔잔을 사용하지 않고, 단지 평상시 술을 따라 권할 때 사용하는 술잔을 이용한다.

孔疏 ●"不擢馬"者, 擢, 去也, 徹也. 投壺立籌爲馬, 馬有威武, 射者所尙也. 凡投壺, 每一勝輒立一馬, 至三馬而成勝. 但頻勝三馬難得, 若一朋得二馬, 一朋得一馬, 於是二馬之朋, 徹取一馬者足以爲三馬, 以成定勝也. 今若卑者朋, 雖得二馬, 亦不敢徹尊者馬足成己勝也.

번역 ●經文: "不擢馬". ○'탁(擢)'자는 제거한다는 뜻이니, 상대방의 것을 치운다는 의미이다. 투호에서는 투호살을 세우는 것을 '마(馬)'라고 하니, 말은 위엄과 무용이 있어서, 활을 쏘는 자가 숭상하는 것이기 때문이다. 무릇 투호를 하게 되면 매번 한 차례 승리를 할 때마다 하나의 마(馬)를 세우고, 세 개의 마(馬)가 세워지게 되면, 승리를 이루게 된다. 다만 번번이 승리를 하여 세 개의 마(馬)를 세우기는 매우 어려우니, 만약 두 명 중 한쪽

---

16) 『시』「주남(周南)·권이(卷耳)」: 陟彼高岡, 我馬玄黃. 我姑酌彼兕觥, 維以不永傷.

이 두 개의 마(馬)를 얻었고, 다른 한쪽이 한 개의 마(馬)를 얻었다면, 두 개의 마(馬)를 세운 자가 상대방이 세운 한 개의 마(馬)를 가져다가 세 개의 마(馬)를 만들어서, 승리를 확정할 수 있다. 현재의 상황은 신분이 미천한 자가 존장자의 상대가 되어, 비록 두 개의 마(馬)를 얻었다고 하더라도, 또한 감히 존장자가 세운 마(馬)를 가져다가 자신의 승리를 확정할 수 없다.

訓纂 朱子曰: 此皆是卑者與尊者爲耦. 若己勝而司射命酌, 則不使他弟子酌酒以罰尊者, 必自洗爵而請行觴. 若耦勝, 則不敢煩他弟子亦酌而飮己, 必自洗爵而請自飮也.

번역 주자가 말하길, 이 내용들은 모두 신분이 미천한 자가 존귀한 자와 짝을 이루어 시행하는 일들이다. 만약 본인이 승리를 하여, 사사(司射)가 술을 권하라고 말한다면, 남의 제자를 시켜서 술을 따라서 존장자에게 벌주를 내릴 수 없으니, 반드시 직접 술잔을 씻고서 술을 권해도 되는지를 청하게 된다. 만약 상대방이 이긴 경우라면, 감히 남의 제자를 번거롭게 해서 술을 따라 자신이 마실 수 있도록 할 수 없으니, 반드시 직접 술잔을 씻고서 스스로 마셔도 되는지를 청하게 된다.

集解 愚謂: 勝則洗而以請者, 謂洗爵酌酒, 就其席前而請之, 不敢奠爵於豐上, 而揖尊者使飮. 鄕射禮若"賓主人大夫不勝", "執爵者取觶降洗升, 實之以授于席前", 是也. 註疏說未晰. 毛詩傳, "兕觥, 罰爵也." 疏云, "觥是觚・觶・角・散之外別有此器, 不用於正禮." 蓋觥以兕角爲之, 故亦名爲角, 而非"四升曰角"之角也. 然鄕射・大射罰爵皆用觶, 此用角者, 豈燕射與投壺之禮然與? 投壺禮請賓云"一馬從二馬", "請主人亦如之", 則與客投壺者得擢馬矣. 此云"客亦如之", 唯謂"勝則洗而以請"一事, 若不角・不擢馬, 則唯施於尊者, 而不施於客也. 孔疏於下二事亦兼尊者與客言之, 非是.

번역 내가 생각하기에, "승리를 하면 술잔을 씻어서 이로써 청한다."라는 말은 술잔을 씻어서 술을 따른 뒤에 자리 앞으로 나아가서 마시기를 청하고, 감히 풍(豐) 위에 술잔을 내려놓을 수 없으며, 존장자에게 읍(揖)을 하여 마시도록 해야 한다는 뜻이다. 『의례』「향사례(鄕射禮)」편에서 "빈객·주인·대부가 이기지 못했다."라고 말하고, "술잔을 든 자는 치(觶)를 가지고 내려가서 씻고, 다시 올라가서, 술을 채우고서 자리 앞에 둔다."[17] 라고 한 말에 해당한다. 정현의 주와 공영달의 소는 그 해석이 분명하지 않다. 『모시』의 전문(傳文)에서는 "시굉(兕觥)은 벌주를 내릴 때의 술잔이다."라고 했고, 공영달의 소에서는 "굉(觥)은 고(觚)·치(觶)·각(角)·산(散)이라는 술잔 이외에 별도로 있는 술잔으로, 정규 예법에서는 사용하지 않는다."라고 했다. 아마도 굉(觥)은 외뿔소의 뿔로 만들었을 것이다. 그렇기 때문에 그 명칭을 '각(角)'이라고도 한 것이니, "4승(升)의 용적을 가진 술잔을 각(角)이라고 부른다."라고 할 때의 '각(角)'이 아니다. 그런데 『의례』「향사례」편과 「대사(大射)」편에서는 벌주를 내릴 때의 술잔으로 모두 치(觶)를 사용한다고 했고, 이곳에서는 각(角)을 사용한다고 했으니, 어찌 연사례(燕射禮)나 투호의 예법에서만 이러한 것이겠는가? 투호의 예법에서는 빈객에게 청원하며, "하나의 마(馬)는 두 개의 마(馬)를 따른다."라고 했고, "주인에게 청할 때에도 또한 이처럼 한다."라고 했으니, 빈객과 투호를 하는 경우에도 상대방의 마(馬)를 취할 수 있다. 이곳에서 "빈객 또한 이와 같다."라고 했는데, 이것은 단지 "승리를 하면 술잔을 씻어서 이로써 청한다."라고 했던 한 사안만을 뜻하니, 각(角)을 쓰지 않고, 상대방의 마(馬)를 취하지 않는 경우라면, 오직 존장자에 대해서만 시행하는 것이며, 빈객에게는 적용하지 않는다. 공영달의 소에서는 뒤의 두 사안에 대해서도 또한 존장자와 빈객에 대한 일을 함께 언급했는데, 잘못된 주장이다.

---

17) 『의례』「향사례(鄕射禮)」: 賓·主人·大夫不勝, 則不執弓, 執爵者取觶降洗, 升, 實之以授于席前.

그림 9-1 ▣ 풍(豐)

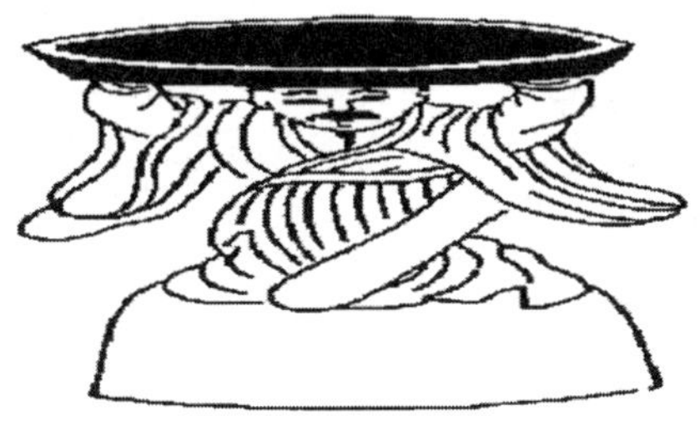

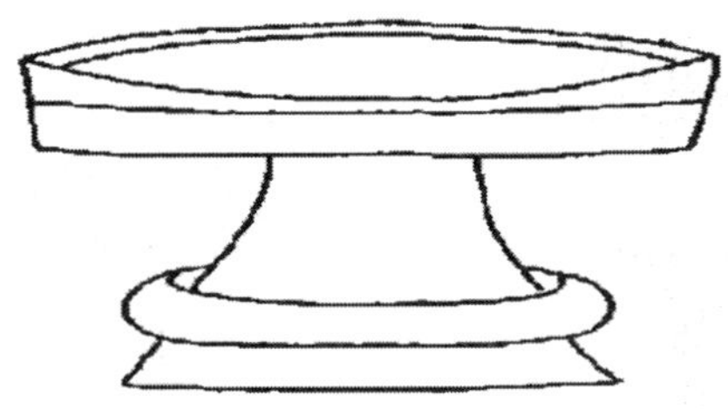

※ **출처:** 상-『삼례도집주(三禮圖集注)』 12권 ; 하-『삼례도(三禮圖)』 4권

그림 9-2 ▣ 두(豆)

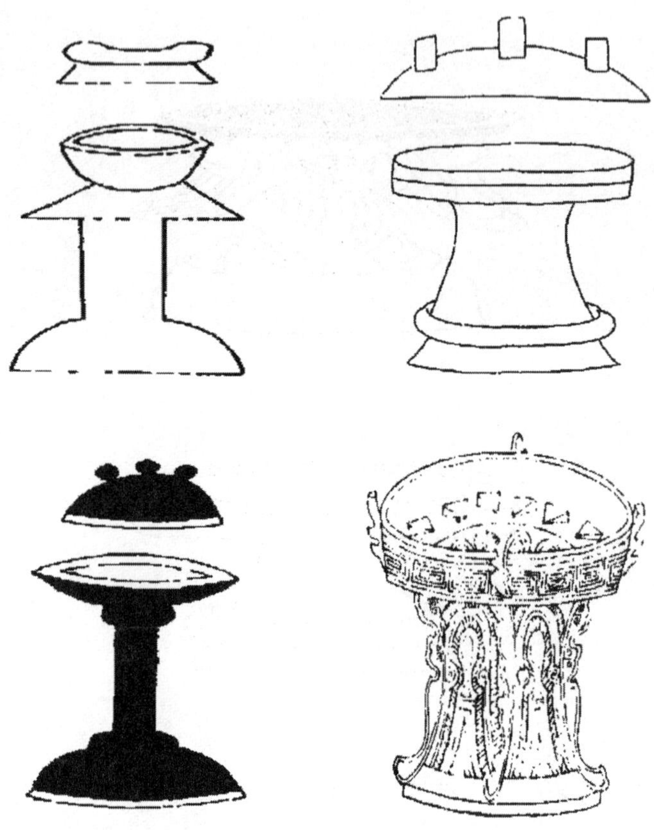

※ **출처:** 상좌-『육경도(六經圖)』 6권; 상우-『삼례도(三禮圖)』 4권
하좌-『삼례도집주(三禮圖集注)』 13권; 하우-『삼재도회(三才圖會)』「기용(器用)」 1권

그림 9-3 ▣ 치(觶)

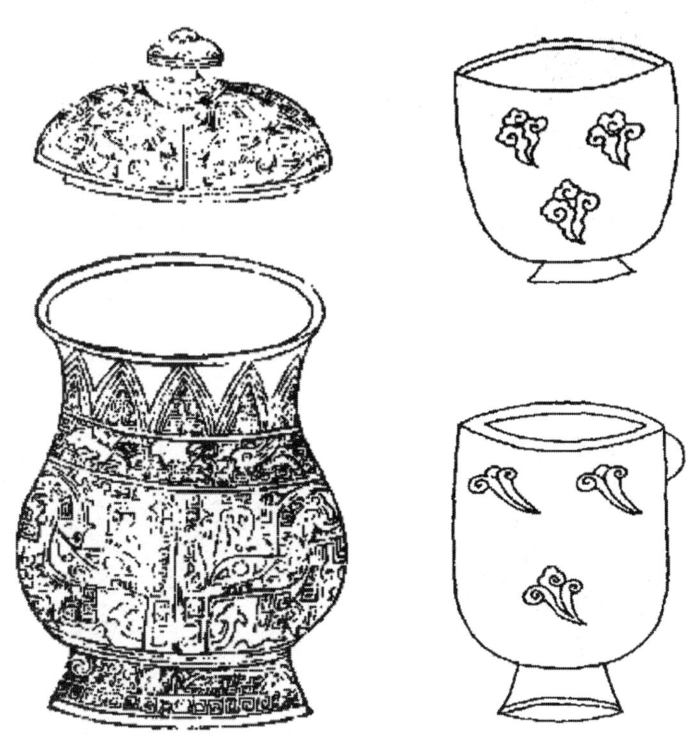

※ **출처:** 좌-『삼재도회(三才圖會)』「기용(器用)」 1권
상우-『삼례도집주(三禮圖集注)』 12권 ; 하우-『육경도(六經圖)』 9권

그림 9-4 ▣ 작(爵)

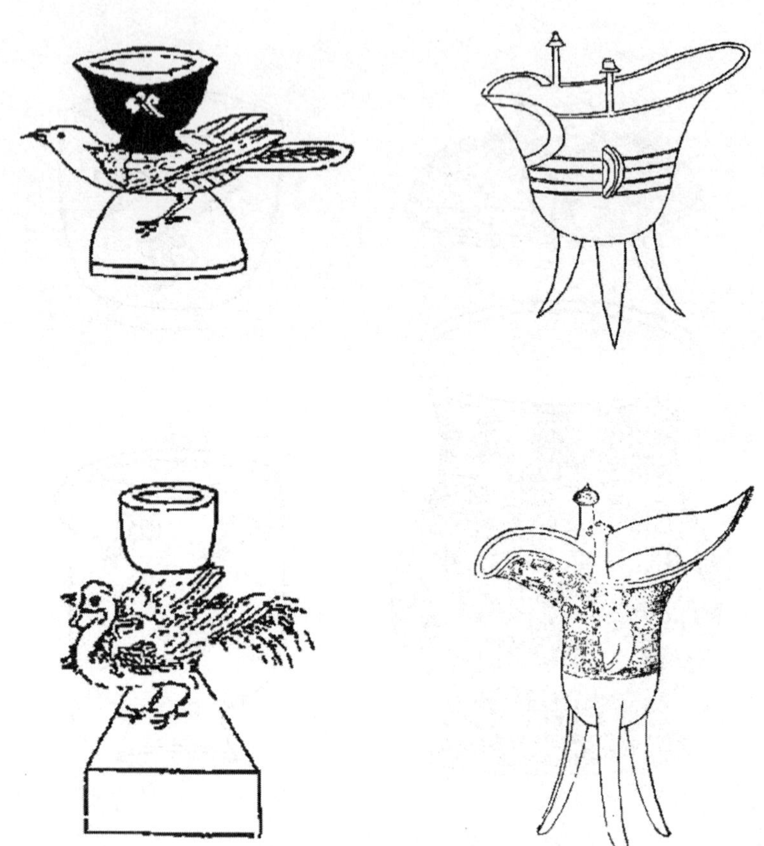

※ 출처: 상좌-『삼례도집주(三禮圖集注)』 12권 ; 상우-『삼례도(三禮圖)』 3권
하좌-『육경도(六經圖)』 6권 ; 하우-『삼재도회(三才圖會)』「기용(器用)」 1권

그림 9-5 ▣ 고(觚)

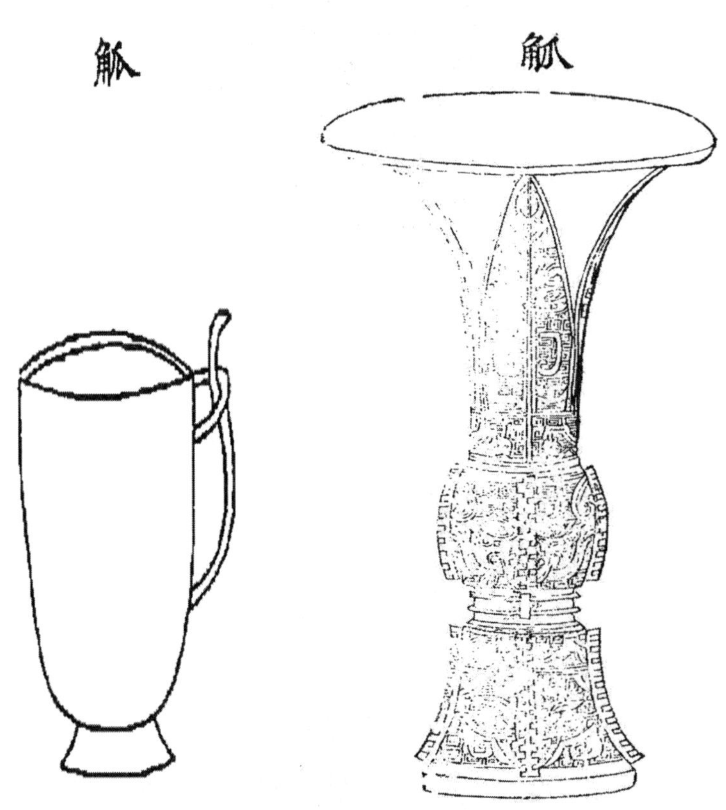

※ **출처:** 우-『삼재도회(三才圖會)』「기용(器用)」 1권
좌-『삼례도집주(三禮圖集注)』 12권

그림 9-6 ▣ 각(角)

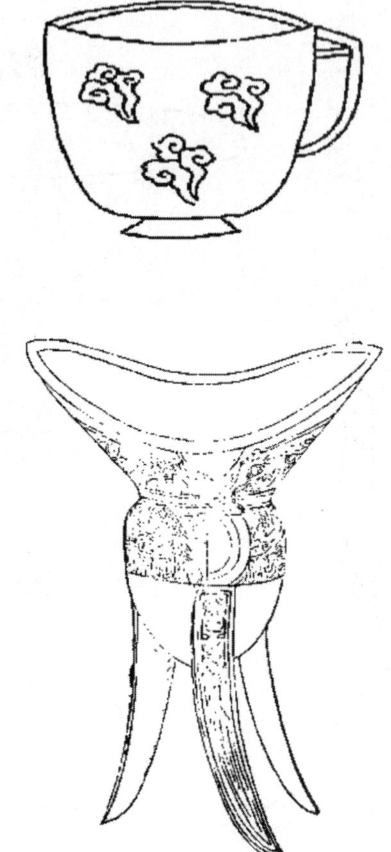

※ **출처:** 상-『삼례도집주(三禮圖集注)』 12권 ; 하-『삼재도회(三才圖會)』「기용(器用)」 1권

그림 9-7 ▣ 산(散)

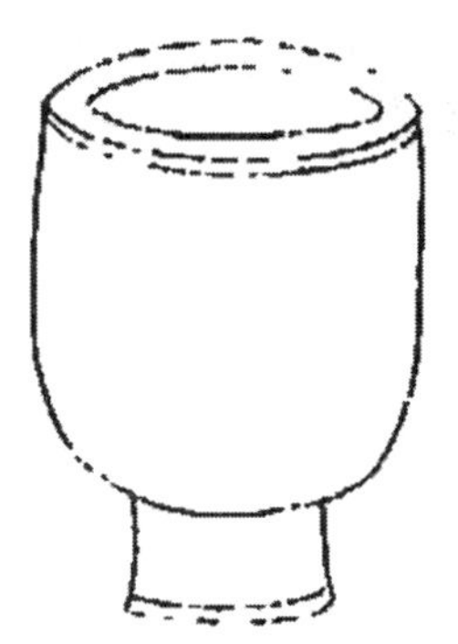

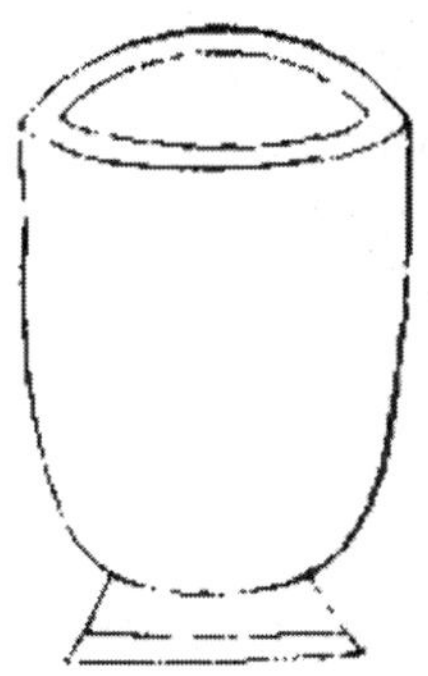

※ **출처:** 상좌-『삼례도집주(三禮圖集注)』 12권 ; 상우-『삼례도(三禮圖)』 3권
하좌-『육경도(六經圖)』 6권 ; 하우-『삼재도회(三才圖會)』「기용(器用)」 2권

그림 9-8 ▣ 굉(觥)

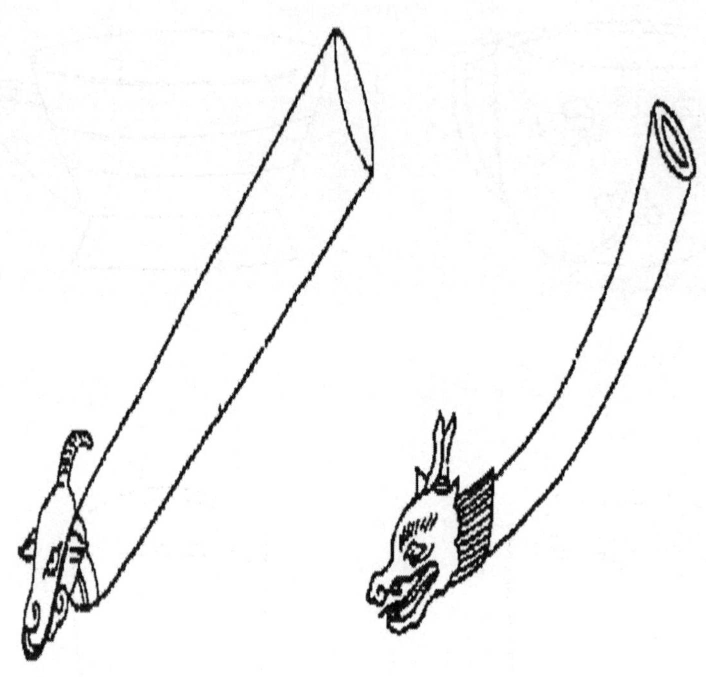

※ 출처: 우-『삼례도집주(三禮圖集注)』 12권
좌-『육경도(六經圖)』 9권

그림 9-9 ▣ 규찬(圭瓚)

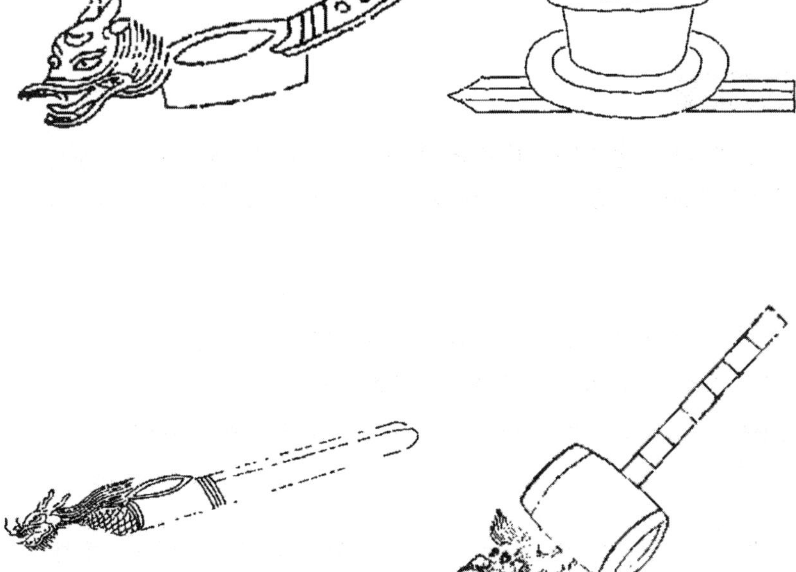

※ **출처:** 상좌-『삼례도집주(三禮圖集注)』 14권 ; 상우-『삼례도(三禮圖)』 3권
하좌-『육경도(六經圖)』 2권 ; 하우-『삼재도회(三才圖會)』「기용(器用)」 1권

• 제 10 절 •

마(馬)를 세우고 축하주를 권하는 절차

【678a】

正爵既行, 請立馬. 馬各直其筭, 一馬從二馬, 以慶. 慶禮曰, "三馬既備, 請慶多馬." 賓主皆曰, "諾." 正爵既行, 請徹馬.

직역 正爵을 旣히 行하면, 馬를 立하기를 請한다. 馬는 各히 그 筭을 直하고, 一馬는 二馬를 從하며, 이로써 慶한다. 慶禮에서는 曰, "三馬가 旣히 立하니, 多馬를 慶하길 請합니다." 賓主가 皆히 曰, "諾이라." 正爵이 旣히 行하면, 馬를 徹하길 請한다.

의역 벌주 돌리는 일이 끝났다면, 사사(司射)는 마(馬)를 세우고자 청한다. 마(馬) 세우는 것은 각각에 대해 최초 산가지를 땅위에 내려둔 곳 앞에 두고, 1개의 마(馬)를 세운 것은 승리를 한 자가 세운 2개의 마(馬) 세운 곳에 합하며, 이를 통해 축하한다. 축하하는 예법에서는 사사가 "3개의 마(馬)가 이미 갖춰졌으니, 많은 마(馬)를 세운 자에게 축하주 권하기를 청합니다."라고 한다. 빈객과 주인이 모두 "알았다."라고 말한다. 축하주 돌리는 일이 끝나면, 사사는 마(馬)를 치우고자 청한다.

集說 正禮罰酒之爵既行, 飮畢, 司射乃告賓主, 請爲勝者樹立其馬. 直, 當也. 所立之馬, 各當其初釋算之前. 投壺與射禮, 皆三番而止, 每番勝則立一馬. 假令賓黨三番俱勝則立三馬, 或兩勝而立二馬; 其主黨但一勝立一馬, 卽擧主之一馬, 益賓之二馬, 所以助勝者爲樂也. 以慶, 謂以此慶賀多馬也. 飮正禮慶爵之後, 司射卽請徹去其馬, 以投壺禮畢也. 禮畢則行無算爵.

번역 정규 예법에 따라 벌주를 따른 술잔이 이미 권해지고, 벌주 마시는 일이 끝나면, 사사(司射)는 빈객과 주인에게 아뢰고, 승자를 위해서 그의 마(馬)를 세우겠다고 청한다. '직(直)'자는 "~에 해당하다[當]."는 뜻이다. 마(馬)를 세운 것은 각각 최초 산가지를 내려둔 곳 앞에 둔다. 투호와 활쏘는 예법에 있어서는 세 번씩 교대로 하게 되면 그치고, 매 차례 승리를 하게 되면 1개의 마(馬)를 세운다. 가령 빈객의 무리가 세 차례 활을 쏘았는데 모두 승리를 했다면 3개의 마(馬)를 세우고, 또는 두 차례만 승리했다면 2개의 마(馬)만 세우고, 주인의 무리들은 단지 한 차례만 승리하여 1개의 마(馬)를 세울 수 있는데, 이처럼 된다면 주인의 무리가 세운 1개의 마(馬)를 가져다가 빈객이 세운 2개의 마(馬)에 보태니, 승리한 자가 즐거워하도록 돕기 위해서이다. '이경(以慶)'은 이로써 마(馬)를 많이 세운 자를 축하한다는 뜻이다. 정규 예법에 따라 축하주를 마신 뒤라면, 사사는 곧 마(馬) 치우기를 청하니, 투호의 의례가 끝났기 때문이다. 투호의 의례가 끝나면 무산작(無算爵)[1]을 시행한다.

集說 鄭氏曰: 飮慶爵者, 偶親酌, 不使弟子無豊.

번역 정현이 말하길, 축하주를 마시게끔 할 때에는 승리한 자의 짝이 직접 술을 따르는 것이며, 제자를 시키지 않고 풍(豊)도 설치하지 않는다.

集說 疏曰: 請立馬者, 是司射請辭. 馬各直其算, 一馬從二馬以慶, 是禮家陳事之言. 慶禮曰, 三馬既備, 請慶多馬者, 此還是司射請辭.

번역 공영달의 소에서 말하길, "마(馬)를 세우고자 청합니다."라고 했는

---

1) 무산작(無筭爵)은 술잔의 수를 헤아리지 않는다는 뜻이다. 여수(旅酬)를 한 이후에, 빈객들의 제자들과 형제들의 자제들은 각각 그들의 수장에게 술을 따르고, 잔을 들어 올리는 것도 각각 그들의 수장에게 한다. 그리고 빈객들이 잔을 가져다가, 형제들 집단에 술을 권하고, 장형제(長兄弟)들은 잔을 가져다가 빈객의 무리들에게 술을 권하게 된다. 이처럼 여러 차례 술을 따르고 권하기 때문에, 이러한 절차를 '무산작'이라고 부르는 것이다.

데, 이것은 사사(司射)가 청할 때 쓰는 말이다. "마(馬)는 각각 그 산가지에 해당하며, 1개의 마(馬)는 2개의 마(馬)를 따라서 이로써 축하한다."라고 했는데, 이것은 예학자들이 그 사안에 대해 진술한 말에 해당한다. "축하하는 예법에서는 '3개의 마(馬)가 이미 갖춰졌으니, 많은 마(馬)를 세운 자에게 축하주 권하기를 청합니다.'"라고 했는데, 이것은 다시 사사가 청할 때 쓰는 말이다.

大全 馬氏曰: 正爵既行, 請立馬, 則中多者有慶矣. 正爵既行, 請徹者, 則禮畢而飮無算矣. 立馬以表其勝, 徹馬以掩其不勝, 則投壺一用, 而禮義爲備也.

번역 마씨가 말하길, 벌주 돌리는 일을 이미 시행하고서 마(馬)를 세우고자 청한다면, 적중을 많이 시킨 자에게는 축하주가 돌아가게 된다. 축하주 돌리는 일을 이미 시행하고서 마(馬)를 치우고자 청한다면, 예법이 끝나서 술을 마심에 술잔을 세지 않는 것이다. 마(馬)를 세워서 승리를 드러내고, 마(馬)를 치워서 승리하지 못한 자를 감싼다면, 투호를 한 차례 시행함에 예의가 갖춰지게 된다.

鄭注 飮不勝者畢, 司射又請爲勝者立馬, 當其所釋筭之前. 三立馬者, 投壺如射, 亦三而止也. 三者, 一黨不必三勝. 其一勝者幷其馬於再勝者以慶之, 明一勝不得慶也. 飮慶爵者偶親酌, 不使弟子, 無豊. 投壺禮畢, 可以去其勝筭也. 既徹馬, 無筭爵乃行.

번역 승리를 못한 자에게 술을 마시게 하는 일이 끝나면, 사사(司射)는 재차 승리한 자를 위해서 마(馬)를 세우겠다고 청하니, 산가지를 내려둔 곳 앞에 놓아둔다. 3개의 마(馬)를 세웠다는 것은 투호는 활쏘기와 같으니 또한 세 차례 활을 던지고 그치는 것이다. 3개의 마(馬)를 맞추는 것은 한쪽의 무리가 반드시 세 번 모두 승리하는 것이 아니기 때문이다. 한 차례 승리를 한 자에 대해서는 그가 세운 마(馬)를 두 차례 승리한 자의 마(馬)에 합하여 그를 축하하니, 한 차례 승리를 하게 되면 축하를 받지 못한다는 사실을 나타낸다. 축하주를 마시게끔 할 때에는 승리한 자의 짝이 직접 술을 따르는 것이며, 제자를 시키지 않고 풍(豊)도 설치하지 않는다. 투호의 의례가 끝나면 승리를 표시했던 산가지를 치울 수 있다. 마(馬) 치우는 일이 끝나면 무산작(無算爵)의 음주를 시행한다.

釋文 直, 如字, 又持吏反. 爲, 于僞反. 去音起呂反.

번역 '直'자는 글자대로 읽으며, 또한 '持(지)'자와 '吏(리)'자의 반절음으로도 읽는다. '爲'자는 '于(우)'자와 '僞(위)'자의 반절음이다. '去'자의 음은 '起(기)'자와 '呂(려)'자의 반절음이다.

孔疏 ●"正爵"至"徹馬". ○正義曰: 此一經論飮不勝者畢, 司射請爲勝者立馬, 以表顯賢能之事.

번역 ●經文: "正爵"~"徹馬". ○이곳 경문은 승리하지 못한 자에게 술을 마시게 하는 일이 끝나서, 사사(司射)가 승리한 자를 위해 마(馬)를 세우고자 청하여, 뛰어나고 유능함을 드러내고자 한 사안을 논의하고 있다.

孔疏 ●"正爵旣行"者, 謂正禮罰酒之爵旣行, 飮畢之後, 司射乃請賓主, 請爲勝者樹標立其馬也.

번역 ●經文: "正爵旣行". ○정규 예법에서 벌주 따른 술을 이미 돌렸고, 그 술을 마시는 일이 끝난 뒤에는 사사(司射)가 곧 빈객과 주인에게 청하니, 승리한 자를 위해서 마(馬)를 세워 표시하겠다고 청한다는 뜻이다.

孔疏 ●"馬各直其筭"者, 直, 當也. 謂所立之馬, 各當其初釋筭之前, 所釋之筭, 東中之西也.

번역 ●經文: "馬各直其筭". ○'직(直)'자는 "~에 해당하다[當]."는 뜻이다. 세운 말은 각각 최초 산가지를 내려둔 곳 앞에 둔다는 뜻이니, 놓아둔 산가지의 동쪽 중에서도 서쪽에 해당하는 곳이다.

孔疏 ●"一馬從二馬"者, 投壺與射禮同, 亦三番而止, 每番勝者則立一馬. 假令賓黨三番俱勝, 則立三馬. 或賓黨兩勝, 而立二馬; 主黨一勝, 但立一馬, 卽以主黨從就賓黨二馬, 以少足益於多, 以助勝者爲榮.

번역 ●經文: "一馬從二馬". ○투호와 활쏘기의 예법은 동일하니 또한 세 차례 활을 던지고서 그치며, 매번 던질 때마다 승리한 자에 대해서는 1개의 마(馬)를 세운다. 가령 빈객의 무리가 세 번 모두 승리를 했다면 3개의 마(馬)를 세운다. 간혹 빈객의 무리가 두 번 승리해서 2개의 마(馬)를 세웠고, 주인의 무리가 한 번 승리하여 단지 1개의 마(馬)만 세웠다면, 주인의 무리가 세운 1개의 마(馬)는 빈객의 무리가 세운 2개의 마(馬)를 따르게 되니, 적은 것으로 많은 것에 보태어, 승리한 자가 영예로 여기도록 돕는 것이다.

孔疏 ●"以慶"者, 一馬從二馬之後, 乃以慶賀多馬, 故云"以慶". 但此經上云"請立馬"者, 是司射請辭. "馬各直其筭, 一馬從二馬, 以慶", 是禮家陳事之言也. "慶禮曰: 三馬旣備, 請慶多馬"者, 以還是司射請辭, 言爲慶之禮, 勝者三馬旣已備具, 請酌酒慶賀於多馬者.

번역 ●經文: "以慶". ○1개의 마(馬)를 2개의 마(馬)에 합한 후라면 곧 이를 통해 많은 마(馬)를 세운 자에게 축하를 한다. 그렇기 때문에 "이로써 축하한다."라고 했다. 다만 이곳 경문 앞에서는 "마(馬)를 세우고자 청합니다."라고 했는데, 이것은 사사(司射)가 청할 때 쓰는 말이다. "마(馬)는 각각 그 산가지에 해당하며, 1개의 마(馬)는 2개의 마(馬)를 따라서 이로써 축하한다."라고 했는데, 이것은 예학자들이 그 사안에 대해서 진술한 말에 해당한다. "축하하는 예법에서는 '3개의 마(馬)가 이미 갖춰졌으니, 많은 마(馬)를 세운 자에게 축하주 권하기를 청합니다.'"라고 했는데, 이것은 다시 사사가 청할 때 쓰는 말이니, 축하하는 예법에서 승리한 자가 3개의 마(馬)를 이미 갖추게 되었다면, 많은 마(馬)를 세운 자에게 축하주 따라주길 청한다는 의미이다.

孔疏 ●"賓主皆曰諾"者, 無問勝與不勝, 皆稱曰"諾".

번역 ●經文: "賓主皆曰諾". ○승리한 자나 승리를 못한 자를 따지지 않고 모두 "알았다."라고 말한다는 뜻이다.

孔疏 ◎注"飮不"至"無豊". ○正義曰: 云"投壺如射, 亦三而止也"者, 以投壺, 射之類, 故知亦三番而止. 按鄕射禮: 初番三耦射, 但唱獲而已, 未視筭, 亦未飮不勝者; 第二番耦射畢, 賓主之黨皆射畢, 乃數筭, 飮不勝者; 第三番三耦及賓主等皆射中鼓節, 乃釋筭, 飮罰爵. 今投壺初則不立三耦, 唯賓主三番而止. 云"三者, 一黨不必三勝"者, 解一馬從二馬之意. 言或賓或主之黨, 黨中不必三番得勝, 故以一勝之馬, 并其馬於再勝者以慶之, 明一勝者不得慶也. 云"飮慶爵者偶親酌, 不使弟子, 無豊"者, 以飮不勝之時, 賤其無能, 故偶不親酌, 使弟子酌奠於豊上, 則鄕射禮所云者是也. 今旣尊賢, 當須親酌, 手自授之, 故知不使其弟子無豊也. 皇氏以爲, 三番而止者, 謂三耦投壺而止. 按鄕射禮每番皆三耦而止, 今云"三耦投壺而止", 非其義也.

번역 ◎鄭注: "飮不"~"無豊". ○정현이 "투호는 활쏘기와 같으니 또한 세 차례 활을 던지고 그치는 것이다."라고 했는데, 투호는 활쏘기의 부류이다. 그렇기 때문에 또한 세 차례 활을 던지고 그친다는 사실을 알 수 있다. 『의례』「향사례(鄕射禮)」편을 살펴보면, 최초 활을 쏠 때 세 쌍이 활을 쏘게 되면 단지 맞춘 것만 알려줄 따름이며, 아직까지 산가지로 표시하지 않고 또 승리를 못한 자에게 술을 마시게끔 하지 않는다. 두 번째 활을 쏠 때 한 쌍이 활쏘기를 끝내고 빈객과 주인의 무리들이 활 쏘는 일을 모두 끝내면 곧 산가지를 계산하고, 승리를 못한 자에게 술을 마시게끔 한다. 세 번째 활을 쏠 때 세 쌍과 빈객과 주인 등이 활을 쏘게 되면 모두 활을 쏠 때 북소리에 따라 절도를 맞추고, 그런 뒤에는 곧 산가지를 계산하고, 벌주를 따른 술잔을 마시게끔 한다. 이곳에서는 투호를 하며 최초 세 쌍을 세우지 않고 오직 빈객과 주인만이 세 번 활을 던지고서 그친다고 했다. 정현이 “3개의 마(馬)를 맞추는 것은 한쪽의 무리가 반드시 세 번 모두 승리를 하는 것이 아니기 때문이다.”라고 했는데, 1개의 마(馬)가 2개의 마(馬)를 따르게 되는 뜻을 풀이한 말이다. 즉 빈객의 무리나 주인의 무리에 있어서 무리들 중 반드시 세 번 모두 승리를 얻을 수 없기 때문에 한 번 승리를 한 쪽의 마(馬)를 두 번 승리를 한 자의 마(馬)에 합하여 축하하니, 한 번 승리를 한 자는 축하를 받을 수 없다는 사실을 나타낸다. 정현이 “축하주를 마시게끔 할 때에는 승리를 한 자의 짝이 직접 술을 따르는 것이며, 제자를 시키지 않고 풍(豊)도 설치하지 않는다.”라고 했는데, 승리를 못한 자에게 벌주를 마시게끔 할 때에는 그의 무능함을 천시하기 때문에 그의 상대가 직접 술을 따라주지 않고, 제자를 시켜서 풍 위에 술잔을 올려두게 하니, 「향사례」편에서 말한 내용이 여기에 해당한다. 현재 그의 뛰어남을 존귀하게 여기므로, 마땅히 직접 술을 따라주어야 하니, 본인의 손으로 직접 그것을 건네게 된다. 그렇기 때문에 제자를 시키지 않고 풍도 설치하지 않는다는 사실을 알 수 있다. 황간은 세 번 활을 던지고 그친다는 것은 세 쌍이 투호를 하고 그친다는 뜻이라고 여겼다. 「향사례」편을 살펴보면, 매번 활을 쏠 때에는 모두 세 쌍이 활을 쏘고서 그쳤는데, 투호의 경우에도 “세 쌍이 투호를 하고서 그친다.”라고 했으니, 잘못된 주장이다.

孔疏 ●“正爵旣行, 請徹馬”. ○正義曰: 此明飮慶爵之後, 司射請徹去其馬, 以投壺禮畢, 行無筭爵之事.

번역 ●經文: “正爵旣行, 請徹馬”. ○이 문장은 축하주를 마시게 한 이후에 사사(司射)가 마(馬)를 치우고자 청하니, 투호의 예법이 끝나서 무산작(無算爵)을 시행하는 일을 나타내고 있다.

集解 愚謂: 正爵旣行者, 勝者各揖其耦飮畢也. 請立馬者, 請於賓與主人也. 馬各直其算者, 賓黨勝則立馬直右算, 主黨勝則立馬直左算, 所以表明孰勝也.

번역 경문의 "正爵既"~"直其算"에 대하여. 내가 생각하기에, '정작기행(正爵既行)'이라는 말은 승리한 자가 각각 자신의 짝에게 읍(揖)을 하여 술을 마시게 하는 일이 끝났다는 뜻이다. "마(馬) 세우기를 청한다."는 말은 빈객과 주인에게 청한다는 뜻이다. '마각직기산(馬各直其算)'이라는 말은 빈객 무리가 승리를 했다면 마(馬)를 세운 것은 우측 산가지에 두고, 주인 무리가 승리했다면 마(馬)를 세운 것은 좌측 산가지에 두니, 누가 승리했느냐를 표시하는 것이다.

集解 右立馬.

번역 여기까지는 마(馬) 세우는 일을 뜻한다.

集解 右三投慶多馬.

번역 경문의 "一馬從"~"皆曰諾"에 대하여. 여기까지는 세 차례 화살을 던져서 마(馬)를 많이 세운 자를 축하하는 것을 뜻한다.

集解 愚謂: 上云"正爵既行", 謂罰爵也. 此云"正爵既行", 謂慶爵也. 罰爵與慶爵皆謂之正爵者, 對無算爵言之也.

번역 경문의 "正爵既行請徹馬"에 대하여. 내가 생각하기에, 앞에서는 "정작(正爵)을 이미 시행했다."라고 했는데, 벌주를 내린다는 뜻이다. 이곳에서 "정작을 이미 시행했다."라고 한 말은 축하주를 내린다는 뜻이다. 벌주와 축하주에 대해서 모두 '정작(正爵)'이라고 부른 것은 무산작(無算爵)과 대비해서 한 말이다.

集解 右徹馬.

번역 여기까지는 마(馬) 치우는 것을 뜻한다.

集解 以上投壺正經, 以下乃其記也.

번역 여기까지는 투호에 대한 경문에 해당하며, 뒤의 문장부터는 곧 경문에 대한 기문(記文)에 해당한다.

참고 원문비교

예기대전·투호 正爵既行, 請立馬. 馬各直其筭, 一馬從二馬, 以慶. 慶禮曰, "三馬既備, 請慶多馬." 賓主皆曰, "諾." 正爵既行, 請徹馬.

대대례기·투호 司正曰, "正爵既行, 請爲勝者立馬." 各直其算上, 一馬從二馬, 以慶. 慶禮曰, "三馬既立, 請慶多馬." 賓主人皆曰, "諾." 正爵既行, 請徹馬, 周則復始.

• 제 11 절 •

기문(記文)-투호에 사용되는 기물의 규정

【678b~c】

筭多少, 視其坐. 籌, 室中五扶, 堂上七扶, 庭中九扶. 筭長尺二寸. 壺頸修七寸, 腹修五寸, 口徑二寸半, 容斗五升. 壺中實少豆焉, 爲其矢之躍而出也. 壺去席二矢半. 矢以柘若棘, 毋去其皮.

직역 筭의 多少는 그 坐를 視한다. 籌는 室中이라면 五扶하고, 堂上이라면 七扶하며, 庭中이라면 九扶한다. 筭의 長은 尺二寸이다. 壺의 頸修는 七寸이고, 腹修는 五寸이며, 口徑은 二寸半이니, 容은 斗五升이다. 壺中은 少豆를 實하니, 그 矢가 躍하여 出함이 爲이다. 壺는 席과 去하길 二矢半이다. 矢은 柘나 棘으로 하며, 그 皮를 去하길 毋한다.

의역 산가지의 수량은 자리에 앉아 있는 사람의 수에 견주어 준비한다. 화살의 경우 방안에서 투호를 한다면 5부(扶)의 길이로 하고, 당상(堂上)에서 한다면 7부(扶)의 길이로 하며, 마당에서 한다면 9부(扶)의 길이로 한다. 산가지의 길이는 1척(尺) 2촌(寸)이다. 병의 목 부분 길이는 7촌이고, 배 부분 길이는 5촌이며 입구의 지름은 2.5촌이며, 용적은 1두(斗)[1] 5승(升)[2]이다. 병 안에는 작은 콩을 채우니, 화살을 던졌을 때 튀어 올라 밖으로 나오기 때문이다. 병은 자리와 화살이 2.5개 들어갈 정도로 벌린다. 화살은 산뽕나무나 가시나무로 만들며 껍질은 제거하지 않는다.

---

1) 두(斗)는 곡식 등의 양을 재는 기구이자, 그 수량을 표시하는 단위였다. 지역 및 각 시대마다 다소 차이를 보이는데, 고대에는 10승(升)이 1두였다.

2) 승(升)은 용량을 재는 단위이다. 지역 및 각 시대마다 다소 차이를 보이는데, 고대에는 10합(合)을 1승(升)으로 여겼고, 10승(升)을 1두(斗)로 여겼다. 『한서(漢書)』「율력지상(律曆志上)」편에는 "合龠爲合, 十合爲升."이라는 기록이 있다.

集說 算之多少, 視坐上之人數, 每人四矢, 亦四算也. 籌, 矢也. 扶, 與膚同. 室中五扶以下三句, 說見上章.假上帝以言幽王反其常道, 使下民盡病也. 小雅, 巧言之篇. 邛, 病也, 言此讒人非止於敬, 徒爲王之邛病耳. 板詩證君道之失, 巧言詩證臣道之失也.

번역 산가지의 수량은 앉는 자리의 인원수에 견주니, 매 사람마다 4대의 화살을 사용하므로 또한 4개의 산가지를 둔다. '주(籌)'자는 화살[矢]을 뜻한다. '부(扶)'자는 부(膚)[3]와 같다. "방안에서는 5부(扶)로 한다."라고 한 구문으로부터 뒤의 세 구문에 대해서는 그 설명이 앞에 나온다.

集說 呂氏曰: 棘柘之心實, 其材堅且重也. 毋去其皮, 質而已矣.

번역 여씨가 말하길, 가시나무와 산뽕나무는 목심이 채워져 있어서 그 재질이 견고하고 무겁다. 껍질을 벗기지 않는 것은 예법이 질박하기 때문이다.

大全 藍田呂氏曰: 五扶·七扶·九扶, 其多少之數, 以廣狹爲之差, 皆陽數也. 壺頸修七寸, 腹修五寸, 口頸二寸半, 容斗五升, 壺去席二矢半, 亦陽數也. 算長尺二寸, 天數也. 君子之所法象, 必本諸天, 求諸陽, 因節文而託其義焉. 雖小事有所不廢也.

번역 남전여씨가 말하길, 5·7·9부(扶)로 한다고 했을 때, 수치의 차이는 공간의 너비에 따라 차등을 삼는데, 이 모두는 양(陽)에 해당하는 수이다. 병의 목 길이는 7촌(寸)으로 하고, 배의 길이는 5촌으로 하며, 입구의 지름은 2.5촌으로 하고, 용적은 1두(斗) 5승(升)으로 하며, 병을 자리와 벌릴 때 화살이 2.5개 들어갈 정도로 하는데, 이 또한 양의 수에 따른 것이다. 산가지의 길이는 1척(尺) 2촌이니, 이것은 하늘의 수에 해당한다. 군자가

3) 부(膚)는 부(扶)와 같다. 고대에 길이를 재는 단위이다. 4개의 손가락 나란히 한 길이를 뜻한다.

본받는 것은 반드시 하늘에 근본을 두고 양에서 구하게 되는데, 그에 따라 절도와 격식을 맞추고 그 의미를 부여한다. 따라서 비록 소소한 일이라 하더라도 폐지하지 못하는 점이 있다.

大全 長樂陳氏曰: 先王制禮, 未嘗無所因焉, 故室中必用几, 而因几以度室, 堂上必用筵, 而因筵以度堂, 野外必用步, 而因步而因野. 投壺用指而已, 故用指以度籌.

번역 장락진씨가 말하길, 선왕이 예법을 제정했을 때, 일찍이 기인함이 없었던 적이 없었다. 그렇기 때문에 방안에서는 반드시 안석을 사용하여, 안석에 따라 방의 치수를 헤아린 것이며, 당상(堂上)에는 반드시 자리를 깔게 되어 자리에 따라 당상의 치수를 헤아린 것이고, 밖에서는 반드시 걷게 되므로 보폭에 따라 밖의 치수를 헤아린 것이다. 투호를 할 때에는 손가락을 사용할 따름이다. 그렇기 때문에 손가락을 이용해서 화살의 치수를 헤아린다.

鄭注 "筭用當視坐投壺者之衆寡爲數也. 投壺者人四矢, 亦人四筭. 籌, 矢也. 鋪四指曰扶, 一指案寸. 春秋傳曰: "膚寸而合." 投壺者, 或於室, 或於堂, 或於庭, 其禮褻, 隨晏早之宜, 無常處. 其節三扶可也. 或曰: 筭長尺有握. 握, 素也. 脩, 長也. 腹容斗五升, 三分益一則爲二斗, 得圜囷之象, 積三百二十四寸也. 以腹脩五寸約之所得, 求其圜周, 圜周二尺七寸有奇, 是爲腹徑九寸有餘也. 實以小豆, 取其滑且堅. 取其堅且重也. 舊說云: "矢大七分." 或言去其皮節.

번역 산가지를 쓸 때에는 마땅히 앉아 있는 자리에 투호를 하게 될 무리의 수에 견주어서 수량을 정해야 한다. 투호를 할 때 각각의 참여자들은 4대의 화살을 사용하니 또한 각각의 사람에 대해 4개의 산가지를 준비해야 한다. '주(籌)'자는 화살[矢]을 뜻한다. 4개의 손가락을 나란히 한 길이가 1부(扶)이며, 1개의 손가락 길이는 1촌(寸)이다. 『춘추전』에서는 "운기(雲氣)가 1부(膚)와 1촌의 조각들이 점진적으로 합쳐진다."[4]라고 했다. 투호를

---

4) 『춘추공양전』「희공(僖公) 31년」: 觸石而出, 膚寸而合. 不崇朝而徧雨乎天下者,

할 때 어떤 때에는 방안에서 하고 당상(堂上)에서 하기도 하며 마당에서 하기도 하는데, 그 예법은 지나치게 격식을 따지지 않으므로, 해의 기운 정도에 따라 합당한 장소에서 하는 것이며, 특별히 고정적으로 정해진 장소가 없다. 화살의 길이는 그 마디가 3부(扶)면 괜찮다. 어떤 자는 산대의 길이는 1척(尺)과 1악(握)[5]이라고 한다. '악(握)'은 소(素)와 같다. '수(脩)' 자는 길이[長]를 뜻한다. 배 부분의 용적은 1두(斗)와 5승(升)인데, 3등분을 하여 1만큼을 더한다면 2두(斗)가 되니, 곳집처럼 둥근 형상이 되며, 그 면적은 324촌이 된다. 배 부분의 길이인 5촌으로 약분하여 나온 값으로는 원형의 둘레를 얻을 수 있고, 원형의 둘레는 2척 7촌보다 조금 긴 길이이니, 이것은 배 부분의 길이가 9촌보다 조금 크다는 사실을 나타낸다. 작은 콩을 채우는 것은 화살이 부드럽게 꼽히고 화살의 직접적인 충격을 방지하여 견고하게 만들기 위해서이다. 옛 학설에서는 "화살의 크기는 7분(分)이다."라고 했고, 혹자는 껍질과 마디를 제거했다고도 주장한다.

釋文 坐如字, 又才臥反, 注同. 籌, 直由反. 扶, 方于反, 下及注同. 鋪, 普烏反, 又芳夫反. 褻, 息列反. 處, 昌慮反. 長, 直亮反, 注同. 頸, 吉井反, 又九領反, 徐其聲反. 爲, 于僞反. 躍, 羊略反. 圜音圓. 困, 去倫反. 奇, 紀宜反. 滑, 乎八反. 柘, 止夜反, 木名. 毋音無, 下皆同. 去, 起呂反, 注同.

번역 '坐'자는 글자대로 읽으며, 또한 그 음은 '才(재)'자와 '臥(와)'자의 반절음도 되고, 정현의 주에 나오는 글자도 그 음이 이와 같다. '籌'자는 '直(직)'자와 '由(유)'자의 반절음이다. '扶'자는 '方(방)'자와 '于(우)'자의 반절음이며, 아래문장 및 정현의 주에 나오는 글자도 그 음이 이와 같다. '鋪'자는 '普(보)'자와 '烏(오)'자의 반절음이며, 또한 '芳(방)'자와 '夫(부)'자의 반절음도 된다. '褻'자는 '息(식)'자와 '列(렬)'자의 반절음이다. '處'자는 '昌

唯泰山爾.

5) 악(握)은 고대에 길이를 재는 단위이다. 주먹을 쥐었을 때, 엄지손가락을 제외한 나머지 손가락이 나란히 된 길이를 뜻하며, 일반적으로 4촌(寸)의 길이를 뜻한다.

(창)'자와 '慮(려)'자의 반절음이다. '長'자는 '直(직)'자와 '亮(량)'자의 반절음이며, 정현의 주에 나오는 글자도 그 음이 이와 같다. '頸'자는 '吉(길)'자와 '井(정)'자의 반절음이며, 또한 '九(구)'자와 '領(령)'자의 반절음도 되고, 서음(徐音)은 '其(기)'자와 '聲(성)'자의 반절음도 된다. '爲'자는 '于(우)'자와 '僞(위)'자의 반절음이다. '躍'자는 '羊(양)'자와 '略(략)'자의 반절음이다. '圜'자의 음은 '圓(원)'이다. '囷'자는 '去(거)'자와 '倫(륜)'자의 반절음이다. '奇'자는 '紀(기)'자와 '宜(의)'자의 반절음이다. '滑'자는 '乎(호)'자와 '八(팔)'자의 반절음이다. '柘'자는 '止(지)'자와 '夜(야)'자의 반절음이며, 나무의 이름이다. '毋'자의 음은 '無(무)'이며, 아래문장에 나오는 글자도 모두 그 음이 이와 같다. '去'자는 '起(기)'자와 '呂(려)'자의 반절음이며, 정현의 주에 나오는 글자도 그 음이 이와 같다.

孔疏 ●"筭多"至"其皮". ○正義曰: 此一節明筭及矢長短之數, 又明壺之大小及矢之所用. 以儀禮準之, 此亦正篇之後, 記者之言也. 今錄記者, 旣陳正禮於上, 又以此諸事繼之於下.

번역 ●經文: "筭多"～"其皮". ○이곳 문단은 산가지와 화살의 길이에 대해 나타내고 있으며, 또 병의 크기와 화살을 만드는 재료에 대해서도 나타내고 있다. 『의례』를 기준으로 본다면, 이 내용 또한 본래의 경문 뒤에 기록되어 있으니, 기문(記文)을 기록한 자의 설명이다. 현재 기문을 기록한 자는 그 앞에 본래의 경문에 해당하는 예법을 진술하였고, 다시 그 뒤에 이와 관련된 여러 사안들을 뒤이어 기록한 것이다.

孔疏 ●"筭多少視其坐"者, 言筭之多少, 視其所坐之人. 每人四矢, 人別四筭也.

번역 ●經文: "筭多少視其坐". ○산가지의 수량은 앉는 자리에 있는 사람들의 수에 견준다는 뜻이다. 매 사람마다 4대의 화살을 던지니, 참여자에 대해 각각 4개의 산가지를 준비한다.

孔疏 ●"籌, 室中五扶, 堂上七扶, 庭中九扶"者, 籌, 矢也. 室中最狹, 故五扶. 堂上差寬, 故七扶. 庭中彌寬, 故九扶.

번역 ●經文: "籌, 室中五扶, 堂上七扶, 庭中九扶". ○'주(籌)'자는 화살[矢]을 뜻한다. 방안은 협소하기 때문에 5부(扶)로 한다. 당상(堂上)은 보다 넓기 때문에 7부로 한다. 마당은 보다 넓기 때문에 9부로 한다.

孔疏 ◎注"投壺者人四矢". ○正義曰: 按鄕射及大射, 人皆"乘矢", 故知四矢也.

번역 ◎鄭注: "投壺者人四矢". ○『의례』「향사례(鄕射禮)」 및 「대사례(大射禮)」편을 살펴보면, 사람마다 활을 쏠 때 '4대의 화살[乘矢]'[6)]이라고 했다. 그렇기 때문에 4대의 화살을 던지게 됨을 알 수 있다.

孔疏 ◎注"籌矢"至"常處". ○正義曰: 云"春秋傳曰: 膚寸而合"者, 此僖三十一年公羊傳文. 彼云: "觸石而出, 膚寸而合, 不崇朝而徧雨乎天下, 唯泰山爾." 引之者, 證彼"膚"與此"扶"同也.

번역 ◎鄭注: "籌矢"~"常處". ○정현이 "『춘추전』에서는 운기(雲氣)가 1부(膚)와 1촌(寸)의 조각들이 점진적으로 합쳐진다고 했다."라고 했는데, 이것은 희공(僖公) 31년에 대한 『공양전』의 문장이다. 『공양전』에서는 "돌에 부딪혀 구름이 나와 운기가 조금씩 모여들어 합하여, 아침이 되기도 전에 천하에 두루 비를 뿌리는 것은 오직 태산일 뿐이다."라고 했다. 이 문장을 인용한 것은 『공양전』에서 말한 '부(膚)'자가 이곳에 나온 '부(扶)'자와 동일한 뜻임을 증명하기 위해서이다.

---

6) 『의례』「향사례(鄕射禮)」: 司射適堂西, 袒·決·遂, 取弓于階西, 兼挾乘矢, 升自西階, 階上北面告于賓曰, "弓矢既具, 有司請射." / 『의례』「대사례(大射禮)」: 既拾取矢, 梱之, 兼挾乘矢, 皆內還, 南面揖.

孔疏 ◎注"脩長"至"餘也". ○正義曰: "腹容斗五升, 三分益一則爲二斗"者, 既稱"腹容斗五升", 又云"三分益一"者, 以斗五升, 其數難計, 故加三分益一爲二斗, 從整數計之. 云"得圜囷之象, 積三百二十四寸也"者, 以筭法方一寸・高十六尺二分爲一升, 則一斗之積, 方一寸・高一百六十二寸也. 二斗之積, 爲三百二十四寸也. 於此壺之圜囷之中, 凡有三百二十四寸也. 云"以腹脩五寸約之所得"者, 腹之上下高五寸, 共有三百二十四寸. 今且以壺底一寸約之, 卽於三百二十四寸之中五分之一, 得六十四寸八分也. 是腹脩五寸約之所得之數也. 云"求其圜周, 圜周二尺七寸有奇"者, 壺底一重, 既有六十四寸八分, 以圜求方, 須三分加一, 六十四寸八分, 分爲三分, 則一分有二十一寸六分, 幷前六十四[7]寸八分, 得八十六寸四[8]分也, 卽是壺底一重方積之數也. 今將八十六寸開方積之, 九九八十一, 則爲方九寸强也. 一面有九寸强, 四面凡有三十六寸强. 今以方求圜, 四分去一, 有二十七寸强, 是壺圜周二尺七寸有强, 故云"圜周二尺七寸有奇"也. 鄭之此計, 據二[9]斗之數. 必知然者, 壺徑九寸, 以圜求方, 以方九寸計之, 凡九九八十一, 壺底一重有八十一寸, 五重則有五箇八十一寸, 總爲四百五寸. 今以方求圜, 四分去一, 去其一百一寸四分寸之一, 餘三百三寸四分寸之三. 於二斗之積三百二十四寸之內, 但容三百二寸四分寸之三, 餘有二十寸四分寸之一不盡, 故云"圜周二尺[10]七寸有奇", 乃得盡也. 若以斗五升計之, 計一十五升之積, 有二百四十三寸, 則壺之所徑唯八寸餘也, 得容此數. 必知然者, 凡方八寸, 開方計之八八六十四, 得六十四寸. 壺

---

7) '사(四)'자에 대하여. '사'자는 본래 '륙(六)'자로 기록되어 있었는데, 문맥에 따라 '사'자로 수정하였다.

8) '사(四)'자에 대하여. 『십삼경주소(十三經注疏)』 북경대 출판본에서는 "'사'자는 본래 '팔(八)'자로 기록되어 있었는데, 살펴보니 『정의』에서 계사한 것에 따른다면 마땅히 '사'자가 되어야 한다."라고 했다.

9) '이(二)'자에 대하여. '이'자는 본래 '일(一)'자로 기록되어 있었는데, 완원(阮元)의 『교감기(校勘記)』에서는 "혜동(惠棟)의 『교송본(校宋本)』에는 '일'자를 '이'자로 기록하고 있으며, 위씨(衛氏)의 『집설(集說)』에서도 동일하게 기록하고 있다."라고 했다.

10) '척(尺)'자에 대하여. '척'자는 본래 '십(十)'자로 기록되어 있었는데, 완원(阮元)의 『교감기(校勘記)』에서는 "혜동(惠棟)의 『교송본(校宋本)』에는 '십'자를 '척'자로 기록했다."라고 했다.

高五重, 則五箇六十四寸, 總爲三百二十寸. 以方求圜, 四分去一, 去八十寸, 餘有二百四十寸. 於一斗五升之積, 餘有三寸不盡, 是壺徑八寸有餘, 乃得盡也. 今檢鄭之文注之意, 以二十整數計之, 不取經文斗五升之義, 故云"圜周二尺七寸有奇". 今筭者以其二尺七寸之圍, 必受斗五升之物, 數不相會也. 云壺體腹之上下, 各漸減殺, 苟欲望合, 恐非鄭意.

번역 ◎鄭注: "脩長"~"餘也". ○정현이 "배 부분의 용적은 1두(斗)와 5승(升)인데, 3등분을 하여 1만큼을 더한다면 2두(斗)가 된다."라고 했는데, 이미 "배 부분의 용적은 1두 5승이다."라고 했는데도, 재차 "3등분을 하여 1만큼을 더한다."라고 말한 것은 1두 5승은 계산하기 어려운 수치이기 때문에 3등분하여 1만큼을 더해 2두를 만들어서, 딱 떨어지는 수로 계산을 한 것이다. 정현이 "곳집처럼 둥근 형상이 되며, 그 면적은 324촌(寸)이 된다."라고 했는데, 산법에 따르면 너비가 1촌이고 높이가 16척(尺) 2분(分)이 되는 것이 1승이니, 1두의 용적은 너비가 1촌이고 높이가 162촌인 것이다. 따라서 2두의 용적은 324촌이 된다. 병에 있어서 둥근 부분의 가운데는 324촌의 너비가 된다. 정현이 '배 부분의 길이인 5촌으로 약분하여 나온 값'이라고 했는데, 배 부분의 위아래 높이는 5촌이고, 총 324촌의 너비가 된다. 또 병 바닥의 너비인 1촌으로 약분하면 324촌을 5등분한 것 중의 1만큼이 되어 64촌 8분이 된다. 이것은 배 부분의 길이인 5촌으로 약분하여 나온 수이다. 정현이 "원형의 둘레를 얻을 수 있고, 원형의 둘레는 2척 7촌보다 조금 긴 길이이다."라고 했는데, 병의 바닥은 1중으로 되어 있고, 이미 64촌 8분이 된다고 했는데, 원형으로 면적을 구하면 3등분하여 1만큼을 더하니, 64촌 8분을 3등분으로 나누면, 1등분은 21촌 6분이 되며, 이전의 64촌 8분과 더하게 되면 84촌 4분이 되니, 곧 1중으로 된 병 바닥의 면적이 된다. 86촌을 개방법으로 면적을 계산하면, 9곱하기 9는 81이 되니, 한 변의 길이가 9촌인 면적보다 조금 길다. 한 면에 있어서 한 변의 길이가 9촌인 면적보다 조금 길다면, 네 면은 한 변의 길이가 총 36촌인 면적보다 조금 길게 된다. 면적으로 원형의 값을 구하면 4등분에서 1만큼을 제거하니, 27촌보다 조금 길고, 이것은 병의 둥근 부분 둘레가 2척 7촌보다 조금 길다는 것을 뜻한다. 그렇기 때문에 "원형의 둘레는 2척 7촌보다 조금 긴 길이이다."라고 했다. 정현의 이러한 계산법은 2두의 수를 기준으로 한다. 반드시 그렇다는 사실을 알 수 있는 이유는 병의 지름이 9촌인데, 원형으로 면적을 구하면 한 변의 길이가 9촌인 것으로 계산하여, 9곱하기 9는 81이 되고, 병의 바닥은 1중으로 되어 있고 81촌이며, 5중이 된다면 5개의 81촌이 되니, 총 405촌이 된다. 면적에 따라 원형의 값을 구하면 4등분하여 1만큼을 제거하니, 101과 4분의 1촌을 제거하여, 나머지 303과 4분의 3촌이 남게 된다. 2두의 면적인 324촌 내에서는 단지 302와 4분의 3촌만큼만 수용하고, 나머지 24와 4분의 1촌만큼은 채우지 못한다. 그렇기 때문에 "원형의 둘레는 2척 7촌보다 조금 긴 길이이다."라고 했다면, 모두 채울 수 있게 된다. 만약 1두 5승으로 계산한다면 15승의 면적이 되어 243촌이 있게 되니, 병의 지름은 8촌보다 조금 길게 되어 이러한 수치를 수용할 수 있게 된다. 반드시 그렇다는 사실을 알 수 있는 이유는 한 변의 길이가 8촌인 경우 개방법으로 계산하면 8곱하기 8은 64가 되어, 64촌이 된다. 병의 높이가 5중이라면 5개의 64촌이 있게 되니 총 320촌이 된다. 면적으로 원형의 값을 구하면 4등분하여 1만큼을 제거하니 80촌을 제거하고, 남은 것은 240촌이 된다. 1두 5승의 면적에 대해서는 그 나머지가 3촌이 못되니, 병의 지름이 8촌보다 조금 길게 되어야만 모두 수용할 수 있다. 현재 정현의 문장에 나타난 뜻을 살펴보니, 20이라는 딱 떨어진 수로 계산하고, 경문에 나온 1두 5승이라는 글자의 뜻에 따라 풀이를 하지 않았다. 그렇기 때문에 "원형의 둘레는 2척 7촌보다 조금 긴 길이이다."라고 말한 것이다. 지금의 계산법에 따라 2척 7촌의 둘레로 반드시 1두 5승의 사물을 수용하게 된다면, 그 수는 서로 맞지 않는다. 이것을 두고 병의 몸체 중 배 부분의 위아래가 각각 조금씩 줄어들게 된다고 해서 구차하게 수치를 맞추려고 한다면 아마도 정현의 뜻과는 어긋날 것이다.

訓纂 王氏念孫曰: 鄭注"案"下亦當有曰字, 寫者脫之. 僖三十一年公羊傳注曰, "側手爲膚, 按指爲寸."

번역 왕념손이 말하길, 정현의 주에 나오는 '안(案)'자 뒤에는 마땅히 '왈(曰)'자가 있어야 하니, 필사하는 자가 누락시킨 것이다. 희공(僖公) 31년 기록에 대한 『공양전』의 주에서는 "손의 옆면 길이가 부(膚)가 되니, 손가락을 붙인 것은 1촌이 된다."라고 했다.

集解 右記算之多少.

번역 경문의 "算多少視其坐"에 대하여. 여기까지는 산가지의 수량을 기록한 것이다.

集解 愚謂: 投壺蓋以堂上爲常禮, 以燕飮本在堂也. 故經言主人"進卽兩楹間", 據禮之常者言之也. 然其禮本簡易, 故或在室以避風塵, 或於庭以就明顯, 又可以各隨其宜也. 投壺之處雖不同, 而主人與賓飮酒之席位不異, 投畢皆各反其位, 其設豊行爵, 亦皆在西階上也.

번역 경문의 "籌室中"~"中九扶"에 대하여. 내가 생각하기에, 투호를 할 때에는 아마도 당상(堂上)에서 하는 것을 일반적인 예법으로 삼으니, 연회를 하며 음주를 하는 것은 본래 당상에서 하기 때문이다. 그래서 경문에서 주인은 "나아가 양쪽 기둥 사이로 나아간다."라고 말한 것이니, 이것은 예법 중에서도 일반적인 것을 기준으로 말한 것이다. 그러나 투호의 예법 자체가 본래 간략한 것이기 때문에 어떤 때에는 방안에서 시행하여 바람이나 먼지를 피하기도 하고 또 어떤 때에는 마당에서 시행하여 밝은 곳에서 하게 되니, 또한 각각의 상황에 마땅한 장소를 따를 수 있다. 투호를 하는 장소가 비록 동일하지 않지만 주인과 빈객이 술을 마시는 자리의 위치에는 차이가 없고, 투호가 끝나면 모든 경우 각각 자신의 자리로 되돌아가며 풍(豊)을 설치하고 잔을 권하는 것 또한 모두 서쪽 계단 위에서 하게 된다.

集解 右記籌之長.

번역 여기까지는 화살의 길이를 기록한 것이다.

集解 右記算之長.

번역 경문의 "算長尺二寸"에 대하여. 여기까지는 산가지의 길이를 기록한 것이다.

集解 朱子曰: 經言"容斗五升", 注乃以"二斗"釋之, 經言圜壺之實數, 注乃借方體言之, 算法所謂"虛加之數"也. 然其言知借而不知還, 知加而不知減, 乃於下文遂併方體之所虛加以爲實數, 又皆必取全寸, 不計分釐, 定爲圜壺腹徑九寸, 而圍二尺七寸, 則爲失之. 今以算法求之. 此言二斗之量者, 計其積實當爲三百二十四寸, 而以其高五寸者分之, 則每高一寸, 爲廣六十四寸八分. 此六十四寸者爲正方, 又取其八分者割裂而加於正方之外, 則四面各得二釐五毫之數, 乃復合此六十四寸八分者五, 爲一方壺, 財其高五寸, 其廣八寸五釐, 而外方三尺二寸二分, 中受二斗, 如註之初說矣. 然此方形者, 算術所借以爲虛加之數, 若欲得圜壺之實數, 則當就此方形, 規而圜之, 去其四角虛加之數四分之一, 使六十四寸八分者但爲四十八寸六分, 三百二十四寸者但爲二百四十三寸, 則壺腹之高雖不減於五寸, 其廣雖不減於八寸五釐, 而其圍則僅爲二尺四寸一分五釐, 其中所受僅爲斗有五升, 如經之云, 無不諧會矣.

번역 경문의 "壺頸修"~"而出也"에 대하여. 주자가 말하길, 경문에서는 "용적은 1두(斗) 5승(升)이다."라고 했는데, 정현의 주에서는 곧 2두로 풀이를 했으니, 경문에서는 원형인 병의 실제 수치를 언급한 것이고, 정현의 주에서는 곧 직각면체를 가상하여 설명한 것이니, 계산법에서 말하는 "허수를 더한다."는 경우에 해당한다. 그러나 허수를 더하는 것만 알았고 다시 환산하는 방법은 몰랐던 것이며, 수를 더하기만 알았지 줄일 줄은 몰랐던 것이니, 곧 뒤의 문장에서 결국 직각면체의 값을 구하기 위한 허수까지 실제의 치수에 더하였고, 또 이 모두에 대해서 값을 더하고 나누는 것은 계산하지 못하여, 원형인 병의 배 지름이 9촌(寸)이고 둘레가 2척(尺) 7촌이라고 했으니 잘못된 계산이다. 이제 계산법으로 그 값을 구해보면, 이곳에서 2두의 양을 말한 것은 그 면적을 계산하면 실제로 324촌에 해당하고 그 높이인 5촌으로 나누면 매 1촌마다 그 너비는 64촌과 8분(分)이 된다. 이때의 64촌은 정방형이 되는데 또한 8분의 값을 쪼개어 정방형의 값에 더하게 된다면 네 면은 각각 2리(釐) 5호(毫)의 수가 더해져서 다시 64촌 8분인 것이 다섯 개인 값이 되며, 병의 한 방면은 그 높이가 5촌이고 그 너비가 8촌 5리이며 그 외의 방면은 3척 2촌 2분이고 그 속에는 2두를 수용하게 되니 정현의 처음 설명과 같다. 그러나 이러한 방면체는 계산을 할 때 허수를 더해서 계산한 것이니 만약 둥근 병의 실제 치수를 구하고자 한다면 방면체의 면적을 다시 원형으로 환원하여, 네 모퉁이에 붙게 되는 허수의 면적인 4분의 1을 제거해서, 64촌 8분에서 단지 48촌 6분이 되니, 324촌은 243촌이 되어, 병의 배 부분 높이는 비록 5촌에서 줄어들지 않고, 그 너비는 비록 8촌 5리에서 줄어들지 않지만, 그 둘레는 겨우 2척 4촌 1분 5리가 되며, 그 안에 수용할 수 있는 것은 간신히 1두 5승이 되니, 경문에서 언급한 것과 같으므로, 합치되지 않는 것이 없게 된다.

集解 右記壺.

번역 여기까지는 병에 대해서 기록했다.

集解 右記壺去席之度.

번역 경문의 "壺去席二矢半"에 대하여. 여기까지는 병을 자리와 벌리는 치수를 기록했다.

集解 右記爲矢之木.

번역 경문의 "矢以柘"~"去其皮"에 대하여. 여기까지는 화살을 만드는 나무를 기록했다.

참고 원문비교

예기대전·투호 筭多少, 視其坐.

대대례기·투호 旣算, 算多少, 視其坐.

예기대전·투호 籌, 室中五扶, 堂上七扶, 庭中九扶. 筭長尺二寸.

대대례기·투호 籌八分, 堂上七扶, 室中五扶, 庭中九扶. 算長尺二寸.

예기대전·투호 壺頸修七寸, 腹修五寸, 口徑二寸半, 容斗五升.

대대례기·투호 壺脰脩七寸, 口徑二寸半, 壺高尺二寸, 容斗五升, 壺腹脩五寸.

예기대전·투호 壺中實少豆焉, 爲其矢之躍而出也. 壺去席二矢半. 矢以柘若棘, 毋去其皮.

대대례기·투호 壺中置小豆, 爲其矢躍而去也. 壺去席二矢半. 矢以柘若棘, 無去其皮, 大七分.

그림 11-1 ▣ 궤(几)와 연(筵)

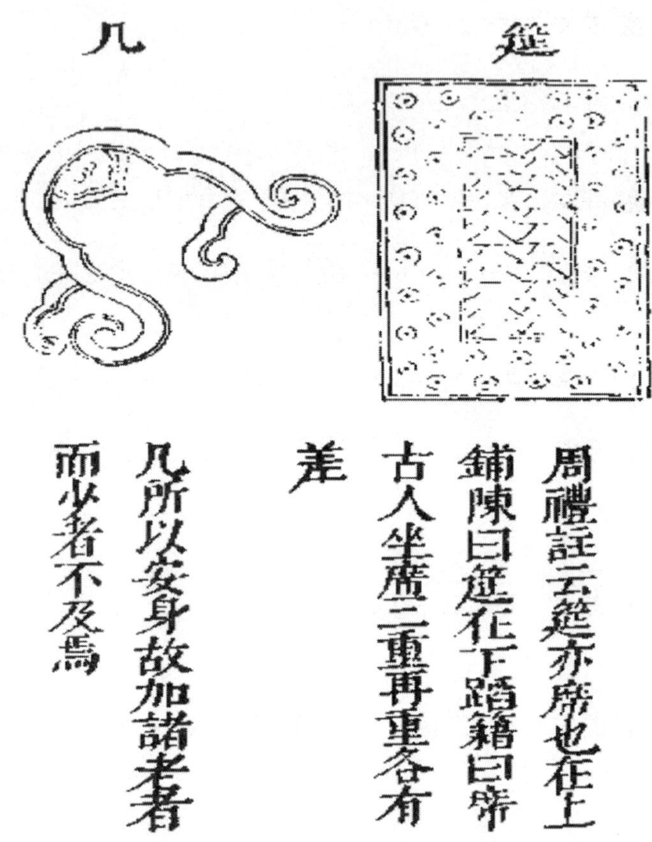

筵
几
周禮註云筵亦席也在上
鋪陳曰筵在下踏籍曰席
古人坐席二重再重各有
差
几所以安身故加諸老者
而少者不及焉

※ 출처: 『삼재도회(三才圖會)』「기용(器用)」 2권

• 제 12 절 •

기문(記文)-주의사항과 편 가르기 규정

【678d】

魯令弟子辭曰, "毋幠, 毋敖, 毋偝立, 毋踰言. 偝立·踰言有常爵." 薛令弟子辭曰, "毋幠, 毋敖, 毋偝立, 毋踰言. 若是者浮." 司射·庭長及冠士立者, 皆屬賓黨. 樂人及使者·童子, 皆屬主黨.

직역 魯는 弟子에게 令하여 辭하여 曰, "幠를 毋하고, 敖를 毋하며, 偝立를 毋하고, 踰言을 毋하라. 偝立와 踰言에는 常爵이 有하리라." 薛은 弟子에게 令하여 辭하여 曰, "幠를 毋하고, 敖를 毋하며, 偝立를 毋하고, 踰言을 毋하라. 是와 若한 者는 浮하리라." 司射와 庭長과 冠士立者는 皆히 賓黨에 屬한다. 樂人과 使者와 童子는 皆히 主黨에 屬한다.

의역 노나라에는 투호에 참가한 무리들 중 나이가 어린 제자들에 대해서 주의를 주는 말이 있으니, "업신여기지 말아야 하고, 오만하게 굴지 말아야 하며, 등지고 서 있지 말아야 하고, 잡담을 하지 말아야 한다. 등지고 서 있거나 잡담을 하게 되면 일상적인 경우에 따라 벌주를 받게 될 것이다."라고 했다. 또 설나라에는 투호에 참가한 무리들 중 나이가 어린 제자들에 대해서 주의를 주는 말이 있으니, "업신여기지 말아야 하고, 오만하게 굴지 말아야 하며, 등지고 서 있지 말아야 하고, 잡담을 하지 말아야 한다. 이처럼 하게 되면 벌주를 받게 될 것이다."라고 했다. 투호를 할 때 사사(司射)·정장(庭長) 및 관사(冠士)들 중 서 있는 자들은 모두 빈객 무리에 속하게 된다. 악인(樂人)·사자(使者)·동자(童子)는 모두 주인 무리에 속하게 된다.

集說 石梁王氏曰, "司射至主黨二十四字, 與上文薛令弟子若是者浮相屬", 今從之.

번역 석량왕씨[1]는 "'사사(司射)'라는 말로부터 '주당(主黨)'까지의 24글자는 '설령제자(薛令弟子)'로부터 '약시자부(若是者浮)'라고 한 기록 뒤에 연결되어야 한다."라고 했는데, 이곳에서는 그 주장에 따른다.[2]

集說 弟子, 賓黨主黨之年穉者, 投壺時立於堂下, 以其或相褻狎, 故戒令之. 魯薛之辭, 意同而文小異, 故記者並列之. 憮, 亦敖也. 偝立, 不正所向也. 踰言, 遠談他事也. 有常爵, 謂有常例罰爵也.

번역 '제자(弟子)'는 빈객 무리와 주인 무리들 중 나이가 어린 자를 뜻하니, 투호를 할 때 당하(堂下)에 서 있게 되는데, 간혹 서로 너무 무례하게 굴게 되므로 경계를 시킨 것이다. 노나라와 설나라에서 경계시키는 말은 의미는 같지만 문장에 있어서는 작은 차이가 있다. 그렇기 때문에 『예기』를 기록한 자가 함께 나열해둔 것이다. '무(憮)'자 또한 오만하다는 뜻이다. "등지고 서 있다."라는 말은 향한 곳이 바른 방향이 아니라는 뜻이다. '유언(踰言)'은 멀리 떨어져서 다른 이에 대해 잡담을 한다는 뜻이다. "상작(常爵)이 있다."는 말은 일상적인 경우에 따라 벌주를 받게 된다는 뜻이다.

集說 疏曰: 浮, 亦罰也. 一說, 謂罰爵之盈滿而浮之也. 庭長, 卽司正也. 冠士, 外人來觀投壺或人加冠之士也. 樂人, 國子之能爲樂者, 非作樂之瞽人也.

---

1) 석량왕씨(石梁王氏, ?~?) : 자세한 이력이 남아 있지 않다.

2) 『십삼경주소(十三經注疏)』 북경대 출판본에서는 경문을 "魯令弟子辭曰: '毋憮, 毋敖, 毋偝立, 毋踰言. 偝立·踰言有常爵.' 薛令弟子辭曰: '毋憮, 毋敖, 毋偝立, 毋踰言. 若是者浮.' 鼓: ○□○○□□○□○○□. 半, ○□○□○○○□□○□○. 魯鼓, ○□○○○□□○□○○□□○□○○□□○半, ○□○○○□□○. 薛鼓, 取半以下爲投壺禮, 盡用之爲射禮. 司射·庭長及冠士立者皆屬賓黨, 樂人及使者·童子皆屬主黨. 魯鼓: ○□○○□□○○. 半, ○□○○□○○○○□○□○. 薛鼓: ○□○○○○□○□○□○○○□○□○○○□○. 半, ○□○□○○○○□○."이라고 기록했다.

使者, 主人所使薦羞者也.

번역 공영달의 소에서 말하길, '부(浮)'자는 또한 벌주를 뜻한다. 일설에서는 벌주를 가득 채워서 넘치도록 한다는 뜻이라고도 한다. '정장(庭長)'은 사정(司正)[3]을 뜻한다. '관사(冠士)'는 외지에서 찾아와 투호를 살펴보는 자이거나 관례를 치른 사 계층을 뜻한다. '악인(樂人)'은 국자(國子)[4]들 중 음악을 잘하는 자들이니, 음악을 연주하는 맹인 악사를 뜻하지 않는다. '사자(使者)'는 주인이 명령을 내려 음식을 바치도록 한 자이다.

大全 藍田呂氏曰: 飮燕之間易狎, 童子之心易流, 令之所以飭其敬, 不令而責之敬, 則近於暴, 故令之而後浮. 常爵, 猶言常刑, 亦罰爵也. 魯薛之儀不同, 記禮者兼存之, 文異而義同也.

번역 남전여씨가 말하길, 음주를 하는 연회에서는 무례하기 쉬우며, 어린아이의 마음은 산만해지기 쉬우니, 명령을 내리는 것은 공경스러움을 수식하는 것인데, 명령을 내리지 않고서 공경스럽게 따르라는 책무만 내린다면 난폭함에 가깝다. 그렇기 때문에 명령을 내리고 그런 뒤에 따르지 않으면 벌주를 주는 것이다. '상작(常爵)'은 일정한 형벌이라는 말과 같으니 또한 벌주를 의미한다. 노나라와 설나라의 의례가 동일하지 않아서 『예기』를 기록한 자가 함께 수록해둔 것이니, 문장에 차이가 있지만 의미는 동일하다.

---

3) 사정(司正)은 향음주례(鄕飮酒禮)나 빈객(賓客)들을 대접하는 연회를 시행할 때, 의례절차 등을 총감독하는 사람이다.

4) 국자(國子)는 천자 및 공(公), 경(卿), 대부(大夫)의 자제들을 말한다. 때론 상황에 따라 천자의 태자(太子) 및 왕자(王子)를 포함시키지 않는 경우도 있다. 『주례』「지관(地官)·사씨(師氏)」편에는 "以三德教國子"라는 기록이 있고, 이에 대한 정현의 주에서 "國子, 公卿大夫之子弟."라고 풀이한 용례와 『한서(漢書)』「예악지(禮樂志)」편에서 "朝夕習業, 以教國子. 國子者, 卿大夫之子弟也."라고 풀이한 용례가 바로 여기에 해당한다. 그러나 이것은 천자에 대한 언급을 가급적 회피했기 때문에, 생략하여 기술하지 않은 것이다. 청대(淸代) 유서년(劉書年)의 『유귀양설경잔고(劉貴陽說經殘稿)』「국자증오(國子證誤)」편에서 "國子者, 王大子, 王子, 諸侯公卿大夫士之子弟, 皆是, 亦曰國子弟."라고 풀이하고 있는 것처럼, '국자'에는 천자의 태자와 왕자들까지도 포함된다.

大全 嚴陵方氏曰: 前曰正爵, 此曰常爵, 何也? 以禮言則曰正, 以法言則曰常. 前兼於慶, 故以禮言之, 此主於罰, 故以法言之而已.

번역 엄릉방씨가 말하길, 앞에서는 '정작(正爵)'이라고 했는데 이곳에서 '상작(常爵)'이라고 한 것은 어째서인가? 예법을 기준으로 말한다면 정작이라고 부르며 형법을 기준으로 말한다면 상작이라고 부른다. 앞에서는 축하주까지도 함께 언급했기 때문에 예법을 기준으로 말한 것이며, 이곳에서는 벌주를 위주로 언급했기 때문에 형법을 기준으로 말한 것일 뿐이다.

大全 山陰陸氏曰: 魯同姓之親也, 薛異姓之親也. 記魯令, 著所以待同姓之禮如此, 故曰有常爵. 記薛令, 著所以待異姓之禮如此, 故曰若是者浮. 蓋曰若是者浮, 則辭有不婉矣.

번역 산음육씨[5]가 말하길, 노나라는 주나라 왕실과 동성인 친족이며 설나라는 이성의 친족이다. 노나라에서 경계시켰던 말을 기록하여 동성을 대우하는 예법이 이와 같다는 사실을 드러낸 것이다. 그렇기 때문에 "상작(常爵)이 있다."라고 했다. 설나라에서 경계시켰던 말을 기록하여 이성을 대우하는 예법이 이와 같다는 사실을 드러낸 것이다. 그렇기 때문에 "이와 같으면 부(浮)이다."라고 했다. "이와 같으면 넘친 것이다."라고 말했다면, 그 말에 완곡하지 못한 점이 있는 것이다.

鄭注 弟子, 賓黨·主黨年稚者也. 爲其立堂下相褻慢, 司射戒令之. 記魯·薛者, 禮衰乖異, 不知孰是也. 幠·敖, 慢也. 偝者, 不正鄉前也. 踰言, 遠談語也. 常爵, 常所以罰人之爵也. 浮, 亦謂是也. 晏子春秋曰: "酌者奉觴而進曰: '君令浮!'" 晏子時以罰梁丘據. 浮, 或作"匏", 或作"符". 踰, 或爲"遙". 庭長,

5) 산음육씨(山陰陸氏, A.D.1042~A.D.1102) : =육농사(陸農師)·육전(陸佃). 북송(北宋) 때의 유학자이다. 자(字)는 농사(農師)이며, 호(號)는 도산(陶山)이다. 어려서 집안이 매우 가난했다고 전해지며, 왕안석(王安石)에게 수학하였으나 왕안석의 신법에 대해서는 반대하였다. 저서로는 『비아(埤雅)』, 『춘추후전(春秋後傳)』, 『도산집(陶山集)』 등이 있다.

司正也. 使者, 主人所使薦羞者. 樂人, 國子能爲樂者. 此皆與於投壺.

번역 '제자(弟子)'는 빈객과 주인의 무리 중 나이가 어린 자를 뜻한다. 그의 자리는 당하(堂下)에 있어서 서로 무례하게 굴며 태만하게 굴 수 있기 때문에 사사(司射)가 주의를 주는 것이다. 노나라와 설나라의 말을 기록한 것은 예법이 쇠락하여 차이가 생겨 어느 것이 옳은지 알 수 없었기 때문이다. '무(幠)'자와 '오(敖)'자는 "태만하다[慢]."는 뜻이다. '배(偝)'자는 앞을 향해 바르게 있지 않다는 뜻이다. '유언(踰言)'은 멀리 떨어져 잡담을 한다는 뜻이다. '상작(常爵)'은 일상적으로 남들에게 벌을 줄 때 권하는 술잔이다. '부(浮)'자 또한 이것을 뜻한다. 『안자춘추』에서는 "술을 따르는 자가 술잔을 받들고 나아가서 '군주께서 벌주를 내리게끔 하셨습니다!'"라고 했다. 안자 당시에 양구거에게 벌주를 준 것이다. '부(浮)'자를 다른 판본에서는 '포(匏)'자로도 기록하고 '부(符)'자로도 기록한다. '유(踰)'자는 다른 판본에서 '요(遙)'자로도 기록한다. '정장(庭長)'은 사정(司正)이다. '사자(使者)'는 주인이 시켜서 음식을 바치게끔 한 자이다. '악인(樂人)'은 국자(國子)들 중 음악을 잘하는 사람이다. 이들은 모두 투호에 참여한다.

釋文 幠, 好吾反, 下同, 敖也. 敖, 五報反, 又五羔反, 下同, 敖, 慢也. 偝音佩, 徐符代反, 舊又薛敗反. 浮音縛謀反, 罰也. 稚音直吏反. 爲音于僞反. 鄕, 許亮反. 據, 本又作處, 同, 音據. 匏, 薄交反. 長, 丁丈反, 注同. 冠, 古亂反. 與音預.

번역 '幠'자는 '好(호)'자와 '吾(오)'자의 반절음이며, 아래문장에 나오는 글자도 그 음이 이와 같고, 오만하다는 뜻이다. '敖'자는 '五(오)'자와 '報(보)'자의 반절음이며, 또한 '五(오)'자와 '羔(고)'자의 반절음도 되고, 아래문장에 나오는 글자도 그 음이 이와 같으며, '敖'는 태만하다는 뜻이다. '偝'자의 음은 '佩(패)'이며, 서음(徐音)은 '符(부)'자와 '代(대)'자의 반절음이며, 구음(舊音)은 또한 '薛(설)'자와 '敗(패)'자의 반절음이다. '浮'자의 음은 '縛(박)'자와 '謀(모)'자의 반절음이며, 버을 뜻한다. '稚'자의 음은 '直(직)'자와

‘吏(리)’자의 반절음이다. ‘爲’자의 음은 ‘于(우)’자와 ‘僞(위)’자의 반절음이다. ‘鄕’자는 ‘許(허)’자와 ‘亮(량)’자의 반절음이다. ‘據’자는 판본에 따라 또한 ‘處’자로도 기록하는데, 두 글자의 음은 동일하게 ‘據(거)’이다. ‘匏’자는 ‘薄(박)’자와 ‘交(교)’자의 반절음이다. ‘長’자는 ‘丁(정)’자와 ‘丈(장)’자의 반절음이며, 정현의 주에 나오는 글자도 그 음이 이와 같다. ‘冠’자는 ‘古(고)’자와 ‘亂(란)’자의 반절음이다. ‘與’자의 음은 ‘預(예)’이다.

孔疏 ●“魯令弟子辭曰”至“若是者浮”. ○正義曰: 此一篇是周公正經, 而有魯・薛之事者, 錄記之人以周衰之後, 魯之與薛有當時投壺號令弟子之異, 未知孰是, 故因以記之也.

번역 ●經文: “魯令弟子辭曰”~“若是者浮”. ○「투호」편은 주공이 남긴 본래의 경문인데, 노나라와 설나라의 일화가 기록된 것은 『예기』를 기록한 자는 주나라의 도가 쇠락한 이후 노나라와 설나라에 당시 투호를 하며 제자들에게 호령을 했던 말이 남아있었는데 서로 차이가 났고 어떤 것이 옳은지 알 수 없었기 때문에, 두 가지를 함께 기록한 것이다.

孔疏 ●“毋幠, 毋敖毋”者, 幠亦敖也. 號令弟子, 云毋得幠而敖慢也.

번역 ●經文: “毋幠, 毋敖毋”. ○‘무(幠)’자 또한 “오만하다[敖].”는 뜻이다. 제자들에게 호령을 할 때, 오만하거나 태만하게 굴어서는 안 된다고 하는 것이다.

孔疏 ●“毋偝立, 毋踰言. 偝立・踰言有常爵”者, 毋偝立, 謂不正面前. 毋得踰言, 謂遠相談話. 若偝立踰言, 有常刑之罰爵也.

번역 ●經文: “毋偝立, 毋踰言. 偝立・踰言有常爵”. ○등지고 서 있지 말라고 했는데, 등지고 서 있다는 말은 정면을 바르게 바라보지 않는다는 뜻이다. 잡담을 하지 말라고 했는데, 유언(踰言)은 멀리서 서로 잡담을 나눈다는 뜻이다. 만약 등지고 서 있거나 잡담을 하게 된다면 일상적으로 내려지는 벌주가 있게 된다.

孔疏 ●"若是者浮", 浮亦罰也. 薛令弟子辭曰: 若如是偝立踰言者, 則有浮罰之爵. 薛令弟子異於魯者, 其魯令弟子則稱偝立踰言有常爵, 薛令弟子則總稱"若是者浮", 浮亦罰也. 其言辭詳略雖異, 其意則同.

번역 ●經文: "若是者浮". ○'부(浮)'자 또한 벌주를 뜻한다. 설나라에서는 제자들에게 호령하는 말에서 "만약 이처럼 등지고 서 있거나 잡담을 하는 자가 있다면, 이러한 벌주를 내리겠다."라고 말하는 것이다. 설나라에서 제자들에게 호령했던 말이 노나라와 차이를 보이는데, 노나라에서 제자들을 호령할 때에는 등지고 서 있거나 잡담을 하게 되면 상작(常爵)이 있다고 했고, 설나라에서 제자들을 호령하게 되면 총괄적으로 "이와 같은 자는 부(浮)이다."라고 했는데, '부(浮)'자 또한 벌주를 의미한다. 즉 그 말에 있어서는 세밀한 부분에서 비록 차이가 나지만 그 의미는 동일하다.

孔疏 ◎注"晏子"至"丘據". ○正義曰: 引晏子春秋者, 證"浮", 是罰爵之義, 故小爾雅云: "浮, 罰也."

번역 ◎鄭注: "晏子"~"丘據". ○정현이 『안자춘추』의 내용을 인용한 것은 '부(浮)'자가 벌주를 의미한다는 사실을 증명하기 위해서이다. 그렇기 때문에 『소이아』[6]에서는 "부(浮)는 벌이다."라고 했다.

---

6) 『소이아(小爾雅)』는 고대에 편찬되었던 자전 중 하나이다. 찬자(撰者)에 대해서는 알려진 것이 없다. 『한서(漢書)』「예문지(藝文志)」편에는 "小爾雅一篇, 古今字一卷."이라고 하여, 찬자 미상의 『소이아』 1권이 존재했었다고 기록되어 있다. 또한 『수서(隋書)』「경적지(經籍志)」 및 『당서(唐書)』「예문지(藝文志)」편에도 이궤(李軌)의 주가 달린 『소이아』 1권이 있었다고 기록되어 있지만, 현재는 모두 전해지지 않는다. 다만 현재 전해지는 『소이아』는 『공총자(孔叢子)』에 기록된 일부 내용들을 편집하여, 편찬한 것이다.

孔疏 ◎注"庭長"至"投壺". ○正義曰: 經云"司射庭長", 按鄕飮酒, 將旅之時, 使相爲司正, 在庭中, 立于觶南北面, 察飮酒不如儀者, 故知"庭長, 司正"也. "冠士"者, 謂外人來觀投壺, 成人加冠之士, 尊之, 故令屬賓黨. 若童子賤, 則屬主黨也. 云"樂人, 國子能爲樂"者, 以國子習樂, 故云"國子能爲樂者". 欲明此樂人非瞽矇眡瞭之徒, 以其能與主人之黨而觀禮, 故知非作樂瞽人也. 按國子是王子公卿大夫元士之子, 今來觀樂, 士大夫投壺者, 以國之俊選, 皆在學習樂, 共士子來觀投壺, 非謂一皆是王子及公卿大夫之子也. 云"此皆與於投壺"者, 鄭恐但來觀其禮, 不觀投壺. 經旣云屬賓黨·主黨, 則是入賓·主之朋, 故云"與於投壺"也.

번역 ◎鄭注: "庭長"~"投壺". ○경문에서는 '사사(司射)'와 '정장(庭長)'이라고 했는데, 『의례』「향음주례(鄕飮酒禮)」편을 살펴보면 여수(旅酬)를 시행하려고 할 때 의례의 진행을 돕는 자로 하여금 사정(司正)을 맡게 하여 마당 가운데에서 치(觶)의 남쪽에 서서 북쪽을 바라보게 하여, 음주를 할 때 격식에 따르지 않는 자를 살피게끔 한다고 했다. 그렇기 때문에 "'정장(庭長)'은 사정(司正)이다."라고 한 말이 사실임을 알 수 있다. '관사(冠士)'라고 했는데, 외지에서 온 사람들 중 투호의 진행을 살펴보는 자들이며, 성인이 되어 관례를 치른 사들이기 때문에 그들을 존귀하게 높여서 빈객의 무리에 포함시킨 것이다. 만약 어린아이처럼 미천한 자라면 주인의 무리에 포함시킨다. 정현이 "'악인(樂人)'은 국자(國子)들 중 음악을 잘하는 사람이다."라고 했는데, 국자들은 음악을 익힌다. 그렇기 때문에 "국자들 중 음악을 잘하는 사람이다."라고 말한 것이다. 즉 여기에서 말한 악인은 장님 등의 악사가 아니라는 사실을 나타내고자 한 것이니, 그들은 주인의 무리에 참여하여 의례의 진행을 살펴볼 수 있다. 그렇기 때문에 이 사람들이 음악을 연주하는 장님 악사가 아니라는 사실을 알 수 있다. 살펴보면 국자는 왕자 및 공·경·대부·원사(元士)[7]의 아들인데, 현재 그들이 찾아와서 음

7) 원사(元士)는 천자에게 소속된 사(士) 계층 중 하나이다. '사' 계층은 상·중·하로 구분되어, 상사(上士), 중사(中士), 하사(下士)로 나뉜다. 다만 천자에게 소속된 '상사'에게는 제후에게 소속된 '상사'보다 높여서 '원(元)'자를 붙이게

악을 살펴볼 수 있는 것은 사와 대부가 투호를 할 때 국가의 준선(俊選)[8]들은 모두 학교에서 음악을 익히고, 그들은 사의 자식들과 함께 찾아와서 투호를 살펴볼 수 있다는 말이지, 그들 모두가 왕자나 공·경·대부의 자식이라는 뜻은 아니다. 정현이 "이들은 모두 투호에 참여한다."라고 했는데, 정현은 아마도 단지 찾아와서 의례의 진행만 살펴보고 투호는 살펴보지 않는다고 오해할 것을 염려했기 때문이다. 경문에서는 이미 "빈객의 무리와 주인의 무리에 속한다."라고 했으니, 이것은 빈객과 주인의 무리에 편입된다는 뜻이다. 그렇기 때문에 "투호에 참여한다."라고 말한 것이다.

集解 愚謂: 幠, 大言也. 敖, 容不肅也. 毋幠毋敖, 猶詩言"不吳不敖"也. 令弟子辭異, 異國禮俗不同, 記者兩記之.

번역 경문의 "魯令弟"~"是者浮"에 대하여. 내가 생각하기에, '무(幠)'자는 큰 소리로 말한다는 뜻이다. '오(敖)'자는 모습이 엄숙하지 못하다는 뜻이다. 큰 소리를 내지 말고 오만하게 하지 말라는 말은 『시』에서 "큰 소리로 떠들지 말고 오만하게 하지 말라."[9]라고 한 말과 같다. 제자들에게 호령하는 말에 차이가 있는 것은 다른 나라의 예법과 풍속이 그 지역에 따라 차이가 생기기 때문으로, 『예기』를 기록한 자는 두 가지를 함께 기록해둔 것이다.

集解 右記令弟子辭.

번역 여기까지는 제자를 호령하는 말을 기록한 것이다.

된다. 그래서 '원사'라고 부르는 것이다.

8) 준선(俊選)은 준사(俊士)와 선사(選士)를 합쳐 부르는 말이다. 향학(鄕學)의 사(士)들 중에서 덕행과 재예(才藝)가 뛰어난 사를 수사(秀士)라고 불렀고, 수사들 중에서도 뛰어난 사람은 사도(司徒)에게 천거되는데, 그 사람을 선사(選士)라고 불렀다. 준사(俊士)는 선사(選士)들 중에서도 덕행과 재주가 뛰어나서, 국학(國學)에 입학하였던 자들을 뜻한다.

9) 『시』「주송(周頌)·사의(絲衣)」: 絲衣其紑, 載弁俅俅. 自堂徂基, 自羊徂牛. 鼐鼎及鼒, 兕觥其觩. 旨酒思柔, <u>不吳不敖</u>, 胡考之休.

集解 愚謂: 司射·司正, 蓋以私臣·公有司之屬爲之. 冠士·童子, 主人之子弟觀禮者也. 立者, 自"司射"以下皆立, 惟賓與主人有堂上之席耳. 樂人, 奏樂之人, 謂若擊鼓·擊鼙者. 而弦歌之人, 自大師以外, 或不用瞽矇, 卽以私臣·公有司及弟子之習於樂者爲之, 亦謂之樂人也. 樂人非一, 使之彼此相代, 故得與於投壺也. 使者, 主人所使令之人, 若執壺者, 設筵者, 授主人以矢者, 皆是也. 此賓主之黨, 皆主人之人, 因投壺而分爲二黨耳. 以尊而長者爲賓黨, 卑而幼者爲主人黨, 尊賓之意也.

번역 경문의 "司射庭"~"屬主黨"에 대하여. 내가 생각하기에, '사사(司射)'와 '사정(司正)'은 아마도 가신이나 공유사(公有司)[10]의 무리가 담당했을 것이다. '관사(冠士)'나 어린아이는 주인의 자제들 중 의례의 진행을 살펴보고 있던 자들이다. '입자(立者)'라고 했는데, 사사로부터 그 이하의 사람들은 모두 서 있고, 오직 빈객과 주인에게만 당상(堂上)에 자리가 마련되어 있었을 따름이다. '악인(樂人)'은 음악을 연주하는 사람이니, 북이나 비(鼙)를 두드리는 사람들을 뜻한다. 그런데 현악기를 연주하고 노래하는 사람과 태사(太師)로부터 그 이외의 사람들 중에는 간혹 장님 악사를 사용하지 않고, 가신이나 공유사 및 제자들 중 음악을 익힌 사람으로 그 일을 맡기게 되는데, 이를 또한 '악인(樂人)'이라고 부른다. 악인은 한 사람만 그 역할을 수행하는 것이 아니니, 그들로 하여금 상호 교대를 시킨다. 그렇기 때문에 투호에도 참여할 수 있다. '사자(使者)'는 주인이 심부름을 시키는 사람이니, 병을 드는 자나 자리를 까는 자나 주인에게 화살을 건네는 자 등이 모두 여기에 해당한다. 여기에서는 빈객과 주인의 무리를 말했는데, 이들은 실제적으로 모두 주인에게 속한 사람들이며, 투호를 함으로 인해 두 무리로 구분한 것일 뿐이다. 존귀하고 나이가 많은 자는 빈객의 무리가 되고, 미천하고 나이가 어린 자는 주인의 무리가 되니, 빈객을 존귀하게 여기는 의미이다.

---

10) 공유사(公有司)는 사(士)가 맡았던 직책으로, 군주에게 특명을 받은 유사(有司)이다. '유사'는 실무 담당자를 뜻한다.

集解 右記賓主之黨.

번역 여기까지는 빈객과 주인의 무리에 대해 기록하고 있다.

참고 원문비교

예기대전 · 투호 魯令弟子辭曰, "毋幠, 毋敖, 毋偝立, 毋踰言. 偝立 · 踰言有常爵." 薛令弟子辭曰, "毋幠, 毋敖, 毋偝立, 毋踰言. 若是者浮."

대대례기 · 투호 魯命弟子辭曰, "無荒, 無傲, 無倨立, 無踰言. 若是者, 有常爵."

예기대전 · 투호 司射 · 庭長及冠士立者, 皆屬賓黨. 樂人及使者 · 童子, 皆屬主黨.

대대례기 · 투호 堂下司正 · 司射 · 庭長及冠士立者, 皆屬賓黨. 樂人及童子 · 使者, 皆屬主黨.

• 제 13 절 •

기문(記文)-북을 연주하는 규정

【679b】

鼓, ○□○○□□○□○○□. 半, ○□○□○○○□□○□○. 魯鼓, ○□○○○□□○□○○□□○□○○□□○. 半, ○□○○○□□○. 薛鼓. 取半以下爲投壺禮, 盡用之爲射禮. 魯鼓, ○□○○□□○○. 半, ○□○○□○○○○□○□○. 薛鼓, ○□○○○○□○□○□○○○□○□○○□○. 半, ○□○□○○○○□○.

직역 鼓는 ○□○○□□○□○○□이다. 半은 ○□○□○○○□□○□○이다. 魯鼓는 ○□○○○□□○□○○□□○□○○□□○이다. 半은 ○□○○○□□○이다. 薛鼓이다. 半以下를 取하여 投壺禮로 爲하고, 盡히 用함을 射禮로 爲한다. 魯鼓는 ○□○○□□○○이다. 半은 ○□○○□○○○○□○□○이다. 薛鼓는 ○□○○○○□○□○□○○○□○□○○□○이다. 半은 ○□○□○○○○□○이다.

의역 북은 ○□○○□□○□○○□으로 친다. 반절은 ○□○□○○○□□○□○으로 친다. 노나라의 북은 ○□○○○□□○□○○□□○□○○□□○으로 친다. 반절은 ○□○○○□□○으로 친다. 설나라의 북도 이처럼 친다. 반절 이하의 것을 취하여 투호의 의례를 시행할 때 절도를 맞추고, 온전히 치는 것으로는 활쏘기의 절도를 맞춘다. 노나라의 북은 ○□○○□□○○으로 친다. 반절은 ○□○○□○○○○□○□○으로 친다. 설나라의 북은 ○□○○○○□○□○□○○○□○□○○□○으로 친다. 반절은 ○□○□○○○○□○으로 친다.

集說 鄭氏曰: 圓者擊鼙, 方者擊鼓.

번역 정현이 말하길, ○은 비(鼙)를 두들기는 것이고, □은 북을 두들기는 것이다.

集說 疏曰: 記者因魯薛擊鼓之異, 圖而記之. 但年代久遠, 無以知其得失. 用半鼓節爲投壺, 用全鼓節爲射禮.

번역 공영달의 소에서 말하길, 『예기』를 기록한 자는 노나라와 설나라에서 북을 치는 방법에 차이가 있어서, 이것을 도식화해서 기록한 것이다. 다만 연대가 이미 오래되어서 옳고 그름에 대해서는 알 수 없다. 반절의 북 마디를 사용하여 투호를 시행하고 전체의 북 마디를 사용하여 사례를 시행한다.

大全 長樂陳氏曰: 主人以仁接賓, 則樂人樂賓者也, 使者及童子事人者也, 故屬主黨. 司射作人者也, 庭長正人者也, 冠士行禮者也, 立者觀禮者也, 故屬賓黨. 壺以授矢致樂者也, 故主黨執之. 中以盛算取勝者也, 故賓黨奉之. 然黨雖有賓主之辨, 而主黨之樂人, 必位於西階之上, 使人執壺, 亦立於司射之側, 凡皆所以就賓. 又曰: 侍射則約矢, 侍投則擁矢, 是投壺與射禮無異, 特繁簡不同爾. 以魯薛鼓節論之, 取半以下爲投壺禮, 盡用之爲射禮. 聞鼓節, 則知其事矣. 魯薛所令之辭, 所制之鼓, 雖見於經, 其詳不可得而知也. 觀春秋齊晉之君, 蓋嘗講此, 中行穆子相之, 晉侯先, 穆子曰, "有酒如淮, 有肉如坻, 寡君中此, 爲諸侯師", 中之. 齊侯擧矢曰, "有酒如澠, 有肉如陵, 寡人中此, 與君代興." 古人以此行燕禮, 爲會同之主, 於其中否, 以卜興衰, 其重投壺之禮如此, 則魯薛之詳, 亦不是過也.

번역 장락진씨가 말하길, 주인이 인(仁)에 따라 빈객을 대접한다면 악인(樂人)은 빈객을 즐겁게 하는 자이고, 사자(使者)와 어린아이는 남을 섬기는 자이다. 그렇기 때문에 주인의 무리에 속한다. 사사(司射)는 남이 일을 진행하도록 하는 자이고, 정장(庭長)은 남의 태도를 바르게 하는 자이며, 관사(冠士)는 의례를 시행하는 자이고, 입자(立者)는 의례의 진행을 살펴보는 자이다. 그렇기 때문에 빈객의 무리에 속한다. 병은 화살을 받아 즐거움을 지극히 하는 것이다. 그렇기 때문에 주인의 무리가 그것을 든다. 중(中)은 산가지를 채워서 승자를 가리는 것이다. 그렇기 때문에 빈객의 무리가 그것을 받든다. 그런데 무리에 있어서 비록 빈객과 주인의 구별이 있지만, 주인의 무리에 속한 악인은 반드시 서쪽 계단 위에 위치하고, 사람을 시켜서 병을 들게 하며 또 사사의 곁에 서 있게 되니, 이 모두는 빈객에게 나아가는 방법이다. 또 말하길, 존장자를 모시고 활을 쏘는 경우라면, 모시는 자는 화살을 한꺼번에 가져가고, 존장자를 모시고 투호를 하는 경우라면, 모시는 자는 화살 네 개를 손에 쥐고 한다.[1] 이것은 투호와 사례에 차이점이 없고 단지 절차가 복잡하거나 간소한 차이가 날 뿐임을 뜻한다. 노나라와 설나라에서 치는 북의 마디로 논의를 해보면, 반절 이하를 취하여 투호의 예로 삼고, 전체를 사용하는 것은 활쏘기의 예로 삼는다. 따라서 북의 마디를 듣게 되면 그 사안에 대해서 알 수 있다. 노나라와 설나라에서 호령하는 말과 연주하는 북소리는 비록 경문에 나타나긴 하지만 상세한 부분에 대해서는 알 수 없다. 『춘추』를 살펴보면, 제(齊)나라와 진(晉)나라의 군주는 일찍이 이러한 부분에 대해 논의한 적이 있었는데, 중행목자가 투호의 진행을 돕고 진나라 후작이 먼저 던지자 목자는 "술이 회수처럼 많고 고기가 지산처럼 많은데, 우리 군주께서 투호를 맞추시면 제후들의 수장이 되시리라."라고 했는데, 적중을 시켰다. 제나라 후작은 화살을 들며 "술이 승강처럼 많고 고기가 구릉처럼 많으니 과인이 투호를 적중시키면 그대와 교대로 흥성하리라."라고 했다.[2] 고대인이 이를 통해 연례를 시행하고, 회동의 주된 목적으로 삼았는데, 적중을 시키느냐 그렇지 않느냐로 국가의 흥망성쇠를 점쳤으니, 이처럼 투호의 예를 중시하였으므로 노나라와 설나

1) 『예기』「소의(少儀)」【434a~b】: 侍射則約矢. 侍投則擁矢.
2) 『춘추좌씨전』「소공(昭公) 12년」: 晉侯以齊侯宴, 中行穆子相. 投壺, 晉侯先, 穆子曰, "有酒如淮, 有肉如坻. 寡君中此, 爲諸侯師." 中之. 齊侯擧矢, 曰, "有酒如澠, 有肉如陵. 寡人中此, 與君代興." 亦中之.

라에 대한 자세한 기록은 또한 이에 지나치지 않았을 것이다.

大全 嚴陵方氏曰: 魯薛之鼓旣異, 而傳之者又異, 故記者兩存之.

번역 엄릉방씨가 말하길, 노나라와 설나라에서 북을 치는 것이 다르고, 그것을 전하는 것도 차이가 있다. 그렇기 때문에 『예기』를 기록한 자가 둘 모두 기록해둔 것이다.

大全 山陰陸氏曰: 魯投壺之鼓多, 薛投壺之鼓少, 亦所以待同姓異姓之別也. 詩曰在宗載考, 有是哉.

번역 산음육씨가 말하길, 노나라에서 투호를 할 때 북을 치는 것이 많고 설나라에서 투호를 할 때 북을 치는 것이 적은 것은 또한 동성과 이성을 대우하는 구별이 된다. 『시』에서 "종실(宗室)에서 예를 살피도다."[3]라고 한 말이 바로 이것을 뜻할 것이다.

鄭注 此魯・薛擊鼓之節也. 圜者擊鼙, 方者擊鼓. 古者擧事, 鼓各有節. 聞其節, 則知其事矣. 投壺之鼓半射節者, 投壺, 射之細也. 射, 謂燕射. 此二者, 記兩家之異, 故兼列之.

번역 이것은 노나라와 설나라에서 북을 치는 마디를 뜻한다. ○은 비(鼙)를 두들기는 것이고, □은 북을 두들기는 것이다. 고대에 일을 시행할 때에는 북을 칠 때 각각의 마디가 있었다. 그 마디를 듣게 되면 그 사안에 대해서도 알 수 있다. 투호를 할 때 북을 울리는 것을 활쏘기를 할 때 북치는 마디의 반절로 하는 것은 투호는 활쏘기의 지류에 해당하기 때문이다. '사(射)'자는 연사례(燕射禮)를 뜻한다. 이 두 가지는 두 국가의 차이점을 기록해둔 것이다. 그렇기 때문에 함께 열거해두었다.

---

3) 『시』「소아(小雅)・담로(湛露)」: 湛湛露斯, 在彼豐草. 厭厭夜飮, 在宗載考.

釋文 圜音圓. 鼙, 薄迷反, 鄭呼爲“鼙”也, 其聲下, 其音榻榻然. 榻音吐臘反. □, 方鼓, 鄭呼爲“鼓”也, 其聲高, 其音鏜鏜然. 鏜音吐郎反.

번역 ‘圜’자의 음은 ‘圓(원)’이다. ‘鼙’자는 ‘薄(박)’자와 ‘迷(미)’자의 반절음이며, 정현은 ‘鼙’라고 불렀는데, 그 소리는 낮고 그 음은 탑탑(榻榻)처럼 난다. ‘榻’자의 음은 ‘吐(토)’자와 ‘臘(랍)’자의 반절음이다. □자는 각진 북을 뜻하는데, 정현이 ‘鼓’라고 부르는 것이며, 그 소리는 높고 그 음은 당당(鏜鏜)처럼 난다. ‘鏜’자의 음은 ‘吐(토)’자와 ‘郎(낭)’자의 반절음이다.

孔疏 ●“魯鼓薛鼓”. ◎注云“此魯·薛擊鼓之節也. 圜者擊鼙, 方者擊鼓”. ○正義曰: 以鼓節有圜點, 有方點, 故以爲“圜者擊鼙, 方者擊鼓”. 若頻有圜點, 則頻擊鼙聲; 每一圜點, 則一擊鼙聲. 若頻有方點, 則頻擊鼓聲也. 但記者因魯·薛擊鼓之異, 圖而記之, 但年代久遠, 無以知其得失.

번역 ●經文: “魯鼓薛鼓”. ◎鄭注: “此魯·薛擊鼓之節也. 圜者擊鼙, 方者擊鼓”. ○북의 마디를 원형으로 표기한 것도 있고 사각형으로 표기한 것도 있다. 그렇기 때문에 “○은 비(鼙)를 두들기는 것이고, □은 북을 두들기는 것이다.”라고 했다. 만약 빈번하게 원형이 찍혀 있다면 빈번하게 비(鼙)를 두들겨 소리를 내는 것이니, 1번의 원형이 찍혀 있다면 한 차례 비(鼙)를 두들겨 소리를 내는 것이다. 만약 빈번하게 사각형이 찍혀 있다면 빈번하게 북을 두들겨 소리를 내는 것이다. 다만 『예기』를 기록한 자는 노나라와 설나라에서 북을 치는 차이점으로 인해 도식적으로 기록을 한 것이지만, 시대가 너무 오래되어 맞거나 틀린지는 알 수 없게 되었다.

孔疏 ◎注“射謂燕射”. ○正義曰: 以此“射”與“投壺”相對, 用半鼓節爲投壺, 用全鼓節爲射禮. 又投壺在室在堂, 是燕樂之事, 故知此射亦謂燕射, 非大射及鄉射也.

번역 ◎鄭注: “射謂燕射”. ○이곳에서는 ‘사(射)’와 ‘투호(投壺)’를 서로

대비가 되도록 기록했고, 북의 마디 중 반절의 것을 사용하여 투호를 하고, 북의 마디 전체를 사용하여 사례를 시행한다고 했다. 또 투호를 할 때에는 방안에서 하거나 당상(堂上)에서 한다고 했는데, 이것은 연회를 하며 즐기는 일에 해당한다. 그렇기 때문에 이곳에 나온 '사(射)'자 또한 연사례(燕射禮)를 뜻하며, 대사례(大射禮)나 향사례(鄕射禮)를 뜻하지 않는다는 사실을 알 수 있다.

集解 愚謂: 此鼓之一節也. 樂師, "天子以騶虞爲節, 諸侯以貍首爲節, 大夫以采蘋爲節, 士以采蘩爲節." 射人天子"九節", 諸侯"七節", 大夫士"五節". 每奏詩一終爲一節, 而鼓節與之相應, 每奏詩一終則鼓亦一終也. 然鼓節可以增減, 而詩篇長短有定, 投壺鼓節用射節半, 其歌詩之法未知何如. 意者詩辭雖有一定, 而其長言咏歎之間, 固有可舒可蹙者與. 不然, 則天子之騶虞反少於大夫士之采蘋·采蘩, 何以爲尊卑之差別哉?

번역 경문의 "鼓○□"~"爲射禮"에 대하여. 내가 생각하기에, 이것은 북의 한 마디가 된다. 『주례』「악사(樂師)」편에서는 "천자는 추우(騶虞)라는 시가로 절차를 맞추고, 제후는 이수(貍首)라는 시가로 절차를 맞추며, 대부는 채빈(采蘋)이라는 시가로 절차를 맞추고, 사는 채번(采蘩)이라는 시가로 절차를 맞춘다."[4]라고 했고, 『주례』「사인(射人)」편에서는 천자의 경우 9절(節)로 하고, 제후의 경우 7절(節)로 하며, 대부와 사의 경우 5절(節)로 한다고 했다.[5] 매번 『시』의 한 악곡을 연주하는 것을 1개의 마디로 삼는데, 이것은 북을 치는 마디와 서로 호응을 하게 되어, 매번 『시』의 한 악곡을 연주한다면 북도 또한 한 악곡을 연주하게 된다. 그런데 북의 마디는 늘릴 수도 있고 줄일 수도 있지만, 『시』의 시가 길이는 고정되어 있으니, 투호를 할

---

4) 『주례』「춘관(春官)·악사(樂師)」: 凡射, 王以騶虞爲節, 諸侯以貍首爲節, 大夫以采蘋爲節, 士以采蘩爲節.

5) 『주례』「하관(夏官)·사인(射人)」: 以射法治射儀. 王以六耦射三侯, 三獲三容, 樂以騶虞, 九節五正; 諸侯以四耦射二侯, 二獲二容, 樂以貍首, 七節三正; 孤卿大夫以三耦射一侯, 一獲一容, 樂以采蘋, 五節二正; 士以三耦射豻侯, 一獲一容, 樂以采蘩, 五節二正.

때 북의 마디를 사용하는 것이 활쏘기를 할 때의 절반이라고 하지만, 『시』를 노래하는 방법에 대해서는 어떻게 했는지 알 수 없다. 의미에 따르면 『시』의 가사들은 비록 일정하게 정해져 있지만, 그것을 길게 읊조리고 탄식하는 사이에 느리게 하거나 빨리 할 수 있는 방법이 있었을 것이다. 그렇지 않다면 천자가 사용하는 추우라는 시가는 도리어 대부나 사가 사용하는 채빈이나 채번보다 짧은데, 어떻게 신분의 차등으로 삼을 수 있겠는가?

集解 右記鼓節.

번역 여기까지는 북의 마디에 대해서 기록하고 있다.

集解 此二國鼓節之異, 禮家所傳不同, 記者兼記之.

번역 경문의 "魯鼓○"~"○□○"에 대하여. 이것은 두 나라에서 북을 치는 마디가 다르다는 사실을 나타내고 있는데, 예학자들이 전수한 것이 다르므로 『예기』를 기록한 자가 함께 수록해둔 것이다.

集解 右別記鼓節之異.

번역 여기까지는 북을 치는 마디의 차이점을 별도로 기록해둔 것이다.

投壺 人名 및 用語 辭典

ㄱ

◎ **가공언(賈公彦, ?~?)** : 당(唐)나라 때의 유학자이다. 정현(鄭玄)을 존승하였다. 예학(禮學)에 조예가 깊었다. 『주례소(周禮疏)』, 『의례소(儀禮疏)』 등의 저서를 남겼으며, 이 저서들은 『십삼경주소(十三經注疏)』에 포함되었다.

◎ **가례(嘉禮)** : '가례'는 오례(五禮) 중 하나로, 결혼식을 치르거나, 잔치 등을 베풀 때의 예제(禮制)를 뜻한다. 경사스러운 일이라는 뜻에서 가(嘉)자를 붙여서 '가례'라고 부르는 것이다.

◎ **가정본(嘉靖本)** : 『가정본(嘉靖本)』에는 간행한 자의 정보가 기록되어 있지 않다. 『십삼경주소(十三經注疏)』의 판본이다. 20권으로 구성되어 있으며, 각 권의 뒤편에는 경문(經文)과 그에 따른 주(注)를 간략히 기록하고 있다. 단옥재(段玉裁)는 이 판본이 가정(嘉靖) 연간에 송본(宋本)을 모방하여 간행된 것이라고 여겼다.

◎ **감본(監本)** : 『감본(監本)』은 명(明)나라 국자감(國子監)에서 간행한 『십삼경주소(十三經注疏)』의 판본이다.

◎ **개(介)** : '개'는 부관을 뜻한다. 빈객(賓客)이 방문했을 때 주인(主人)과 빈객 사이에서 진행되는 절차들을 보좌했던 자들이다. 계급에 따라서 '개'를 두는 숫자에도 차이가 났다. 가령 상공(上公)은 7명의 '개'를 두었고, 후작이나 백작은 5명을 두었으며, 자작과 남작은 3명의 개를 두

었다. 『예기』「빙의(聘義)」편에는 "上公七介, 侯伯五介, 子男三介."라는 기록이 있다.

◎ 개성석경(開成石經) : 『개성석경(開成石經)』은 당(唐)나라 만들어진 석경(石經)을 뜻한다. 돌에 경문(經文)을 새겼기 때문에, '석경'이라고 부른다. 당나라 때 만들어진 '석경'은 대화(大和) 7년(A.D.833)에 만들기 시작하여, 개성(開成) 2년(A.D.837)에 완성되었기 때문에, '개성석경'이라고도 부르는 것이다.

◎ 고(孤) : '고'는 고대의 작위이다. 천자에게 소속된 '고'는 삼공(三公) 밑의 서열에 해당하며, 육경(六卿)보다 높았다. 고대에는 소사(少師)·소부(少傅)·소보(少保)를 삼고(三孤)라고 불렀다.

◎ 고공기(考工記) : 『고공기(考工記)』는 『동관고공기(冬官考工記)』라고도 부른다. 공인(工人)들에 대한 공예기술(工藝技術) 서적이다. 작자는 미상이다. 강영(江永)은 『고공기』의 작자를 제(齊)나라 사람으로 추정하였고, 곽말약(郭沫若)은 춘추시대(春秋時代) 말기에 제나라에서 제작된 관서(官書)와 관련이 깊다고 추정하였다. 『주례(周禮)』는 천관(天官), 지관(地官), 춘관(春官), 하관(夏官), 추관(秋官), 동관(冬官) 등 육관(六官)의 체제로 구성되어 있는데, 그 중 '동관'에 대한 기록이 누락되어 있어서, 한(漢)나라 무제(武帝) 때, 『고공기』를 가지고 누락된 부분을 보충하게 되었다. 그렇기 때문에 『고공기』를 또한 『동관고공기』라고도 부르는 것이다. 각종 공인들의 직책과 직무들이 기록되어 있다.

◎ 고문송판(考文宋板) : 『고문송판(考文宋板)』은 일본 학자 산정정(山井鼎) 등이 출간한 『칠경맹자고문보유(七經孟子考文補遺)』에 수록된 『예기정의(禮記正義)』를 뜻한다. 산정정은 『예기정의』를 수록할 때, 송(宋)나라 때의 판본을 저본으로 삼았다.

◎ 공씨(孔氏) : =공영달(孔穎達)

◎ 공영달(孔穎達, A.D.574~A.D.648) : =공씨(孔氏). 당대(唐代)의 경학자이다. 자(字)는 중달(仲達)이고, 시호(謚號)는 헌공(憲公)이다. 『오경정의(五經正義)』를 찬정(撰定)하는데 중심적인 역할을 했다.

◎ 공유사(公有司) : '공유사'는 사(士)가 맡았던 직책으로, 군주에게 특명을 받은 유사(有司)이다. '유사'는 실무 담당자를 뜻한다.

◎ 곽경순(郭景純) : =곽박(郭璞)

◎ 곽박(郭璞, A.D.276~A.D.324) : =곽경순(郭景純). 진(晉)나라 때의 학자

이다. 자(字)는 경순(景純)이다. 저서로는 『이아주(爾雅注)』, 『방언주(方言注)』, 『산해경주(山海經注)』 등이 있다.

◎ **교감기(校勘記)** : 『교감기(校勘記)』는 완원(阮元)이 학자들을 모아서 편차했던 『십삼경주소교감기(十三經註疏校勘記)』를 뜻한다.

◎ **교기(校記)** : 『교기(校記)』는 손이양(孫詒讓)이 지은 『십삼경주소교기(十三經注疏校記)』를 뜻한다.

◎ **구기(九旗)** : '구기'는 고대에 사용하던 9종류의 깃발을 뜻한다. 무늬가 각각 달랐으며, 사용하는 용도 또한 달랐다. 해[日]와 달[月]을 수놓은 깃발을 상(常)이라고 부르며, 교룡(交龍)을 수놓은 깃발을 기(旂)라고 부르며, 순색의 비단을 이용하여 만든 깃발을 전(旜)이라고 부르며, 색이 섞여 있는 깃발을 물(物)이라고 부르며, 곰[熊]과 호랑이[虎]를 수놓은 깃발을 기(旗)라고 부르며, 새매를 수놓은 깃발을 여(旟)라고 부르며, 거북이[龜]와 뱀[蛇]을 수놓은 깃발을 조(旐)라고 부르며, 새의 온전한 날개를 오색(五色)으로 채색하여, 깃술처럼 장식한 깃발을 수(旞)라고 부르며, 가느다란 새의 깃털을 오색으로 채색하여, 깃술처럼 장식한 깃발을 정(旌)이라고 부른다. 『주례』「춘관(春官)・사상(司常)」편에는 "掌九旗之物名, 各有屬以待國事. 日月爲常, 交龍爲旂, 通帛爲旜, 雜帛爲物, 熊虎爲旗, 鳥隼爲旟, 龜蛇爲旐, 全羽爲旞, 析羽爲旌."이라는 기록이 있다.

◎ **국자(國子)** : '국자'는 천자 및 공(公), 경(卿), 대부(大夫)의 자제들을 말한다. 때론 상황에 따라 천자의 태자(太子) 및 왕자(王子)를 포함시키지 않는 경우도 있다. 『주례』「지관(地官)・사씨(師氏)」편에는 "以三德敎國子"라는 기록이 있고, 이에 대한 정현의 주에서 "國子, 公卿大夫之子弟."라고 풀이한 용례와 『한서(漢書)』「예악지(禮樂志)」편에서 "朝夕習業, 以敎國子. 國子者, 卿大夫之子弟也."라고 풀이한 용례가 바로 여기에 해당한다. 그러나 이것은 천자에 대한 언급을 가급적 회피했기 때문에, 생략하여 기술하지 않은 것이다. 청대(淸代) 유서년(劉書年)의 『유귀양설경잔고(劉貴陽說經殘稿)』「국자증오(國子證誤)」편에서 "國子者, 王大子, 王子, 諸侯公卿大夫士之子弟, 皆是, 亦曰國子弟."라고 풀이하고 있는 것처럼, '국자'에는 천자의 태자와 왕자들까지도 포함된다.

◎ **금화응씨(金華應氏, ?~?)** : =응용(應鏞)・응씨(應氏)・응자화(應子和). 이름은 용(鏞)이다. 자(字)는 자화(子和)이다. 『예기찬의(禮記纂義)』를

지었다.

◎ 길례(吉禮) : '길례'는 오례(五禮) 중 하나로, 제사에 대한 예제(禮制)를 뜻한다. 고대에는 제사 자체를 길(吉)한 일로 여겼기 때문에, 제례(祭禮)를 '길례'로 여겼다.

ㄴ

◎ 남송석경(南宋石經) : 『남송석경(南宋石經)』은 송(宋)나라 고종(高宗) 때 돌에 새긴 『십삼경주소(十三經注疏)』의 판본이다. 그러나 『예기(禮記)』에 대해서는 「중용(中庸)」 1편만을 기록하고 있다.

◎ 남전여씨(藍田呂氏, A.D.1040~A.D.1092) : =여대림(呂大臨)·여씨(呂氏)·여여숙(呂與叔). 북송(北宋) 때의 학자이다. 이름은 대림(大臨)이고, 자(字)는 여숙(與叔)이며, 호(號)는 남전(藍田)이다. 장재(張載) 및 이정(二程)형제에게서 수학하였다. 저서로는 『남전문집(藍田文集)』 등이 있다.

ㄷ

◎ 단(袒) : '단'은 일반적으로 상중(喪中)에 남자들이 취하는 복장 방식을 뜻한다. 상의 중 좌측 어깨 쪽을 드러내는 방법이다. 한편 일반적인 의례절차에서도 단(袒)의 복장 방식을 취하는 경우가 있다.

◎ 단옥재(段玉裁, A.D.1735~A.D.1815) : 청(淸)나라 때의 학자이다. 자(字)는 약응(若膺)이고, 호(號)는 무당(懋堂)이다. 저서로는 『설문해자주(說文解字注)』, 『육서음균표(六書音均表)』, 『고문상서찬이(古文尙書撰異)』 등이 있다.

◎ 대사도(大司徒) : =사도(司徒)

◎ 대사례(大射禮) : '대사례'는 제사를 지낼 때, 제사를 돕는 자들을 채택하기 위해 시행하는 활쏘기 대회이다. 천자의 경우에는 '교외 및 종묘[郊廟]'에서 제사를 지낼 때, 제후 및 군신(群臣)들과 미리 활쏘기를 하여, 적중함이 많은 자를 채택하고, 채택된 자로 하여금 천자가 주관하는 제사에 참여하도록 하는 의례(儀禮)이다. 『주례』「천관(天官)·사구(司裘)」편에는 "王大射, 則共虎侯, 熊侯, 豹侯, 設其鵠."이라는 기록이 있

는데, 이에 대한 정현의 주에서는 "大射者, 爲祭祀射. 王將有郊廟之事, 以射擇諸侯及群臣與邦國所貢之士可以與祭者. …… 而中多者得與於祭."라고 풀이하였다. 한편 각 계급에 따라 '대사례'의 예법에는 차등이 있었는데, 예를 들어 천자가 시행하는 '대사례'에서는 표적으로 호후(虎侯), 웅후(熊侯), 표후(豹侯)가 사용되었고, 표적지에는 곡(鵠)을 설치했다. 그리고 제후가 시행하는 '대사례'에서는 웅후(熊侯), 표후(豹侯)가 사용되었고, 표적지에 곡(鵠)을 설치했다. 경(卿)과 대부(大夫)의 경우에는 미후(麋侯)를 사용하였고, 표적지에 곡(鵠)을 설치했다.

◎ **대사정(大射正)** : '대사정'은 대사례(大射禮)의 의식 절차를 진행하며, 해당 예법이 올바로 시행되는지를 감독하는 자이다.

◎ **동학(東學)** : '동학'은 주나라 때 왕성의 동쪽에 설치된 대학(大學)을 뜻한다.

◎ **두(斗)** : '두'는 곡식 등의 양을 재는 기구이자, 그 수량을 표시하는 단위였다. 지역 및 각 시대마다 다소 차이를 보이는데, 고대에는 10승(升)이 1두였다.

ㅁ

◎ **마(禡)** : '마'는 군대를 출병할 때 지내는 제사이다. '마'제사와 관련된 예법은 망실되어, 자세한 내용을 알 수 없다. 다만 정벌한 지역에서 지내는 제사로, 병사들을 위해 기도하는 것이 주된 목적이었다. 『예기』「왕제(王制)」편에는 "天子將出征, 類乎上帝, 宜乎社, 造乎禰, 禡於所征之地, 受命於祖, 受成於學."이라는 기록이 있고, 이 문장에 대한 정현의 주에서는 "禡, 師祭也, 爲兵禱, 其禮亦亡."이라고 풀이했다.

◎ **마씨(馬氏)** : =마희맹(馬晞孟)

◎ **마언순(馬彦醇)** : =마희맹(馬晞孟)

◎ **마희맹(馬晞孟, ?~?)** : =마씨(馬氏)・마언순(馬彦醇). 자(字)는 언순(彦醇)이다. 『예기해(禮記解)』를 찬술했다.

◎ **명당(明堂)** : '명당'은 일반적으로 고대 제왕이 정교(政敎)를 베풀던 장소를 지칭하는 용어로 사용되었다. 이곳에서는 조회(朝會), 제사(祭祀), 경상(慶賞), 선사(選士), 양로(養老), 교학(敎學) 등의 국가 주요 업무가 시행되었다. 『맹자』「양혜왕하(梁惠王下)」편에는 "夫明堂者, 王

者之堂也."라는 용례가 있고, 『옥태신영(玉台新詠)』「목난사(木蘭辭)」편에도 "歸來見天子, 天子坐明堂."이라는 용례가 있다. '명당'의 규모나 제도는 시대마다 다르다. 또한 '명당'이라는 건물군 중에서 남쪽의 실(室)을 가리키는 용어로도 사용되었다.

◎ 모본(毛本) : 『모본(毛本)』은 명(明)나라 말기 급고각(汲古閣)에서 간행된 『십삼경주소(十三經注疏)』의 판본이다. 급고각은 모진(毛晋)이 지은 장서각이었으므로, 이러한 명칭이 생겼다.

◎ 목록(目錄) : 『목록(目錄)』은 정현이 찬술했다고 전해지는 『삼례목록(三禮目錄)』을 가리킨다. 『십삼경주소(十三經注疏)』에서 인용되고 있지만, 이 책은 『수서(隋書)』가 편찬될 당시에 이미 일실되어 존재하지 않았다. 『수서』「경적지(經籍志)」편에는 "三禮目錄一卷, 鄭玄撰, 梁有陶弘景注一卷, 亡."이라는 기록이 있다.

◎ 무산작(無筭爵) : '무산작'은 술잔의 수를 헤아리지 않는다는 뜻이다. 여수(旅酬)를 한 이후에, 빈객들의 제자들과 형제들의 자제들은 각각 그들의 수장에게 술을 따르고, 잔을 들어 올리는 것도 각각 그들의 수장에게 한다. 그리고 빈객들이 잔을 가져다가, 형제들 집단에 술을 권하고, 장형제(長兄弟)들은 잔을 가져다가 빈객의 무리들에게 술을 권하게 된다. 이처럼 여러 차례 술을 따르고 권하기 때문에, 이러한 절차를 '무산작'이라고 부르는 것이다.

◎ 민본(閩本) : 『민본(閩本)』은 명(明)나라 가정(嘉靖) 연간 때 이원양(李元陽)이 간행한 『십삼경주소(十三經注疏)』 판본이다. 한편 『칠경맹자고문보유(七經孟子考文補遺)』에서는 이 판본을 『가정본(嘉靖本)』으로 지칭하고 있다.

ㅂ

◎ 방각(方慤) : =엄릉방씨(嚴陵方氏)

◎ 방성부(方性夫) : =엄릉방씨(嚴陵方氏)

◎ 방씨(方氏) : =엄릉방씨(嚴陵方氏)

◎ 별록(別錄) : 『별록(別錄)』은 후한(後漢) 때 유향(劉向)이 찬(撰)했다고 전해지는 책이다. 현재는 일실되어 존재하지 않으며, 『한서(漢書)』「예문지(藝文志)」편을 통해서 대략적인 내용만을 추측해볼 수 있다.

◎ **부(膚)** : '부'는 부(扶)와 같다. 고대에 길이를 재는 단위이다. 4개의 손가락 나란히 한 길이를 뜻한다.

◎ **비면(裨冕)** : '비면'은 비의(裨衣)를 입고 면류관[冕]을 착용하는 것이다. 제후 및 경(卿), 대부(大夫) 등이 조회를 하거나 제사를 지낼 때 착용하는 면복(冕服)을 통칭하는 말이다. 또한 곤면(袞冕)이나 가장 상등의 면복과 상대되는 용어로도 사용되었다. '비의'의 '비(裨)'자는 '비(埤)'자의 뜻으로 낮다는 의미이다. 예를 들어 천자의 육복(六服) 중에서 대구(大裘)가 가장 상등의 복장이 되는데, 나머지 5종류의 복장은 '비의'가 된다. 『의례』「근례(覲禮)」편에는 "侯氏裨冕, 釋幣于禰."라는 기록이 있고, 이에 대한 정현의 주에서는 "裨冕者, 衣裨衣而冠冕也. 裨之爲言埤也. 天子六服, 大裘爲上, 其餘爲裨, 以事尊卑服之, 而諸侯亦服焉."이라고 풀이했다.

◎ **빈례(賓禮)** : '빈례'는 오례(五禮) 중 하나로, 천자를 찾아뵙거나 천자가 제후들을 만나보거나 아니면 제후들끼리 회동하는 조빙(朝聘)의 예법(禮法)을 뜻한다. 또한 '빈례'는 손님을 접대하는 예제(禮制)를 뜻하기도 한다. 참고적으로 봄에 천자를 찾아뵙는 것을 조(朝)라고 하였으며, 여름에 찾아뵙는 것을 종(宗)이라고 하였고, 가을에 찾아뵙는 것을 근(覲)이라고 하였으며, 겨울에 찾아뵙는 것을 우(遇)라고 하였다. 또한 제후들이 천자를 찾아뵐 때에는 본래 각각의 제후들마다 정해진 기간이 있었는데, 정해진 기간 외에 찾아뵙는 것을 회(會)라고 하였고, 정해진 기간에 찾아뵙는 것을 동(同)이라고 하였다. 또 천자가 순수(巡守)를 할 때에도 정해진 기간이 있었는데, 정해진 기간이 아닌 때에 제후를 찾아가 보는 것을 문(問)이라고 하였고, 정해진 기간에 찾아가 보는 것을 시(視)라고 하였다.

ㅅ

◎ **사궁(射宮)** : '사궁'은 천자가 대사례(大射禮)를 시행하던 장소이며, 또한 이곳에서 사(士)들을 시험하기도 했다. 『춘추곡량전』「소공(昭公) 8년」편에는 "以習射於射宮."이라는 기록이 있고, 『예기』「사의(射義)」편에는 "諸侯歲獻貢士於天子, 天子試之於射宮."이라는 기록이 있다.

◎ **사도(司徒)** : '사도'는 대사도(大司徒)라고도 부른다. 본래 주(周)나라 때

의 관리로, 국가의 토지 및 백성들에 대한 교화(敎化)를 담당했다. 전설상으로는 소호(少昊) 시대 때부터 설치되었다고 전해진다. 주나라의 육경(六卿) 중 하나였으며, 전한(前漢) 애제(哀帝) 원수(元壽) 2년(B.C. 1)에는 승상(丞相)의 관직명을 고쳐서, 대사도(大司徒)라고 불렀고, 대사마(大司馬), 대사공(大司空)과 함께 삼공(三公)의 반열에 있었다. 후한(後漢) 때에는 다시 '사도'로 명칭을 고쳤고, 그 이후로는 이 명칭을 계속 사용하다가 명(明)나라 때 폐지되었다. 명나라 이후로는 호부상서(戶部尙書)를 '대사도'라고 불렀다.

◎ 사독(四瀆) : '사독'은 네 개의 주요 하천을 가리킨다. 장강(長江), 황하(黃河), 회하(淮河), 제수(濟水)가 여기에 해당한다.

◎ 사례(射禮) : '사례'는 활 쏘는 예법을 가리킨다. 고대에는 활쏘기가 문무(文武)에 두루 관련이 있다고 생각하여서 중시하였다. 따라서 행사를 거행할 때에는 이러한 '사례'를 실시하였다. '사례'에는 대략 4종류가 있다. 즉 대사례(大射禮), 빈사례(賓射禮), 연사례(燕射禮), 향사례(鄕射禮)를 가리키는데, '대사례'는 제사를 지내고자 할 때, 제사에 참가하는 사(士)들을 선발하기 위해 실시하는 '사례'이다. '빈사례'는 제후들이 천자를 찾아뵙거나, 또는 제후들끼리 서로 회동을 할 때에, 활쏘기를 하며 연회를 베푸는 것이다. '연사례'는 연회를 즐기며 실시하는 '사례'를 뜻한다. '향사례'는 향(鄕)을 담당하는 향대부(鄕大夫)가 자신의 행정구역에서 관리로 등용될 사(士)들을 선발한 뒤에, 그들에게 연회를 베풀며 시행하는 '사례'이다.

◎ 사정(司正) : '사정'은 향음주례(鄕飮酒禮)나 빈객(賓客)들을 대접하는 연회를 시행할 때, 의례절차 등을 총감독하는 사람이다.

◎ 산음육씨(山陰陸氏, A.D.1042~A.D.1102) : =육농사(陸農師)·육전(陸佃). 북송(北宋) 때의 유학자이다. 자(字)는 농사(農師)이며, 호(號)는 도산(陶山)이다. 어려서 집안이 매우 가난했다고 전해지며, 왕안석(王安石)에게 수학하였으나 왕안석의 신법에 대해서는 반대하였다. 저서로는 『비아(埤雅)』, 『춘추후전(春秋後傳)』, 『도산집(陶山集)』 등이 있다.

◎ 상(庠) : '상'은 본래 향(鄕) 밑의 행정단위인 당(黨)에 건립된 학교를 뜻한다. 『예기』「학기(學記)」편에는 "古之敎者, 家有塾, 黨有庠, 術有序, 國有學."이란 기록이 있는데, 이에 대한 공영달(孔穎達)의 소(疏)에서는 "庠, 學名也. 於黨中立學, 敎閭中所升者也."라고 풀이했다. 또 '상'은

국학(國學)에 대비되는 향학(鄕學)을 뜻하는 용어로도 사용되었으며, 학교를 범칭하는 용어로도 사용되었다. 『예기』「향음주의(鄕飮酒義)」편에는 "主人拜迎賓於庠門之外"란 기록이 있고, 이에 대한 정현의 주에서는 "庠, 鄕學也."라고 풀이했다. 또 『맹자』「등문공상(滕文公上)」편에는 "夏曰校, 殷曰序, 周曰庠, 學則三代共之, 皆所以明人倫也."라는 기록이 있다. 한편 학교를 뜻하는 용어로 '상'이라는 명칭이 생긴 이유는 '상'자에 봉양한다는 양(養)의 뜻이 포함되어 있기 때문이다.

◎ 상공(上公) : '상공'은 주(周)나라 제도에 있었던 관직 등급이다. 본래 신하의 관직 등급은 8명(命)까지이다. 주나라 때에는 태사(太師), 태부(太傅), 태보(太保)와 같은 삼공(三公)들이 8명의 등급에 해당했다. 그런데 여기에 1명을 더하게 되면 9명이 되어, 특별직인 '상공'이 된다. 『주례』「춘관(春官)·전명(典命)」편에는 "上公九命爲伯, 其國家宮室車旗衣服禮儀, 皆以九爲節."이라는 기록이 있고, 이에 대한 정현의 주에서는 "上公, 謂王之三公有德者, 加命爲二伯. 二王之後亦爲上公."이라고 풀이하였다. 즉 '상공'은 삼공 중에서도 유덕(有德)한 자에게 1명을 더해주어, 제후들을 통솔하는 '두 명의 백(伯)[二伯]'으로 삼았다. 또한 제후의 다섯 등급을 나열할 경우, 공작(公爵)을 '상공'이라고 부르기도 한다.

◎ 서(序) : '서'는 본래 향(鄕) 밑의 행정단위인 주(州)에 건립된 학교를 뜻한다. 『주례』「지관(地官)·주장(州長)」편에는 "春秋以禮會民而射于州序."라는 기록이 있다. 또한 하후씨(夏后氏) 때 건립한 학교로 설명하며, 동서(東西)와 서서(西序)로 구분하기도 한다. 『예기』「왕제(王制)」편에는 "夏后氏養國老於東序, 養庶老於西序."라는 기록이 있고, 이에 대한 정현의 주에서는 "皆學名也."라고 풀이했다. 한편 '서'는 은(殷)나라 때의 학교로 설명되기도 하며 주(周)나라 때의 학교로 설명되기도 한다. 『맹자』「등문공상(滕文公上)」편에는 "夏曰校, 殷曰序, 周曰庠, 學則三代共之."라는 기록이 있고, 『한서(漢書)』「유림전서(儒林傳序)」편에는 "三代之道, 鄕里有敎, 夏曰校, 殷曰庠, 周曰序."라는 기록이 있다.

◎ 서학(西學) : '서학'은 주나라 때 왕성의 서쪽에 설치된 소학(小學)을 뜻한다.

◎ 석경(石經) : 『석경(石經)』은 당(唐)나라 개성(開成) 2년(A.D.714)에 돌에 새긴 『십삼경주소(十三經注疏)』의 판본이다. 당나라 국자학(國子學)의 비석에 새겨졌다는 판본이 바로 이것을 가리킨다.

◎ 석량왕씨(石梁王氏, ?~?) : 자세한 이력이 남아 있지 않다.

◎ 설문(說文) : =설문해자(說文解字)

◎ 설문해자(說文解字) : 『설문해자(說文解字)』는 후한(後漢) 때의 학자인 허신(許愼)이 찬(撰)했다고 전해지는 자서(字書)이다. 『설문(說文)』이라고도 칭해진다. A.D.100년경에 완성되었다고 전해진다. 글자의 형태, 뜻, 음운(音韻)을 수록하고 있다.

◎ 소이아(小爾雅) : 『소이아(小爾雅)』는 고대에 편찬되었던 자전 중 하나이다. 찬자(撰者)에 대해서는 알려진 것이 없다. 『한서(漢書)』「예문지(藝文志)」편에는 "小爾雅一篇, 古今字一卷."이라고 하여, 찬자 미상의 『소이아』 1권이 존재했었다고 기록되어 있다. 또한 『수서(隋書)』「경적지(經籍志)」 및 『당서(唐書)』「예문지(藝文志)」편에도 이궤(李軌)의 주가 달린 『소이아』 1권이 있었다고 기록되어 있지만, 현재는 모두 전해지지 않는다. 다만 현재 전해지는 『소이아』는 『공총자(孔叢子)』에 기록된 일부 내용들을 편집하여, 편찬한 것이다.

◎ 수(蒐) : '수'는 수전(蒐田)이라고도 부른다. 봄에 시행하는 사냥을 뜻하며, 또한 사냥 전체를 범칭하는 용어로도 사용되었다. '수'자는 "찾는다[索]."는 뜻으로, 사냥을 할 때 새끼를 잉태하지 않은 동물을 가려서 잡기 때문에 이러한 명칭이 붙었다.

◎ 수(狩) : '수'는 수전(狩田)이라고도 부른다. 겨울에 시행하는 사냥을 뜻한다. '수'자는 포위한다는 뜻이다. 겨울에는 만물이 완성되는 시기이므로, 겨울철 사냥에서는 포위해서 동물을 취하며, 잉태한 동물 등을 가리는 절차가 없게 된다.

◎ 승(升) : '승'은 용량을 재는 단위이다. 지역 및 각 시대마다 다소 차이를 보이는데, 고대에는 10합(合)을 1승(升)으로 여겼고, 10승(升)을 1두(斗)로 여겼다. 『한서(漢書)』「율력지상(律曆志上)」편에는 "合龠爲合, 十合爲升."이라는 기록이 있다.

ㅇ

◎ 악(握) : '악'은 고대에 길이를 재는 단위이다. 주먹을 쥐었을 때, 엄지 손가락을 제외한 나머지 손가락이 나란히 된 길이를 뜻하며, 일반적으로 4촌(寸)의 길이를 뜻한다.

◎ 악본(岳本) : 『악본(岳本)』은 송(頌)나라 악가(岳珂)가 간행한 『십삼경주소(十三經注疏)』의 판본이다.

◎ 악정(樂正) : '악정'은 음악을 담당했던 관리들의 우두머리를 뜻한다. 정(正)자는 우두머리를 뜻하는 장(長)자와 같다. 한편 『주례』에는 '악정'이라는 직책은 보이지 않으며, 대신 대사악(大司樂)이라는 직책이 있다. 한편 『의례』「향사례(鄕射禮)」편에는 "樂正先升, 北面立于其西."라는 기록이 있는데, 이에 대한 가공언(賈公彦)의 소(疏)에서는 "案周禮有大司樂, 樂師, 天子之官. 此樂正, 諸侯及士大夫之官."이라고 풀이했다. 즉 '악정'은 제후 및 대부(大夫)의 관리였고, 천자에게는 대신 '대사악'과 악사(樂師)라는 관리가 소속되어 있었다. 따라서 간혹 '악정'을 '대사악'과 같은 의미로 사용하기도 한다.

◎ 엄릉방씨(嚴陵方氏, ?~?) : =방각(方慤)·방씨(方氏)·방성부(方性夫). 송대(宋代)의 유학자이다. 이름은 각(慤)이다. 자(字)는 성부(性夫)이다. 『예기집해(禮記集解)』를 지었고, 『예기집설대전(禮記集說大全)』에는 그의 주장이 많이 인용되고 있다.

◎ 여대림(呂大臨) : =남전여씨(藍田呂氏)

◎ 여수(旅酬) : '여수'는 본래 제사가 끝난 후에, 제사에 참가했던 친족 및 빈객(賓客)들이 술잔을 들어 술을 마시고, 서로 공경의 예(禮)를 표하며, 잔을 권하는 의례(儀禮)이다. 연회에서도 서로에게 술을 권하는 절차를 '여수'라고 부른다.

◎ 여씨(呂氏) : =남전여씨(藍田呂氏)

◎ 여여숙(呂與叔) : =남전여씨(藍田呂氏)

◎ 연례(燕禮) : '연례'는 본래 빈객(賓客)을 접대하는 연회의 한 종류를 뜻한다. 각종 연회들을 두루 지칭하기도 하며, 연회에서 사용되는 의례절차들을 두루 지칭하기도 한다. 본래의 '연례'는 연회를 시작할 때, 첫잔을 따라 바치는 절차 끝나면, 모두 자리에 앉아서 술을 마시는데, 취할 때까지 마시는 연회의 한 종류를 뜻한다. '연례' 때에는 희생물로 개[狗]를 사용했으며, 유우씨(有虞氏) 때 시행되었던 제도라고 설명되기도 한다. 『예기』「왕제(王制)」편에는 "有虞氏以燕禮."라는 기록이 있고, 이에 대한 진호(陳澔)의 『집설(集說)』에서는 "燕禮者, 一獻之禮旣畢, 皆坐而飮酒, 以至於醉, 其牲用狗."라고 풀이했다.

◎ 연사례(燕射禮) : '연사례'는 연회 때 활쏘기를 했던 의례(儀禮)를 가리

킨다. 천자는 제후 및 군신(群臣)들에게 연회를 베풀며, 그들의 노고를 치하했는데, 연회를 하며 활쏘기 또한 시행했다. 이처럼 연회 때 활쏘기를 하는 의식을 '연사례'라고 부른다.

◎ 오례(五禮) : '오례'는 고대부터 전해져 온 다섯 종류의 예제(禮制)를 뜻한다. 즉 길례(吉禮), 흉례(凶禮), 군례(軍禮), 빈례(賓禮), 가례(嘉禮)를 가리킨다. 『주례』「춘관(春官)·소종백(小宗伯)」편에는 "掌五禮之禁令與其用等."이라는 기록이 있는데, 이에 대한 정현의 주에서는 정사농(鄭司農)의 주장을 인용하여, "五禮, 吉·凶·軍·賓·嘉."라고 풀이했다.

◎ 옹희(饔餼) : '옹희'는 빈객(賓客)과 상견례(相見禮)를 하고 나서 성대하게 음식을 마련해 접대하는 것을 뜻한다. 『주례』「추관(秋官)·사의(司儀)」편에는 "致飧如致積之禮."라는 기록이 있는데, 이에 대한 정현의 주에서는 "小禮曰飧, 大禮曰饔餼."라고 풀이하였다. 즉 '옹희'와 '손'은 모두 빈객 등을 접대하는 예법들인데, '옹희'는 성대한 예법에 해당하여, '손'보다도 융숭하게 대접하는 것이다.

◎ 왕념손(王念孫, A.D.1744~A.D.1832) : 청(淸)나라 때의 학자이다. 자(字)는 회조(懷祖)이고, 호(號)는 석구(石臞)이다. 부친은 왕안국(王安國)이고, 아들은 왕인지(王引之)이다. 대진(戴震)에게 학문을 배웠다. 저서로는 『독서잡지(讀書雜志)』 등이 있다.

◎ 왕숙(王肅, A.D.195~A.D.256) : =왕자옹(王子雍). 위진남북조(魏晉南北朝) 때의 위(魏)나라 경학자이다. 자(字)는 자옹(子雍)이다. 출신지는 동해(東海)이다. 부친 왕랑(王朗)으로부터 금문학(今文學)을 공부했으나, 고문학(古文學)의 고증적인 해석을 따랐다. 『상서(尙書)』, 『시경(詩經)』, 『좌전(左傳)』, 『논어(論語)』 및 삼례(三禮)에 대한 주석을 남겼다.

◎ 왕자옹(王子雍) : =왕숙(王肅)

◎ 용(踊) : '용'은 상중(喪中)에 취하는 행동으로, 곡(哭)에 맞춰서 발을 구르는 행위이다.

◎ 우형(虞衡) : '우형'은 고대에 산림과 연못 및 하천을 담당했던 관리이다. 산과 못을 담당했던 자를 '우(虞)'라고 부르고, 하천과 숲을 관리했던 자를 '형(衡)'이라고 부르며, 또한 이 둘을 통괄하여 '우(虞)'라고도 부른다.

◎ 웅씨(熊氏) : =웅안생(熊安生)

◎ 웅안생(熊安生, ?~A.D.578) : =웅씨(熊氏). 북조(北朝) 때의 경학자이다.

자(字)는 식지(植之)이다. 『주례(周禮)』, 『예기(禮記)』, 『효경(孝經)』 등 많은 전적에 의소(義疏)를 남겼지만, 모두 산일되어 남아 있지 않다. 현재 마국한(馬國翰)의 『옥함산방집일서(玉函山房輯佚書)』에 『예기웅씨의소(禮記熊氏義疏)』 4권이 남아 있다.

◎ 원사(元士) : '원사'는 천자에게 소속된 사(士) 계층 중 하나이다. '사' 계층은 상·중·하로 구분되어, 상사(上士), 중사(中士), 하사(下士)로 나뉜다. 다만 천자에게 소속된 '상사'에게는 제후에게 소속된 '상사'보다 높여서 '원(元)'자를 붙이게 된다. 그래서 '원사'라고 부르는 것이다.

◎ 유씨(劉氏) : =장락유씨(長樂劉氏)

◎ 유이(劉彝) : =장락유씨(長樂劉氏)

◎ 유집중(劉執中) : =장락유씨(長樂劉氏)

◎ 유태공(劉台拱, A.D.1751~A.D.1805) : 청(淸)나라 때의 경학자이다. 천문학(天文學), 율려학(律呂學), 문자학(文字學) 등에 조예가 깊었다.

◎ 유현(劉炫, ?~?) : 수(隋)나라 때의 학자이다. 자는 광백(光伯)이며, 경성(景城) 출신이다. 태학박사(太學博士) 등을 지냈다. 『논어술의(論語述義)』, 『춘추술의(春秋述義)』, 『효경술의(孝經述義)』 등을 저술하였다.

◎ 육농사(陸農師) : =산음육씨(山陰陸氏)

◎ 육덕명(陸德明, A.D.550~A.D.630) : =육원랑(陸元朗). 당대(唐代)의 경학자이다. 이름은 원랑(元朗)이고, 자(字)는 덕명(德明)이다. 훈고학에 뛰어났으며, 『경전석문(經典釋文)』 등을 남겼다.

◎ 육원랑(陸元朗) : =육덕명(陸德明)

◎ 육전(陸佃) : =산음육씨(山陰陸氏)

◎ 육향(六享) : '육향'은 주나라 때 종묘에서 시행된 여섯 종류의 제사를 뜻한다. 제사를 '향(享)'이라고 부른 것은 하늘에 대한 제사를 사(祀)라 부르고 땅에 대한 제사를 제(祭)라고 부른 것과 대비를 시킨 것이다. '향(享)'은 "바친다[獻]."는 뜻이니, 제사를 갖춰서 신령에게 바친다는 의미이다. 여섯 종류의 제사는 첫 번째 사(肆)·헌(獻)·관(祼)을 통해 선왕에게 제사를 지내는 것이다. 사(肆)는 희생물의 몸체를 해체하여 바친다는 뜻으로, 익힌 고기를 바치는 때를 의미한다. 헌(獻)은 단술을 따라서 바친다는 뜻으로, 희생물의 피와 생고기를 바치는 때를 의미한다. 관(祼)은 울창주를 땅에 부어 강신제를 한다는 뜻으로, 처음 시동에게 술을 따라 신이 강림하길 바라는 때를 의미한다. 사(肆)·헌(獻)·관

(祼)을 한다는 것은 성대한 협(祫)제사를 지낸다는 의미이다. 두 번째는 궤식(饋食)으로 선왕에게 제사를 지내는 것이다. '궤식(饋食)'은 음식을 바친다는 뜻으로, 이곳에서는 체(禘)제사를 의미한다. 세 번째는 봄에 지내는 사(祠)제사이며, 네 번째는 여름에 지내는 약(禴)제사이고, 다섯 번째는 가을에 지내는 상(嘗)제사이며, 여섯 번째는 겨울에 지내는 증(烝)제사이다. 『주례』「춘관(春官)·대종백(大宗伯)」편에서는 "以肆獻祼享先王, 以饋食享先王, 以祠春享先王, 以禴夏享先王, 以嘗秋享先王, 以烝冬享先王."이라고 했다.

◎ **응씨(應氏)** : =금화응씨(金華應氏)

◎ **응용(應鏞)** : =금화응씨(金華應氏)

◎ **응자화(應子和)** : =금화응씨(金華應氏)

◎ **인(仞)** : '인'은 '인(刃)'이라고도 기록하며 길이를 재는 단위이다. 7척(尺)이 1인(仞)이 된다. 일설에는 8척(尺)을 1인(仞)이라고도 한다. 『논어』「자장(子張)」편에서는 "夫子之牆數仞, 不得其門而入者, 不見宗廟之美, 百官之富, 得其門者或寡矣."라고 했는데, 이에 대한 하안(何晏)의 『집해(集解)』에서는 "七尺曰仞也"라고 풀이했고, 『의례』「향사(鄕射)」편에는 "杠長三仞."이라고 했는데, 이에 대한 정현의 주에서는 "七尺曰仞."이라고 풀이했다. 한편 『한서(漢書)』「식화지상(食貨志上)」편에는 "神農之敎曰: 有石城十仞, 湯池百步, 帶甲百萬而亡粟, 弗能守也."라고 했는데, 이에 대한 안사고(顔師古)의 주에서는 "應劭曰: '仞, 五尺六寸也.' 師古曰: '此說非也. 八尺曰仞, 取人申臂之一尋也.'"라고 풀이했다.

ㅈ

◎ **장락유씨(長樂劉氏, A.D.1017~A.D.1086)** : =유씨(劉氏)·유이(劉彝)·유집중(劉執中). 북송(北宋) 때의 성리학자이다. 자(字)는 집중(執中)이다. 복주(福州) 출신이며, 어려서 호원(胡瑗)에게서 학문을 배웠다. 『정속방(正俗方)』, 『주역주(周易注)』를 지었으나 현존하지 않는다. 『칠경중의(七經中議)』, 『명선집(明善集)』, 『거이집(居易集)』 등이 남아 있다.

◎ **장락진씨(長樂陳氏)** : =진상도(陳祥道)

◎ **적전(藉田)** : '적전'은 적전(籍田)이라고도 부른다. 천자와 제후가 백성들을 동원해서 경작하는 땅이다. 처음 농사일을 시작할 때, 천자와 제

후는 이곳에서 직접 경작에 참여함으로써, 농업을 중시한다는 뜻을 보이게 된다.

◎ **정강성(鄭康成)** : =정현(鄭玄)

◎ **정사농(鄭司農)** : =정중(鄭衆)

◎ **정씨(鄭氏)** : =정현(鄭玄)

◎ **정의(正義)** : 『정의(正義)』는 『예기정의(禮記正義)』 또는 『예기주소(禮記注疏)』를 뜻한다. 당(唐)나라 때에는 태종(太宗)이 공영달(孔穎達) 등을 시켜서 『오경정의(五經正義)』를 편찬하였는데, 이때 『예기정의』에는 정현(鄭玄)의 주(注)와 공영달의 소(疏)가 수록되었다. 송대(宋代)에는 『오경정의』와 다른 경전(經典)에 대한 주석서를 포함한 『십삼경주소(十三經注疏)』가 편찬되어, 『예기주소』라는 명칭이 되었다.

◎ **정중(鄭衆, ?~A.D.83)** : =정사농(鄭司農). 후한(後漢) 때의 경학자이다. 자(字)는 중사(仲師)이다. 부친은 정흥(鄭興)이다. 부친에게 『춘추좌씨전(春秋左氏傳)』의 학문을 전수받았다. 또한 그는 대사농(大司農) 등의 관직을 역임하였기 때문에, '정사농'이라고도 불렀다. 한편 정흥과 그의 학문은 정현(鄭玄)에게 많은 영향을 주었기 때문에, 후대에서는 정현을 후정(後鄭)이라고 불렀고, 정흥과 그를 선정(先鄭)이라고도 불렀다. 저서로는 『춘추조례(春秋條例)』, 『주례해고(周禮解詁)』 등을 지었다고 하지만, 현재는 전해지지 않았다.

◎ **정현(鄭玄, A.D.127 ~ A.D.200)** : =정강성(鄭康成)·정씨(鄭氏). 한대(漢代)의 유학자이다. 자(字)는 강성(康成)이다. 『주역(周易)』, 『상서(尙書)』, 『모시(毛詩)』, 『주례(周禮)』, 『의례(儀禮)』, 『예기(禮記)』, 『논어(論語)』, 『효경(孝經)』 등에 주석을 하였다.

◎ **조근(朝覲)** : '조근'은 군주가 신하를 만나보는 예법(禮法)을 뜻한다. 군주가 신하를 만나보는 예법에는 조(朝), 근(覲), 종(宗), 우(遇), 회(會), 동(同) 등이 있었는데, 이것을 총칭하여 '조근'으로 부르기도 한다. 한편 '조근'은 신하가 군주를 찾아뵙는 예법을 뜻하기도 한다. 고대에는 제후가 천자를 찾아뵐 때, 각 계절별로 그 명칭을 다르게 불렀다. 봄에 찾아뵙는 것을 조(朝)라고 부르며, 여름에 찾아뵙는 것을 종(宗)이라고 부르고, 가을에 찾아뵙는 것을 근(覲)이라고 부르며, 겨울에 찾아뵙는 것을 우(遇)라고 부른다. '조근'은 이러한 예법들을 총칭하는 말이다.

◎ **주장(州長)** : '주장'은 주(周)나라 때의 관직으로, 1개 주(州)의 수장을

뜻한다. 중대부(中大夫) 1명이 담당을 했으며, 그 주에서 시행하는 교화와 정령을 담당했다. 『주례』「지관(地官)·사도(司徒)」편에는 "州長, 每州中大夫一人."이라는 기록이 있고, 『주례』「지관·주장(州長)」편에는 "各掌其州之教治政令之法."이라는 기록이 있다.

◎ **준선(俊選)** : '준선'은 준사(俊士)와 선사(選士)를 합쳐 부르는 말이다. 향학(鄕學)의 사(士)들 중에서 덕행과 재예(才藝)가 뛰어난 사를 수사(秀士)라고 불렀고, 수사들 중에서도 뛰어난 사람은 사도(司徒)에게 천거되는데, 그 사람을 선사(選士)라고 불렀다. 준사(俊士)는 선사(選士)들 중에서도 덕행과 재주가 뛰어나서, 국학(國學)에 입학하였던 자들을 뜻한다.

◎ **진상도(陳祥道, A.D.1159 ~ A.D.1223)** : =장락진씨(長樂陳氏)·진씨(陳氏)·진용지(陳用之). 북송대(北宋代)의 유학자이다. 자(字)는 용지(用之)이다. 장락(長樂) 지역 출신으로, 1067년에 과거에 급제하여 태상박사(太常博士) 등을 지냈다. 왕안석(王安石)의 제자로, 그의 학문을 전파하는데 공헌하였다. 저서에는 『예서(禮書)』, 『논어전해(論語全解)』 등이 있다.

◎ **진씨(陳氏)** : =진상도(陳祥道)

◎ **진용지(陳用之)** : =진상도(陳祥道)

ㅍ

◎ **표맥(表貉)** : '표맥'은 외제(外祭)의 하나로, 제왕이 사냥이나 출정 등으로 밖으로 나갔을 때 지내는 제사이다. 제사를 지낼 곳에 간단히 제단을 설치하여, 표시를 하였기 때문에 '표(表)'자가 붙은 것이며, 군사들을 동원하였기 때문에, 군대를 출정할 때 지내는 제사 명칭인 '맥(貉)'자를 붙인 것이다. 『주례』「춘관(春官)·사사(肆師)」편에는 "凡四時之大甸獵祭表貉, 則爲位."라는 기록이 있고, 이에 대한 정현의 주에서는 "貉, 師祭也."라고 풀이했다. 또한 『주례』「하관(夏官)·대사마(大司馬)」편에는 "有司表貉."이라는 기록이 있는데, 이에 대한 정현의 주에서는 "表貉, 立表而貉祭也."라고 풀이했다.

ㅎ

◎ **향사례(鄕射禮)** : '향사례'는 활쏘기를 하며 음주를 했던 의례(儀禮)이다. 크게 두 가지로 나뉘는데, 하나는 지방의 수령이 지방학교인 서(序)에서 사람들을 모아서 활쏘기를 익히며 음주를 했던 의례이고, 다른 하나는 향대부(鄕大夫)가 3년마다 치르는 대비(大比)라는 시험을 끝내고 공사(貢士)를 한 연후에, 향대부가 향로(鄕老) 및 향인(鄕人)들과 향학(鄕學)인 상(庠)에서 활쏘기를 익히고 음주를 했던 의례이다. 『주례』「지관(地官)·향대부(鄕大夫)」편에는 "退而以鄕射之禮五物詢衆庶."라는 기록이 있는데, 이에 대한 손이양(孫詒讓)의 『정의(正義)』에서는 "退, 謂王受賢能之書事畢, 鄕大夫與鄕老, 則退各就其鄕學之庠而與鄕人習射, 是爲鄕射之禮."라고 풀이하였다.

◎ **황간(皇侃, A.D.488~A.D.545)** : =황씨(皇氏). 남조(南朝) 때 양(梁)나라의 경학자이다. 『주례(周禮)』, 『의례(儀禮)』, 『예기(禮記)』 등에 해박하여, 『상복문구의소(喪服文句義疏)』, 『예기의소(禮記義疏)』, 『예기강소(禮記講疏)』 등을 지었지만, 현재는 전해지지 않는다. 그 일부가 마국한(馬國翰)의 『옥함산방집일서(玉函山房輯佚書)』에 수록되어 있다.

◎ **황씨(皇氏)** : =황간(皇侃)

번역 참고문헌

- 『禮記』, 서울 : 保景文化社, 초판 1984(5판 1995) / 저본으로 삼은 책이다.
- 『禮記正義』 1~4(전4권, 『十三經注疏 整理本』 12~15), 北京 : 北京大學出版社, 초판 2000 / 저본으로 삼은 책이다.
- 朱彬 撰, 『禮記訓纂』 上·下(전2권), 北京 : 中華書局, 초판 1996 (2쇄 1998) / 저본으로 삼은 책이다.
- 孫希旦 撰, 『禮記集解』 上·中·下(전3권), 北京 : 中華書局, 초판 1989(4쇄 2007) / 저본으로 삼은 책이다.
- 服部宇之吉 評點, 『禮記』, 東京 : 富山房, 초판 1913(증보판 1984) / 鄭玄 注 번역에 대해 참고했던 서적이다.
- 竹內照夫 著, 『禮記』 上·中·下(전3권), 東京 : 明治書院, 초판 1975 (3판 1979) / 經文에 대한 이해에 참고했던 서적이다.
- 市原亨吉 외 2명 著, 『禮記』 上·中·下(전3권), 東京 : 集英社, 초판 1976(3쇄 1982) / 經文에 대한 이해에 참고했던 서적이다.
- 陳澔 注, 『禮記集說』, 北京 : 中國書店, 초판 1994 / 『集說』에 대한 번역에 참고했던 서적이다.
- 王文錦 譯解, 『禮記譯解』 上·下(전2권), 北京 : 中華書局, 초판 2001 (4쇄 2007) / 經文 및 주석 번역에 참고했던 서적이다.
- 錢玄·錢興奇 編著, 『三禮辭典』, 南京 : 江蘇古籍出版社, 초판 1998 / 용어 및 器物 등에 대해 참고했던 서적이다.
- 張撝之 外 主編, 『中國歷代人名大辭典』 上·下권(전2권), 上海 : 上海古籍出版社, 초판 1999 / 인명에 대해 참고했던 서적이다.
- 呂宗力 主編, 『中國歷代官制大辭典』, 北京 : 北京出版社, 초판 1994 (2쇄 1995) / 관직명에 대해 참고했던 서적이다.
- 中國歷史大辭典編纂委員會 編纂, 『中國歷史大辭典』 上·下(전2권), 上海 : 上海辭書出版社, 초판 2000 / 용어 및 인명에 대해 참고했던 서적이다.
- 羅竹風 主編, 『漢語大詞典』 1~12(전12권), 上海 : 漢語大詞典出版社, 초판 1988 (4쇄 1995) / 용어에 대해 참고했던 서적이다.

- 王思義 編集,『三才圖會』上·中·下(전3권), 上海 : 上海古籍出版社, 초판 1988 (4쇄 2005) / 器物 등에 대해 참고했던 서적이다.
- 聶崇義 撰,『三禮圖集注』(四庫全書 129책) / 器物 등에 대해 참고했던 서적이다.
- 劉績 撰,『三禮圖』(四庫全書 129책) / 器物 등에 대해 참고했던 서적이다.

역자 **정병섭(鄭秉燮)**

- 1979년 출생
- 2002년 성균관대학교 유교철학과 졸업
- 2004년 성균관대학교 대학원 유학과 석사
- 2013년 성균관대학교 대학원 유학과 철학박사
- 현재『역주 예기집설대전』완역을 위해 번역중이며,
  이후『의례』,『주례』,『대대례기』시리즈 번역과
  한국유학자들의 예학 관련 저작들의 번역을 계획 중이다.

예기집설대전 목록

譯註
禮記集說大全 投壺

編　陳澔(元)
附　正義 · 訓纂 · 集解

초판 인쇄　2016년　12월　2일
초판 발행　2016년　12월　9일

역　　자 | 정 병 섭
펴 낸 이 | 하 운 근
펴 낸 곳 | 學古房

주　　소 | 경기도 고양시 덕양구 통일로 140 삼송테크노밸리 A동 B224
전　　화 | (02)353-9908　편집부(02)356-9903
팩　　스 | (02)6959-8234
홈페이지 | http://hakgobang.co.kr/
전자우편 | hakgobang@naver.com, hakgobang@chol.com
등록번호 | 제311-1994-000001호

ISBN　978-89-6071-632-2　94150
　　　978-89-6071-267-6　(세트)

값: 22,000원

이 도서의 국립중앙도서관 출판예정도서목록(CIP)은 서지정보유통지원시스템 홈페이지(http://seoji.nl.go.kr)와 국가자료공동목록시스템(http://www.nl.go.kr/kolisnet)에서 이용하실 수 있습니다. (CIP제어번호 : CIP2016029497)